多维视角下高校学科发展与人才评价研究

黄锁明 著

·南京·

内 容 提 要

开展学科评价和人才队伍评价是推动"双一流"建设的重要环节。本书就"双一流"建设进程中如何开展学科评价及人才引育评价给出了多维的视角。首先,从 ESI、综合指标体系、第三方学科榜单等三个视角对高校的学科现状进行跟踪分析及对未来进行动态预测,同时对第三方榜单的公信度进行分析研究;其次,从对不同层面人才构建综合评价体系、利用社会网络分析法研究人才引进的团队识别分析、第三方学者榜单等三个视角探讨人才引育过程中的评价,为高校人事部门开展人才及学科跟踪提供可行的方案。

本书适用于人力资源管理、信息资源管理等相关专业的学生,也可供高校人事管理部门、学科建设部门、高校图书馆等相关工作人员阅读、参考。

图书在版编目(CIP)数据

多维视角下高校学科发展与人才评价研究 / 黄锁明著. —南京:东南大学出版社,2022.12
 ISBN 978-7-5766-0389-7

Ⅰ.①多… Ⅱ.①黄… Ⅲ.①高等学校-学科发展-研究-中国②高等学校-人才-评价-研究-中国 Ⅳ.①G644②G649.2

中国版本图书馆 CIP 数据核字(2022)第 227730 号

责任编辑:魏晓平　责任校对:子雪莲　封面设计:王玥　责任印制:周荣虎

多维视角下高校学科发展与人才评价研究

Duowei Shijiao Xia Gaoxiao Xueke Fazhan Yu Rencai Pingjia Yanjiu

著　　者	黄锁明
出版发行	东南大学出版社
社　　址	南京市四牌楼 2 号(邮编:210096　电话:025-83793330)
网　　址	http://www.seupress.com
电子邮箱	press@seupress.com
经　　销	全国各地新华书店
印　　刷	南京迅驰彩色印刷有限公司
开　　本	700mm×1000mm　1/16
印　　张	20.75
字　　数	406 千字
版　　次	2022 年 12 月第 1 版
印　　次	2022 年 12 月第 1 次印刷
书　　号	ISBN 978-7-5766-0389-7
定　　价	79.00 元

本社图书若有印装质量问题,请直接与营销部联系,电话:025-83791830。

序

FOREWORD

党的二十大报告提出"实施科教兴国战略,强化现代化建设人才支撑"的战略部署,强调必须坚持人才是第一资源,深入实施人才强国战略,这是立足新时代新征程的历史方位作出的重要政治论断,鲜明标示了人才在国家全局中的突出战略地位,为加快建设人才强国、全面推进中华民族伟大复兴指明了奋斗目标和努力方向。

加快建设人才强国,要用好制度优势,聚天下英才而用之。高校是人才培养的摇篮,是高层次人才的集聚地。要围绕新时代新征程对人才的迫切需求,深化人才发展体制机制改革,真心爱才、悉心育才、倾心引才、精心用才,积极营造鼓励人才干事业、支持人才干成事业、帮助人才干好事业的良好生态,促进各级各类人才充分涌现,为人才提供施展才华的舞台,让各类人才尽展其能、竞相成长。

栽下梧桐树,引来金凤凰。用好人才第一资源,要注重改革创新。在人才培养、使用、评价、服务、激励等机制方面下功夫,让人才"心有所属"愿意来,"干有所成"留下来。要积极为人才松绑,完善人才管理制度,赋予科研人员充分的自主权,让他们平心静气做学术,心无旁骛搞研究。要破除唯论文、唯职称、唯学历、唯奖项"四唯"现象,建立以创新价值、能力、贡献为导向的人才评价体系,发挥人才评价的"指挥棒"作用,把各类人才干事创业潜能有效激发出来,引导人才人尽其才、才尽其用,实现个人发展与学校发展、国家发展同频共振。

人才评价改革是新时代高校人事制度改革的核心,对于全方位培养、引进、用好人才有着重要的意义。人才评价是多维度、多层级的体系,与学科规划和学校发展目标、教师队伍建设目标,以及教师不同系列和发展阶段密切相关。人才成长有其周期性、规律性,人才评价亦不能一蹴而就。我们要深刻认识不同学科在人才培养、学术研究、服务社会等方面存在的客观差异,根据各学科的特点制定相应的学术评价标准,尊重人才成长规律,支持人才选择适合的发展通道。坚持重师德师风、重真才实学、重质量贡献,实施多维度、多元化评价,既激励优秀人才脱颖而出,也支持人才立足岗位潜心教研,拓宽人才成长新路径。

人才兴则国家兴,人才强则国家强。在推进学校"双一流"建设和"人才强校"战略过程中,高校要不断强化顶层设计,以服务国家战略需求为驱动,以适应学校整体规划为牵引,以学科发展精准匹配为方向,扎实做好引才、育才、聚才、用才工作,形成"人人皆可成才,人人尽展其才"的良好氛围,切实为经济社会高质量发展提供坚实人才保障和智力支撑。

新形势下,关于人才评价改革与高校学科建设的理论与实践研究不多,黄锁明同志的这本《多维视角下高校学科发展与人才评价研究》,在多年人才工作实践基础上进行了系统思考并开展了深刻研究,对于如何健全和完善高校学科发展与人才评价体系提出了若干独到的见解,值得广大高等教育工作者认真研读。相信该专著会推动我国人才发展体制机制改革的不断深化,为推进新时代人才强国建设作出贡献。

2022 年 12 月

南京大学工程管理学院教授、博士生导师

前　言

PREFACE

建设世界一流大学和一流学科,是党中央、国务院作出的重大战略决策,对于提升我国教育发展水平、增强国家核心竞争力、奠定长远发展基础,具有十分重要的意义。2015年,国务院印发《统筹推进世界一流大学和一流学科建设总体方案》(以下简称《总体方案》),指出推动世界一流大学和一流学科建设,坚持以学科为基础:引导和支持高等学校优化学科结构,凝练学科发展方向,突出学科建设重点,创新学科组织模式,打造更多学科高峰,带动学校发挥优势、办出特色。《总体方案》提出的第一条建设任务"建设一流师资队伍"中要求:深入实施人才强校战略,强化高层次人才的支撑引领作用,加快培养和引进一批活跃在国际学术前沿、满足国家重大战略需求的一流科学家、学科领军人物和创新团队,聚集世界优秀人才。遵循教师成长发展规律,以中青年教师和创新团队为重点,优化中青年教师成长发展、脱颖而出的制度环境,培育跨学科、跨领域的创新团队,增强人才队伍可持续发展能力。加强师德师风建设,培养和造就一支有理想信念、有道德情操、有扎实学识、有仁爱之心的优秀教师队伍。人才队伍是推动世界一流大学和一流学科建设的核心。

世界一流大学和一流学科建设(以下简称"双一流"建设)已经经过了两轮,继2017年9月教育部、财政部、国家发展和改革委员会公布世界一流大学和一流学科建设高校及建设学科名单,2022年2月,公布了第二轮"双一流"建设高校及建设学科名单。《总体方案》指出,"双一流"建设需要坚持以绩效为杠杆,建立激励约束机制,鼓励公平竞争,强化目标管理,突出建设实效,构建完善的具有中国特色的世界一流大学和一流学科评价体系,充分激发高校内生动力和发展活力,引导高校不断提升办学水平。开展学科评价和人才队伍评价是推动"双一流"建设的重要环节。

针对如何开展"双一流"建设评估,如何开展学科评价以及如何开展人才引育过程中的评价,国家层面给予了政策指引,2018年中共中央办公厅、国务院办公厅印发了《关于深化项目评审、人才评价、机构评估改革的意见》,2020年科技部、财政部发布了《关于破除科技评价中"唯论文"不良导向的若干措施(试行)》,2021年教育部启动了第五轮学科评估,突出了学科评估的"诊断"功能。本书对"双一流"建设以及各省市推动高校高质量发展进程中如何开展学科评价及人才引育评价进行探讨,给出了多维的视角。首先,从ESI、综合指标体系、第三方学科榜单三个视角对高校的学科现状进行跟踪分析,对未来进行动态预测,并对第三方榜单的公信度进行分析研究;其次,从构建不同层面人才的综合评价体系(打破"唯论文")、利用社会网络分析法研究人才引进的团队识别与评价、分析第三方学者榜单等视角,探讨人才引育过程中的评价策略,并对各国各地人才引进政策进行比较分析。本书涉及的全国高校均不包含港澳台地区,文中将全部用"全国高校"进行表述。

本书在写作过程中得到诸位专家和同仁的帮助,在此表示感谢。特别感谢南京工业大学图书馆赵乃瑄馆长提出的宝贵建议,感谢南京工业大学图书馆金洁琴、周沫、王雪、罗凌云、鲍志彦等提供的案例。由于时间仓促,本书的研究还不够深入,系统性、理论性、前瞻性仍不够到位,希望读者不吝赐教,以期为高校发展、一流学科建设、人才队伍建设、人才培养等献计献策。

黄镇明

2022年11月于南京工业大学

目 录
CONTENTS

1 绪论 …………………………………………………………………… 001
  1.1 相关概念 …………………………………………………………… 001
    1.1.1 学科评价 ……………………………………………………… 001
    1.1.2 人才评价 ……………………………………………………… 005
  1.2 评价方法与工具 …………………………………………………… 009
    1.2.1 评价方法 ……………………………………………………… 009
    1.2.2 评价工具 ……………………………………………………… 013
    1.2.3 评价数据源 …………………………………………………… 015
  1.3 学科评价与人才评价的关系分析 ………………………………… 019
    1.3.1 人才是学科发展的核心元素 ………………………………… 019
    1.3.2 学科是人才引育的重要平台 ………………………………… 021

2 多维学科评价——强校建设推进器 …………………………………… 023
  2.1 基于ESI的学科评价研究 ………………………………………… 023
    2.1.1 ESI观测维度 ………………………………………………… 023
    2.1.2 ESI学科发展动态监测分析实证 …………………………… 024
  2.2 基于综合指标的学科评价研究 …………………………………… 071
    2.2.1 指标选取及方法、数据源 …………………………………… 073
    2.2.2 学科综合评价分析实证 ……………………………………… 075
  2.3 基于第三方学科排行榜的分析研究 ……………………………… 185
    2.3.1 第三方学科排行榜的简介 …………………………………… 185
    2.3.2 第三方学科排行榜跟踪分析 ………………………………… 189
    2.3.3 第三方学科评价公信度测评指标体系研究 ………………… 243

3 多维人才引育评价——学科发展助推器 ... 252
3.1 不同层面人才引进评价研究 ... 252
3.1.1 高层次人才引进评价研究 ... 252
3.1.2 高层次人才团队评价研究 ... 259
3.1.3 学科杰青人才评价研究 ... 266
3.2 基于社会网络的高校科研团队识别与评价分析 ... 279
3.2.1 方法与指标 ... 279
3.2.2 基于社会网络的人才评价实证 ... 281
3.3 基于第三方学者评价榜单的分析研究 ... 291
3.3.1 爱思唯尔"中国高被引学者" ... 292
3.3.2 科睿唯安"高被引科学家" ... 301
3.4 新变局下海外人才引进政策研究 ... 306
3.4.1 国家层面的相关政策及举措 ... 306
3.4.2 国内相关城市的人才政策 ... 308
3.4.3 海外人才落户高校的研究 ... 311

4 发展对策与建议 ... 313
4.1 开展多维观测,体现学科与人才评价的多元化 ... 313
4.2 开展大数据分析与评价,提高学科与人才评价的科学性 ... 314
4.3 开展定期跟踪评价,注重学科建设与人才引育的绩效分析 ... 314
4.4 跟踪学科、人才相关政策,实现学科与人才评价的动态更新 ... 315

参考文献 ... 316

1 绪 论

2018年2月26日,中共中央办公厅、国务院办公厅联合印发了《关于分类推进人才评价机制改革的指导意见》,提出人才实行分类评价。2022年2月,《关于深入推进世界一流大学和一流学科建设的若干意见》印发,"双一流"建设高校及建设学科名单更新公布,新一轮"双一流"建设正式启动。学科是大学的基本单位,是高校发展的核心。探索科学的人才评价,有助于高校人才引育的良性循环发展,有助于学科和高校高质量发展。探索科学的学科评价,有助于客观地认识学科现状、理性分析学科所存在的问题,有效促进高校学科建设与发展。

1.1 相关概念

1.1.1 学科评价

学科评价是基于一定的价值标准,以学科作为评价对象,系统衡量某个时段内学科发展的成果,准确把握学科发展客观态势的活动,目的是为学科建设提供决策支撑,进一步提升学科质量。

我国大学学科评价研究的兴起一方面缘于改革开放后高等教育的快速发展,各学科有了一定的发展基础,需要规范化的学科标准指导大学进行学科建设;另一方面国家希望借助学科评价了解我国大学的具体办学情况,制定合理的教育政策,及时调整国家教育战略,促进我国高等教育事业的发展。我国学科评价相关政策、工具及学术研究大致分为以下几个阶段。

1) 学科评价的理论探索阶段(1985—1994年)

1985年,中共中央颁布《关于教育体制改革的决定》,引领了关于重点学科建设与评价的研究方向;同年,国家教育委员会(现教育部)发布《关于开展高等工程教育评估研究和试点工作的通知》,正式揭开我国学科评价的序幕。在中国,学科评价实践探索始于20世纪80年代后半期。最早对大学进行发展成果评价研究的是中国管理科学研究院科学学研究所,该所于1987年9月以《科学引文索引》为数据源,在《科技日报》上以《我国科学计量指标统计的排序》为题,用3项权重相等的指标对我国87所重点大学进行了排序。另一个比较有影响力的事件是1993年6月30日,中国管理科学研究院广东分院武书连等在《广东科技报》发表《中国大学评价——1991·研究与发展》,排出以成果(产出)为主、以投入产出比为辅的中国大学1991年研究与发展前100名。此期对大学的评价探索为后期学科评价奠定了基础。

同期,还有一些学者开展了学科评估的理论与方法探索。陆跃峰(1985)对高等工程教育学科评估的3个问题,即评估要素的分析、数学方法的选择以及计算技术的应用进行了探讨。刘云翔、李放(1986)根据《关于教育体制改革的决定》,探讨了重点学科评估的原则与标准,并提出了同类学科评估项目和指标体系,包括师资、教学、科学研究、图书设备资料、效益5个一级指标。朱普章(1987)根据学科发展沿着投入—活动—产出—效果的运动过程,构建了教学水平、科研水平、学术梯队建设、学术环境建设、教学科研条件和学科发展速度6个一级指标。朱东华(1990)对主观评估和科学计量进行了系统的比较分析,在此基础上,就如何结合发展中国家科学研究活动的特点,建立和完善我国学科评估理论和方法,提出一些方法。

这一时期,国内的学科评价处于萌芽阶段,主要是对理论和方法进行探索。实践方面,我国出台了相应政策,以大学评价实践为主;理论研究方面,学者们主要对学科评价的指标及体系进行了探索,实证检验仍较为缺乏。

2) 学科评价的实践探索阶段(1995—2014年)

国家层面,国务院学位委员会、高等院校与科研院所学位与研究生教育评估所于1995年开展一级学科博士学位授予权审核试点工作,这标志着学科评价从理论方法的探索到实践探索的转变,学科评价正式步入实践探索阶段。2002年,国务院学位委员会、教育部发布《学位授予和人才培养学科目录》,并开启第一轮学科评估;2007年和2012年分别开展第二轮和第三轮学科评估。第三方评价实践方面,1999年,深圳市网大教育服务有限公司推出"网大版"中国大学排行榜。2003年,深圳艾瑞深信息咨询有限公司推出"中国校友会版"中国大学排行榜;同年,上海交通大学高等教育研究所推出"上交大高教所版"世界大学学术排名,这是第一个国内机构推出的将评价对象扩展至全球高校的排行榜。2004年,武汉大学中国科教评价研究中心推出"武汉大学版"中国大学排行榜。

在学术研究方面,通过CNKI检索(检索时间2022年9月1日)学科评估或学科评价的核心期刊论文,可以发现 1995—2014 年相关论文缓慢增长,学者们正在探索学科评估的指标体系并开展了一些实证研究。赵瑜等(1997)的一级学科优选评估,作为我国第一次按照一级学科进行学位授权审核最重要的一环,构建了一级学科综合评估指标体系,并对评估结果进行了分析。丁雪梅(2001)在对体现中英评估特点的 2 套指标体系和评分方法做比较的基础上,对我国高等院校重点学科评估的指标体系及评分标准提出一些建议。王云峰等(2009)从元评估的概念出发,在改进国外元评估量表的基础上,以"河北省重点学科评估"为例进行了实证研究,从评估项目的实用性、评估方案的可行性、评估过程的合理性和评估结果的准确性 4 个方面对河北省重点学科评估的整个活动进行优劣判断。蒋笑莉等(2013)以浙江大学为例,开展学科国际评估的试点,构建评估框架和进行评估试点结果分析,并就学科评估如何国际化提出思考。也有一些学者采用文献计量学在学科评估中进行探索,如胡小君(2003)探讨了加菲尔德定律在学科评估中的应用,将以文献单元为基础的文献影响系数作为衡量评估主题论文水平和实际影响度的引文测度。

第一轮学科评估及后续的开展,引发了一些学者的讨论,如周学军等(2003)对我国首次一级学科整体水平评估的目的、范围、对象、指标体系、评估技术与方法等进行了详细说明和讨论,并对评估结果进行了分析;林梦泉等(2005)论述了一级学科评估开展的背景、一级学科评估指标体系构建的原则和评估效果,并对学科评估提出了展望。蒋林浩等(2014)比较分析了美国研究理事会(NRC)组织的博士点评估、英国高等教育资助委员会(HEFCE)组织的科研评估、中国教育部学位与研究生教育发展中心组织的一级学科评估的基本特征,认为在实施我国一级学科的评估过程中,可借鉴美国、英国较为成熟的评估经验,进一步规范评估组织和过程,继续采用量化评估和同行评估相结合的方式,逐步实现评估指标的转变,评估内容应兼顾人才培养和社会服务功能,评估结果慎重与政府拨款挂钩。

3) 学科评价的高质量发展阶段(2015 年至今)

2015 年 10 月 24 日,国务院印发的《统筹推进世界一流大学和一流学科建设总体方案》(以下简称《总体方案》)指出,要以支撑创新驱动发展战略、服务经济社会为导向,推动一批高水平大学和学科进入世界一流行列或前列。强调"以评促建"的核心评价理念,以追求学科评价内涵式发展替代原来单向度地追求学科水平评估和学科排名。2017 年 9 月 20 日,我国首批"双一流"建设名单正式发布,共计 140 所高校、465 个学科上榜,江苏省有 15 所高校、43 个学科入选。2018 年 8 月 8 日,距《总体方案》发布近 3 年,教育部、财政部、国家发展改革委联合印发《关于高等学校加快"双一流"建设的指导意见》,进一步强化了"双一流"建设的要求。

2022年1月26日,《教育部 财政部 国家发展改革委关于深入推进世界一流大学和一流学科建设的若干意见》发布,提出遵循人才培养、学科发展、科研创新内在规律,把握高质量内涵式发展要求,不唯排名、不唯数量指标,不急功近利,突出重点、聚焦难点、守正创新、久久为功,推进深化新时代教育评价改革总体方案落实落地,探索分类评价与国际同行评议,构建以创新价值、能力、贡献为导向,反映内涵发展和特色发展的多元多维成效评价体系。2022年2月9日,教育部、财政部、国家发展改革委公布第二轮"双一流"建设高校及建设学科名单。

2016年启动了第四轮全国学科评估,本轮学科评估建立了学科评价体系的"中国标准"、学科评估方法的"中国模式"、评估结果发布的"中国方式",进一步扩大了中国学科评估标准的影响力。2020年启动第五轮全国学科评估,突出了学科评估的"诊断"功能。

在学术研究方面,根据图1-1,自从2015年发布《总体方案》以来,相关学术成果数量快速上升。一些学者围绕"一流学科"评价开展研究。张继平等(2018)提出,开展学科评估的目的在于用质量杠杆撬动管理顽石,用绩效杠杆撬动资源配置,用市场杠杆撬动竞争难题,以学科评估促进"双一流"建设,这需要政府、高校和社会和衷共济,推动遴选机制、竞争机制、考核机制和建设机制创新。梅红等(2017)在借鉴国外经验的基础上提出:坚持中国特色、依据两个导向创新学科评估体系,开发体现"科技成果转化"的评价指标,立德树人,融入体现教育价值观、人才使命感与责任心的评价指标,探索体现"高层次人才的支撑和引领作用"的具体评价指标。曹昱晨(2016)对一流学科的评价体系进行初探,提出学科评估标准的设立应兼顾国际化与本土化,学科群的划分及评估标准应相互适应,人才培养质量的指标要主客观相结合,学术声誉的评价应更量化,并要考虑学科文化的建设与发展。

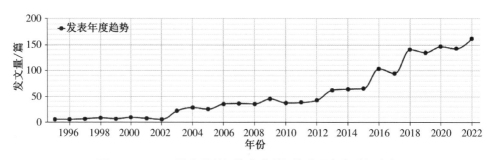

图1-1 CNKI检索学科评估或学科评价论文发表时间分布

学者们从不同角度开展学科评价/学科评估实证研究，王兴(2015a)基于国际学术期刊"把门人"视角开展大学学科评价研究，建议编委排名可作为学科综合排名的有益补充，完善目前的科研评价体系。陈伟等(2015)基于属性识别理论构建相应的评估模型并进行实证分析，以此验证属性识别理论模型在学科质量评价中的信度与效度，为我国学科质量评估工作提供一定的理论支撑与方法借鉴。王红等(2015)基于 AI(Activity Index)指数和 AAI(Attractivity Index)开展学科科研绩效评价，通过 C9 高校和大连理工大学 Incites 学科数据，对 AI 及其衍生指数的适用性和有效性进行了实证分析。何文静、邱均平(2016)探讨了大数据时代计量学在学科评价中的应用研究，认为自动化计量平台将成为计量学应用于学科发展网络的下一步趋势，学科评价中的计量学将主要从理论方法研究和在学科发展脉络深层次粒度研究两个方面展开。

这个阶段强调了学科的内涵式发展和高质量发展。关于学科评价的研究主要围绕中国特色评价体系，并在方法、指标等方面都呈多元化发展趋势，我国大学学科评价理念越来越成熟。

1.1.2 人才评价

人才是第一资源。本书主要针对高校科研人员开展人才引育评价。人才评价的应用过程是指科学地运用人才测评的知识、原理、技术和方法，对各类人员进行能否胜任职位工作的测评鉴别，从而发现人才，为合理使用人才提供依据的过程。人才是高校发展的核心要素，人才引育过程包括引进前挖掘与评价、引进后的定期或不定期的跟踪评价。

1) 人才评价的相关政策

关于人才评价，各级政府部门发布了相关政策文件，见表 1-1。2005 年发布的《国家中长期科学和技术发展规划纲要(2006—2020 年)》，提出建立适应不同性质科技工作的人才评价体系，改革国家科技奖励制度，减少奖励数量和奖励层次，突出政府科技奖励的重点，在实行对项目奖励的同时，注重对人才的奖励。2007年发布的《关于动员和组织广大科技工作者为建设创新型国家作出新贡献的若干意见》，强调"完善以品德、业绩、知识、能力为核心的科学化人才评价体系，改革和完善职称评审制度……对创新型科技人才的贡献实施目标化管理，努力克服人才评价中重学历资历、轻能力业绩的倾向，鼓励中青年优秀科技人才脱颖而出，引导和激励各类人才积极进行知识创新、技术创新"。

表 1-1 我国科技人才评价相关政策文件梳理

序号	政策文件名称	发文机构	发文年份
1	国家中长期科学和技术发展规划纲要（2006—2020年）	国务院	2005
2	关于动员和组织广大科技工作者为建设创新型国家作出新贡献的若干意见	中央组织部、教育部、科技部、人事部、中国科协	2007
3	国家中长期人才发展规划纲要（2010—2020年）	中共中央、国务院	2010
4	国家中长期科技人才发展规划（2010—2020年）	科技部	2011
5	关于深化科技体制改革加快国家创新体系建设的意见	中共中央、国务院	2012
6	深化科技体制改革实施方案	中共中央办公厅、国务院办公厅	2015
7	关于进一步改革完善基层卫生专业技术人员职称评审工作的指导意见	国家卫生和计划生育委员会、人力资源和社会保障部	2015
8	关于深化人才发展体制机制改革的意见	中共中央办公厅、国务院办公厅	2016
9	关于深化职称制度改革的意见	中共中央办公厅、国务院办公厅	2017
10	关于分类推进人才评价机制改革的指导意见	中共中央办公厅、国务院办公厅	2018
11	关于深化项目评审、人才评价、机构评估改革的意见	中共中央办公厅、国务院办公厅	2018
12	国务院关于优化科研管理提升科研绩效若干措施的通知	国务院	2018
13	关于开展清理"唯论文、唯职称、唯学历、唯奖项"专项行动的通知	科技部、教育部、人力资源社会保障部、中科院、工程院	2018
14	关于进一步弘扬科学家精神加强作风和学风建设的意见	中共中央办公厅、国务院办公厅	2019
15	关于破除科技评价中"唯论文"不良导向的若干措施（试行）	科技部	2020

2010年发布的《国家中长期人才发展规划纲要（2010—2020年）》，提出"完善人才评价标准，克服唯学历、唯论文倾向，对人才不求全责备，注重靠实践和贡献评价人才。改进人才评价方式，拓宽人才评价渠道。把评价人才和发现人才结合起来，坚持实践和群众中识别人才、发现人才"。2012年发布的《关于深化科技体制改革加快国家创新体系建设的意见》，提出"建立以科研能力和创新成果等为导

向的科技人才评价标准,改变片面将论文数量、项目和经费数量、专利数量等与科研人员评价和晋升直接挂钩的做法"。2015 年发布的《深化科技体制改革实施方案》,要求"改进人才评价方式,制定关于分类推进人才评价机制改革的指导意见,提升人才评价的科学性。对从事基础和前沿技术研究、应用研究、成果转化等不同活动的人员建立分类评价制度"。

2016 年发布的《关于深化人才发展体制机制改革的意见》,提出创新人才评价机制,对分类评价给出了具体的要求:"突出品德、能力和业绩评价。制定分类推进人才评价机制改革的指导意见,坚持德才兼备,注重凭能力、实绩和贡献评价人才,克服唯学历、唯职称、唯论文等倾向。不将论文等作为评价应用型人才的限制性条件。""改进人才评价考核方式。发挥政府、市场、专业组织、用人单位等多元评价主体作用,加快建立科学化、社会化、市场化的人才评价制度。基础研究人才以同行学术评价为主,应用研究和技术开发人才突出市场评价,哲学社会科学人才强调社会评价。注重引入国际同行评价。应用型人才评价应根据职业特点突出能力和业绩导向。加强评审专家数据库建设,建立评价责任和信誉制度。适当延长基础研究人才评价考核周期。"

2017 年发布的《关于深化职称制度改革的意见》同样强调分类评价、科学评价。后续发布的相关政策文件,更具有针对性。2018 年发布《关于分类推进人才评价机制改革的指导意见》《关于深化项目评审、人才评价、机构评估改革的意见》《关于开展清理"唯论文、唯职称、唯学历、唯奖项"专项行动的通知》等,都对分类评价、科学评价、品德评价等给出了具体的实施指导意见。

2020 年 2 月 17 日,为落实中共中央办公厅、国务院办公厅《关于深化项目评审、人才评价、机构评估改革的意见》《关于进一步弘扬科学家精神加强作风和学风建设的意见》要求,改进科技评价体系,破除国家科技计划项目、国家科技创新基地等科技评价中过度看重论文数量多少、影响因子高低,忽视标志性成果的质量、贡献和影响等"唯SCI论文"不良导向,科技部研究制定了《关于破除科技评价中"唯论文"不良导向的若干措施(试行)》。《关于破除科技评价中"唯论文"不良导向的若干措施(试行)》强化分类考核评价导向,对创新人才、推进计划人才评选突出科学精神、能力和业绩,注重评价学术道德水平以及在学科领域的活跃度和影响力、研发成果原创性、成果转化效益、科技服务满意度等。

2) 人才评价的相关研究

关于人才评价的探索,通过 CNKI 检索(检索时间 2022 年 9 月 2 日)核心期刊论文,主题包含人才评价或人才评估,在高等教育学科领域,共有 310 篇论文,根据

图 1-2,较早的论文出现在 2000 年,董秀丽、吴振一、王燕(2000)在《关于创建世界一流大学若干问题的思考》一文中,讨论人才评价机制需要进一步完善。高红峡(2001)提出针对高校教师教学活动具有的特点,即高智能性、长周期性、创造性、群体性等,建立起高校引进高层次人才的评价体系,将促使高校人才的有效配置。彭本红[①]等(2007)提出了基于胜任力的高层次人才评价,包括基准性胜任力和鉴别性胜任力。基准性胜任力包括教育背景、知识结构、工作绩效等,鉴别性胜任力包括团队合作性、创新能力、科研能力、教学能力等,从而较为全面地考量高层次人才。

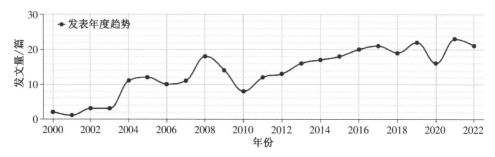

图 1-2　CNKI 检索人才评估或人才评价论文发表时间分布

2008—2014 年,较多的论文围绕高层次人才评价体系开展探索与实证研究,方若虹等(2008)依托绩效考评建立高校高层次人才评价新体系,李卫星(2008)对高校人才引进评价体系构建进行思考,周乐平等(2011)基于 AHP 探究高校高层次人才引进评价体系,陈起雄等(2012)基于 AHP-模糊综合评价法探讨高校高层次人才评价,胡丰华等(2012)基于潜在价值遴选高校人才评价指标。

2015 年至现在,较多的论文围绕"双一流"建设背景下高层次人才评价以及分类评价进行探索。田永常等(2018)建议建立起着力考察科技人才科学素养、创新能力、学术影响力和社会贡献力的评价指标体系,建立起定量和定性评价相结合、自评和他评相结合的评价机制,结合评价结果给予科技人才进行分类分层引导和支持。庞弘燊等(2019)在调研国内外科技人才评估以及国内外高水平大学人才引进相关理论与实践的基础上,按照学科领域、人才层次和人才需求分类,构建分类分级的人才引进标准,通过整合多种来源的指标数据,形成"双一流"大学建设中人才引进评估指标库集合。同时,根据人才分类分级评价的需求划分各类人才评价所需的指标组合,形成合理的评价指标体系,提出高校人才引进的评价流程。童锋等(2020a)对"双一流"高校人才分类评价进行实践探索与理念重构,提出"双一流"

---

① 彭本红,等,2007. 大学高层次人才胜任力的评价[J]. 统计与决策(15):143-145.

高校应遵循从"制度先行"到"实践跟上"再到"理念重构"的改革思路,摈弃唯"帽"是举的评价标准,扭转重科研轻教学的评价导向,注重团队考核的评价视角,秉持共性与个性并重的评价内涵,坚持定性与定量相结合的评价方法,坚守短期与长期相结合的评价周期,破除重数量轻质量的评价思维,恪守德才兼备以德为先的评价理念。李红锦等(2021)探讨了科技人才分类评价改革能否促进高校科研水平的高质量发展,并进行了基于9所高校改革试点的准自然实验。李俊儒(2022)基于新的"立交桥"式发展模式,探究建立与之适应的人才分类评价体系,引入代表作评价、小同行评价、学术共同体、人才大数据系统等创新方法,强化对高校人才队伍建设的引领带动作用。

人才评价的研究方向和主题,基本上随着政策发布进行调整,人才评价的研究也越来越细化、专业化。

1.2 评价方法与工具

为了更好地推进落实"十四五"规划工作目标任务,加强人才队伍建设,本书首先从 ESI、学科综合指标、第三方学科排行榜 3 个角度构建学科评价体系,以南京工业大学为例进行实证研究。然后从综合指标、社会网络、第三方学者评价榜单 3 个角度构建人才评价体系,以南京工业大学的学者为例进行人才队伍建设的实证研究。在实证研究中,应用到文献计量分析、引文分析、共现分析、社会网络分析等多种统计分析方法,并运用 R 语言、CiteSpace 等可视化工具,从多维视角分析与展示学科发展与人才队伍建设之间的关系。最后,本书在源数据的采集方面利用了多源的评价数据平台,包括 Web of Science(WOS)、ESI、Incites 等外文数据库,CNKI 中文数据库,THE、ARWU、US NEWS、QS 等第三方学术评价排行榜,爱思唯尔高被引学者评价榜单等第三方人才评价排行榜,为数据评价的过程提供了坚实的数据支撑。

1.2.1 评价方法

1) 文献计量分析法

在文献情报研究方法中,文献计量分析法是一种基于数学和统计学的著名的定量分析方法,它以各种科学文献的外部特征为研究对象,以输出量必定是量化的信息内容为主要特点,采用数学与统计方法来描述、评价和预测科学技术的现状与发展趋势的图书情报学分支学科。这些定量分析研究必须建立在对与所研究的目的有密切关系的媒介统计数据的基础上,只有在这种统计数据的基础上,才能分析和预测学科文献的各种特征及其变化规律。文献计量分析法统计分析的对象可以是各类文献本身及其所表现出来的各种特征,如来自论文、专利、引文、索引、文摘中的书目特征、引文特征、词频特征、文摘特征,进而形成可描述性的和相关性的两类文献计量指标,如书名、著者、出版年、出版地、出版商、参考文献、页数、版次、语种及文献内容等。但事实上往往不止以上所述的几种,一切与文献有关的媒介及其特征都可以作为进行文献计量分析研究的对象,文献计量分析的统计对象是多方面的。

文献计量分析的目的是对收集到的文献条目进行研究方向、被引量、作者等信息的分析和可视化。文献计量分析具体的步骤可分为 4 步:(1) 定义文献计量学研究的目的和范围;(2) 选择可进行文献计量学分析的技术;(3) 收集数据,进行文献计量学分析;(4) 运行文献计量学分析,并报告研究结果。

经过几十年的发展,文献计量分析法的理论和已揭示的六大定律(文献增长定律、文献衰老定律、布拉德福定律、齐普夫定律、洛特卡定律、引文分析)已经成为情报学研究的重要基础和组成部分,在文献信息计量、情报检索、科学评价、词表控制等方面有着广泛的应用。在许多学者潜心研究文献规律性理论的同时,也形成了一些较为成熟的方法,如文献统计分析法、书目分析法、引文分析法等,其应用也由图书情报部门拓展到科学学、社会学、预测学、科学评价和科技管理等诸多领域,为科学管理和决策提供定量依据,发挥着重要作用。

2) 引文分析法

文献集合中的各个文献通过"参考文献"的方式形成文献间的引用与被引用关系,引文分析法就是基于文献间的这种引用与被引用关系而产生的一种分析方法。引文分析法是利用数学和统计学方法,以及对大规模文献集合的归纳、抽象、比较、总结等逻辑方法,对文献之间的引用行为进行分析研究,以揭示文献之间的关联特征的计量分析方法。应用引文分析法分析文献的引用关系,可以发现学科热点与前沿、预测学科的发展趋势、遴选核心期刊、评价科研机构或国家的学术地位、研究用户的信息需求等。

从不同的角度或从各种基本要素出发,对科学引文的分布结构进行描述和分析,便形成引文分析的基本内容,一般包括引文年代、引文量、引文语种、引文类型、引文国别、引文作者等的分析。下面对引文分析中的几项重要内容进行介绍。

(1) 引文年代分析。即从时间的角度对引文分布规律进行分析,它不仅可以反映出被引文献的出版、传播和利用情况,还可以研究科学发展的进程和规律。

(2) 引文量分析。引文量是某一主体对象含有的参考文献数量,是引文链的基本特征之一。通过引文数量的分析,不仅可以揭示文献引证与被引证双方的相互联系,而且还可以从定量的角度反映出主体之间的联系强度。如果两篇论文或两种期刊之间的引文数量大,就可以认为它们之间的引证强度大,说明其联系较紧密。

(3) 引文语种分析。被引用文献是由不同语种的文献构成的。某一语种的文献被引用量越大,则说明该语种比较常用和重要。英文语种分布有一个明显特点,即对于不同学科或专业来说,引文语种分布是不尽相同的。考察和分析引文语种的分布,对于人们有计划地引进外文文献、译文选题、外语教育等颇有参考价值。

(4) 引文类型分析。科学研究中引用的文献很广,有期刊论文、图书和特种文献(专利说明书、科技报告、会议文献、技术标准、学位论文等)。一般来说,在被引文献中,期刊论文所占比例最大,其次是图书。对被引文献的类型进行分析,将有利于确定文献情报搜集的重点。

(5) 引文国别分析。由于科学研究的需要,任何一个国家的学者都不可避免地参考别国的科学文献,这就形成了引文按国家分布的情况。对引文的国别分析,特别是各国文献互引情况的统计分析,可以探明各国互引文献的状况,弄清国际文献交流的数量和流向,这对于我们研究各国的科学发展水平和技术实力,制定合理的技术引进政策具有极为重要的意义。

3) 共现分析法

"共现"指文献的特征项(作者、机构、关键词、题名等)共同出现的情况,共现分析法是文献计量学中一种重要的相关性分析方法,即将各种信息载体中的共现信息定量化,以揭示信息的内容关联和特征项所隐含的寓意。文献计量学中认为,当两个特征项共同出现时,这两个特征项之间一定存在着某种联系,而这两个特征项之间的关系紧密度,可以用两个特征项共同出现的频次来测度。

根据特征项的不同,可以将共现分析划分为不同类型:基于文献的共现,可以是文献耦合、文献同被引;基于文献学科类别的共现,是共类分析;基于关键词的共现,则是共词分析。其中,文献耦合和文献同被引是基于文献的引用与被引用两种行为而划分的两种分析方式,都可以揭示文献之间的学科关联性。各类型的共现分析如下所述。

(1) 文献耦合。两篇或者多篇文献同时引用同一篇或多篇文献,则这两篇或多篇文献是耦合关系。具有耦合关系的文献可以认为它们在学科内容上存在一定的关联性,这种关系的强度可以用"耦合强度"指标来衡量。一般而言,文献的"耦合强度"是固定不变的,形成的是一种静态的机构模型。当"耦合强度"越高,说明两篇文献在学科内容或专业性质上的关联性越强,文献间的联系也更紧密。

(2) 文献同被引。两篇或者多篇文献被后来的一篇或多篇文献同时引用,则称这两篇或多篇文献是同被引关系。同被引的关系强度可以用"同被引强度"指标衡量,同时引用这两篇文献的文献数量越多,则这两篇文献之间的关系越紧密。"同被引强度"是不断变化的,形成的是一种动态的结构模型,更能够描绘学科发展的动态结构,也更适合研究对象不断变化和发展的特点。

(3) 共词分析。共词分析法是基于同一篇文献中的关键词共同出现的情况,以发现该领域学科结构的一种分析方法。一般认为,相同关键词在同一篇文献中出现的数量越多,则代表这两篇文献主题的关系越密切。由此,统计一组文献的主题词两两之间在同一篇文献出现的频率,便可形成一个由这些词对关联所组成的共词网络,网络内节点之间的远近可反映主题内容的亲疏关系。共词分析常用于揭示学科的发展动态和发展趋势,预测学科未来发展方向,寻找新的研究点。

(4) 共类分析。每篇文献被划分为一个或多个学科,表明该文献涉及多个学科领域,能够反映该文献的领域交叉性。基于文献学科类别的共现关系形成的共类矩阵是分析学科融合的一种有效工具。通过对文献学科类别进行共现分析,可以了解某一学科领域研究内容的内在联系。如果把文献的学科类别看作关键词,共类分析和共词分析的思路是相似的。

以上的共现分析为单个特征项分析,仅从单一维度出发,不能够全面深入地揭示更多信息。事实上,文献计量学家提出了多重共现的概念和方法,可以将作者、关键词、学科类别等多个特征项结合分析。

4) 社会网络分析法

社会网络是指社会行动者及其之间的关系交织而形成的虚拟网络,如果以"点"代表社会行动者,以"边"代表行动者之间的各种社会关系,那么形成的网络即为社会网络。社会网络中的网络是指事物及其相互间的各种关联,因此,社会网络分析就是通过对网络中的关系进行分析,来揭示网络结构和网络属性的一种方法。经过多年的发展,社会网络分析法已经形成了完整的理论体系,成为近年来图情领域的重要研究方法之一。

社会网络分析法可以从多个角度对网络关系进行分析,包括中心性分析、凝聚子群分析、核心—边缘结构分析、结构对等性分析等。其中,中心性分析最为常用,主要是分析网络图中节点的地位,以及网络围绕核心节点构建的程度,也就是研究网络中的参与者是否具有足够的影响力和控制力。凝聚子群分析是指当网络中某些行动者之间的关系特别紧密,以至于结合成一个次级团体时,这样的团体在社会网络分析中被称为凝聚子群。分析网络中存在多少个这样的子群、子群内部成员之间关系的特点、子群之间关系特点、一个子群的成员与另一个子群成员之间的关系特点等就是凝聚子群分析。核心—边缘(core-periphery)结构分析的目的是研究社会网络中哪些节点处于核心地位,哪些节点处于边缘地位。核心—边缘结构分析具有较广泛的应用性,可用于分析精英网络、科学引文关系网络以及组织关系网络等多种社会现象中的核心—边缘结构。

社会网络分析按照研究群体的不同可分为两种基本类型:自我中心网络分析和整体网络分析。自我中心网络是从个体的角度来界定社会网络,以特定行动者为研究中心,主要考虑与该行动者相关的联系,以此来研究个体行为如何受到其人际网络关系的影响,相关测量指标主要包括度、中心性等;整体网络关注的焦点则是网络整体中角色关系的综合结构或群体中不同角色的关系结构,相关测量指标有网络规模、连通率、对称性、小世界性等。

社会网络分析在各学科领域的应用,主要体现在文献引用、文献合作、文献主题3个方面。

(1) 引用网络分析。该网络中的节点是各篇论文,网络节点间的连线是各文献间的引用关系,连线的强弱代表文献引用关系的强弱。基于文献的特征项,还可以延伸为关键词、作者、地域等引用关系;基于文献的引用和被引用行为,还可以构建文献耦合网络和文献同被引网络。

(2) 合作网络分析。论文合作行为在一定程度上代表了文献之间存在着关联性。论文合作网络的节点可以是地域、机构或者作者,从宏观、中观、微观3个层次揭示文献间的相互合作强度以及竞争合作关系。合作网络研究主要用于科研表现的评价,已有的研究成果表明作者合作水平的高低,在一定程度上可以反映作者科研表现的强弱。相似地,合作网络也可以作为评价国家、机构或个人科研表现的参考。

(3) 主题网络分析。文献主题信息的网络分析研究,可以从主题词的角度进行。文献主题词的提取,通常来源于文献的关键词或摘要、标题中的词或短语等,可以进行人工提取或者是机器自动提取。

1.2.2 评价工具

1) R语言

R语言是一种高级编程语言,可用于统计分析、绘图的语言和操作环境,是现今最受欢迎的数据分析和可视化平台之一。第一个 R 语言版本由新西兰奥克兰大学统计系乔治·罗斯·伊哈卡(George Ross Ihaka)和罗伯特·杰特曼(Robert Gentleman)教授在 1995 年基于 S 语言共同开发完成。该语言提供了一套开源的数据分析解决方案,由一个庞大且活跃的全球性研究型社区维护。此外,R 语言作为一款开源软件,可以在其网站或者镜像中自由下载,并可以运行于 UNIX、Windows 和 Macintosh 的操作系统上。

R 语言的功能包括:具有数据存储和处理系统功能;拥有数组运算工具(其向量、矩阵运算方面功能尤其强大);提供完整连贯的统计分析工具;具有优秀的统计制图功能;拥有简便而强大的编程语言:可操纵数据的输入和输出,可实现分支、循环,用户可自定义功能。R 语言除了具有强大的数据处理与可视化功能,相比 MATLAB、SPSS、SAS 等商业软件,还具有免费开源、敏捷高效、跨平台的特点,非常适用于高校的大数据教学与科研工作。R 语言是一款自由免费的专业统计分析软件,容易学习和上手,并提供了丰富的 2D 和 3D 图形库,诸多优点成为从事统计研究的学生和研究人员必备的统计计算工具。

R 语言主要擅长统计分析方面的工作。R 语言最初是由两位统计学家开发的,其主要优势也在于统计分析方面。它提供了各种各样的数据处理和分析技术,几乎任何数据分析过程都可以在 R 语言中完成。与此相比较,SPSS、MATLAB 等数据分析软件更加适合于已经处理好的、规范的数据,而对于还未完成处理过程,或者在分析中仍需大量处理过程的数据而言,它们可能会显得繁琐一些。

R 语言具有顶尖的绘图功能,尤其对于复杂数据的可视化问题,R 语言的优势更加明显。一方面,R 语言通过各种绘图函数和绘图参数的综合使用,可以得到各式各样的图形结果,无论是常用的直方图、饼图、条形图等,还是复杂的组合图、地图、热图、动画,以及自己脑子里突然想到的其他图形展现方式,都可以采用 R 语言实现。另一方面,从数值计算到得到图形结果的过程灵活,一旦程序写好后,如果需要修改数据或者调整图形,只需要修改几个参数或者直接替换原始数据即可,不用重复劳动,对于需要绘制大量同类图形的用户而言这比较适用。配合 R 语言的循环和条形图功能,可以很快得到 jpg、png、bmp、tiff、gif 或 PostScript 等格式的图形结果。

随着大数据技术的兴起,R 语言已被应用于数学函数、计量统计、金融财会、生物制药等多个领域。随着 R 语言的开发,数据的可视化分析快速发展,R 语言的可视化功能在学术界和企业界均被灵活应用。在学术界,R 语言可视化被用于医疗、环境监测、金融分析、电子技术等众多领域的数据图表制作中;在企业界,KPI(关键绩效指标)报表、数据监测、人员监控、体温测量中都有 R 语言可视化的身影。

2) CiteSpace

CiteSpace 全称为 citation space(引文空间),是一款着眼于分析科学文献中蕴含的潜在知识,在科学计量学、数据可视化背景下逐渐发展起来的一款引文可视化分析软件。通过可视化手段来呈现科学知识的结构、规律和分布情况,因此此类方法分析得到的可视化图形可形成科学知识图谱。

CiteSpace 由陈超美博士支持开发,是一款应用于科学文献中识别并显示科学发展新趋势和新动态的软件,适用于寻找某一学科领域的研究进展和当前的研究前沿,及其对应的知识基础。CiteSpace 是一款实用的可视化分析软件,尤其是在科学引文分析方面被广泛用以分析共被引网络。

CiteSpace 可对 Web of Science、Scopus、Pubmed、CNKI 等数据库的海量文献进行主题、关键词、作者单位、合作网络、期刊、发表时间、文献被引等内容的可视化分析,能够帮助研究人员快速厘清某一领域的发展历程,找到该领域内的关键文献和主要研究团队,识别出该领域的研究前沿和发展趋势,可极大地提高文献调研效率。

1.2.3　评价数据源

1) Web of Science

Web of Science(WOS)是科睿唯安(Clarivate Analytics,原汤森路透)公司建设的三大引文数据库为核心的 Web 版,其三大引文数据库分别是 Science Citation Index Expanded (SCIE)、Social Sciences Citation Index(SSCI)和 Arts & Humanities Citation Index(A&HCI)。其中,SCIE 收录了约 6 000 种重要期刊,覆盖 170 多个学科领域,它不仅可用于查找最新的研究成果(文摘和所引用的参考文献),还提供文献被引用情况的检索,独特的引文检索体系,使其成为普遍使用的学术评价工具;SSCI 是社会科学领域重要的期刊文摘索引数据库,数据覆盖了历史学、政治学、法学、语言学、哲学、心理学、图书情报学、公共卫生等 50 多个社会科学领域、3 000 多种重要期刊;A&HCL 是全球最权威的人文艺术引文数据库,内容涉及人文艺术的各个领域,目前收录人文艺术领域 1 700 多种国际性、高影响力的学术期刊,涵盖了哲学、文学、艺术学等领域。

Web of Science 数据库具有诸多特点:Web of Science 数据库中收录的期刊是各学科领域中最权威、最具影响力的期刊;参考文献和被引次数连接,可以帮助用户跨越时间和学科的界限,掌握一个课题的来龙去脉和最新进展;用户可以对任意文献定制引文追踪服务,系统会将所定制的文献被引用的情况自动发到用户的电子邮箱,方便用户跟踪一篇文献的被引用情况;可以将检索结果按作者、出版年份、学科领域、研究机构、文献语种和期刊名称进行分析,归纳总结出相关领域在不同年份的发展趋势,通过这些基本分析,可以对学科的发展趋势有一个宏观把握;通过对被引文献检索,可以了解一篇文章被引用的情况,并可借此评估竞争对手在行业内的影响力;利用论文的参考文献题目中提取的扩展主题词进行检索,克服关键词由于时间不断演化造成的漏检。

基于以上特点,通过 Web of Science 数据库,可以找到高影响力的文献和会议录,揭示有关领域的相关结果,洞察最新课题发展趋势,开展成功的研究并获得科研基金,寻找并确定国际范围内的潜在合作者,将检索、分析、管理、写作、投稿整合在一起,创建简单工作流。

2) ESI

基本科学指标(Essential Science Indicators,ESI),是由世界著名的学术信息出版机构美国科学信息研究所(Insitute of Scientific Information,ISI)于 2001 年推出的衡量科学研究绩效、跟踪科学发展趋势的基本分析评价工具。ESI 以期刊为单位,将所收录的期刊划分为 22 个学科(生物学与生物化学、化学、计算机科学、经济学与商学、工程学、地球科学、材料科学、数学、综合交叉学科、物理学、社会科学总论、空间科学、农业科学、临床医学、分子生物学与遗传学、神经科学与行为学、免疫学、精神病学与心理学、微生物学、环境科学与生态学、植物学与动物学、药理学与毒理学),通过统计每个学科的文献总量、总被引频次、篇均被引频次等指标,构建出国家、研究机构、期刊、论文、科学家等不同层面的学科排行榜。ESI 已成为当今世界范围内普遍用以评价高校、学术机构、国家/地区国际学术水平及影响力的重要评价指标工具之一。

基于 SCIE、SSCI 等数据库中收录大量论文,ESI 对全球所有高校和科研机构的学术表现数据进行统计与分析,按论文被引频次的高低,排出居世界前 1% 的研究机构、科学家、研究论文,居世界前 50% 的国家/地区和居前 1‰ 的热点论文。ESI 主要从以下 5 个角度提供科研绩效评估服务:

(1) 基于科学家、研究机构(或大学)、国家(或地区)及学术期刊的论文数量和总被引次数进入全球前 1% 的情况,以及在全球 22 个学科中的排名。

(2) 高被引论文(highly cited papers),即最近 10 年间各研究领域中被引频次排名位于全球前 1% 的论文。

(3) 热门论文(hot papers),即最近 2 年内各研究领域中被引频次在最近 2 个月内排名位于全球前0.1%的论文。

（4）全球论文影响力基准值(baselines)，即22个学科中每年发表论文的篇均被引次数和6个百分位水平(0.01%,0.1%,1%,10%,20%和50%)的被引次数基准值。

（5）研究前沿(research fronts)，通过共被引分析和聚类算法选出的研究主题，反映现代科学中的研究密集型和突破性领域。

除论文被引频次以外，ESI结合论文数、论文篇均被引频次、高被引论文、热点论文和前沿论文共六大指标，多维度地对国家/地区科研水平、机构学术声誉、科学家学术影响力以及期刊学术水平进行全面衡量。

3) InCites™

InCites™是科睿唯安公司在汇集和分析Web of Science三大引文数据库的基础上，综合各种计量指标和30年来各学科、各年度的国际标杆数据，建立起来的科研评价工具，具有多元化的指标和丰富的可视化效果，可以辅助科研管理人员更高效地制定战略决策。InCites™数据库基于Web of Science™核心合集七大索引数据库1980年至今客观、权威的数据，可以提供涵盖全球13 000多所名称规范化的机构信息，囊括1980年以来所有文献的题录和指标信息以及更丰富、更成熟的引文指标。

InCites™数据库中共包括12种学科分类模式。其中3种为科睿唯安独有的分类模式，包括Web of Science学科分类、ESI学科分类、GIPP学科分类。另外9种基于将科睿唯安的数据映射至外部学科分类系统。设定这些外部学科分类模式的目的是为了在区域性科研评价项目中更好地应用文献计量学指标。例如，中国国务院学位委员会颁布的学科分类模式、经济合作与发展组织(OECD)的学科分类方式OECD的学科分类方式将文献计量学的指标与该组织提供的大量人口与财务数据更为紧密地结合，因而成为国家级研究中有价值的工具。基于外部学科分类的学科分类模式通常与该地区的科研评价机构合作开发完成。这些分类有的基于期刊分类，也有的基于Web of Science学科分类。学科分类模式的选择取决于分析的目标。通常情况下，小规模研究成果，如某一院系或某一作者的科研产出，适宜使用更高精度的细分学科分类，如Web of Science学科分类模式。这种方法对于克服诸如同一学科应用与理论研究的差异问题可能更有成效。但如果希望研究一个组织或国家整体的学科情况，使用更为宽泛的学科分类方式可能更为适合。

InCites™数据库的功能包括：定位重点学科/优势学科，发展潜力学科，优化学科布局;实时跟踪和评价机构的研究产出和影响力;与同行机构开展对标分析,明确机构全球定位;分析本机构的科研合作开展情况,识别高效的合作伙伴;发掘机构内具有高学术影响力和发展潜力的研究人员,监测机构的科研合作活动,寻求潜在的科研合作机会;识别优势和有潜力的研究主题。其中几个指标的概念解释如下:

(1) 学科规范化的引文影响力(category normalized citation impact):按学科、出版年和文献类型统计的规范化的引文影响力(论文篇均引文数)。

(2) 引文影响力(citation impact):某一文献集合的引文影响力,通过使用该文献集合总引文数除以文献总数得到,引文影响力反映了一篇文献获得的平均引文数。

(3) 学科百分位(percentile in subject srea):论文引文数在同一学科、同一出版年论文中排名的百分位,引文数越多,百分位数值越小,最大的百分位值为100,代表0次被引。只有研究论文(article)、研究报告(note)、综述(review)这3种文献类型的论文被用来计算百分位分布,也只有这3种类型的论文才有百分位值,如果一本期刊被划归至多个学科领域,则百分位取其表现最好的学科,也就是其最低值。

4) CNKI

中国知识基础设施工程(China National Knowledge Infrastructure, CNKI),是全球最大的中文数据库,以全面打通知识生产、传播、扩散与利用各环节信息通道,打造支持全国各行业知识创新、学习和应用的交流合作平台为总目标,它是集期刊、博士论文、硕士论文、会议论文、报纸、工具书、年鉴、专利、标准、国学、海外文献资源为一体的、具有国际领先水平的网络出版平台,涵盖领域包括基础科学、文史哲、工程科技、社会科学、农业、经济与管理科学、医药卫生、信息科技等。

目前,CNKI提供的学术资源根据文献特点,按照学科领域分为十大专辑:基础科学、工程科技Ⅰ、工程科技Ⅱ、农业科技、医药卫生科技、哲学与人文科学、社会科学Ⅰ、社会科学Ⅱ、信息科技、经济与管理科学。十大专辑下分168个专题分类。CNKI主要包括以下几个数据库:

(1) 中国学术期刊网络出版总库

《中国学术期刊网络出版总库》是目前国内最大型的学术期刊数据库,主要收录1915年以后的国内学术期刊,截至2022年9月,收录国内8 480多种学术期刊,部分期刊回溯至创刊。

(2) 中国博士学位论文全文数据库

《中国博士学位论文全文数据库》收录全国 985、211 工程等重点高校,中国科学院、社会科学院等研究院所的博士学位论文。截至 2022 年 9 月,收录来自 510 家培养单位的博士学位论文 50 多万篇。收录年限为 1984 年至今。

(3) 中国优秀硕士学位论文全文数据库

《中国优秀硕士学位论文全文数据库》重点收录 985、211 高校,中国科学院、社会科学院等重点院校高校的优秀硕士论文,重要特色学科如通信、军事学、中医药等专业的优秀硕士论文。截至 2022 年 9 月,收录来自 790 家培养单位的优秀硕士学位论文 510 多万篇。收录年限为 1984 年至今。

(4) 中国重要会议论文全文数据库

《中国重要会议论文全文数据库》的文献是由国内会议主办、承办单位或论文汇编单位书面授权并推荐出版的重要会议论文。部分连续召开的重要会议论文回溯至 1953 年。截至 2022 年 9 月,已收录文献总量 260 多万篇。

(5) 国际会议论文全文数据库

《国际会议论文全文数据库》的文献是由国内外会议主办单位或论文汇编单位书面授权并推荐出版的重要国际会议论文,重点出版 2010 年以来,IEEE、SCIRP、SPIE、IACSIT、中国科协系统及其他国内重要单位等国内外知名组织或学术机构主办或承办的国际会议上投稿的文献。部分重点会议文献回溯至 1981 年。截至 2022 年 9 月,已收录出版国内外学术会议论文文献总量 90 多万篇。

(6) 中国重要报纸全文数据库

《中国重要报纸全文数据库》收录 2000 年至今的国内公开发行的 500 多种重要报纸。

1.3 学科评价与人才评价的关系分析

学科是人才引育的平台,人才是学科发展的核心,开展学科评价与人才评价也是相辅相成,互相促进。学科评价离不开人才评价,人才评价是学科评价的重要内容。

1.3.1 人才是学科发展的核心元素

习近平总书记说过:"人才是第一资源。"人是创造生产力的主体,是生产力发展的核心要素,在社会生产力发展的过程中发挥了深刻且全面的作用力。因此,在一所高校的发展历程中，人才的培养、人才的建设、人才的评价都占据着举足轻重的地位。人才是大学学科发展的核心元素，是国家发展的驱动力，可以展现高质量的发展，所以合理地制定人才评价体系、有效地促进学科的有益生态、落实人才强国的发展战略是当前的首要任务。

"双一流"建设政策提出了五大任务：建设一流师资队伍、培养拔尖创新人才、提升科学研究水平、传承创新优秀文化、着力推进成果转化的基础均是学科建设。因此，一流大学的建设要以一流学科建设为突破点，而人才队伍的建设是学科建设的重要支撑点。

地方高校首先应当根据自身实际发展水平与办学层次等，结合区域社会经济发展需要，确立好当下的学科发展目标，凝聚特色学科科研方向，根据学科规划引进合适的人才，制定相应的人才评聘机制，制造良性循环的人才竞争平台，保持学科建设过程中的动态平衡，促进学科的可持续发展。

1) 人才队伍评价是学科评价的重要内容

一所大学学科发展的普遍性在于学科发展的各种因素，如师资力量、经费配置、学科平台、硬件措施、制度供给等等都需要持续改进；而学科发展壮大的最关键要素就是加强该学科创新型人才队伍的建设，引荐与大学或者院系结构相匹配的人才资源，与已有学科架构充分融合，由此来增强学科的核心竞争力，形成引进人才资源与学科建设发展的良性循环，这种循环是为了让人才资源队伍和学科组织架构相互契合，相互平衡，相互统一。在此循环融合的情况下，学科产出量关系到人才资源和学科建设、融合的默契程度。学科产出量越大，人才与学科的融合度越强；学科产出量越小，则人才与学科的融合度越弱。大学学科的发展壮大，基于一个学科建设生态系统内各个因素的有机结合，从而推进学科建设，但不能忽视了核心的因素，就是"人才"的关键作用。国内外的学科评价和排行榜在排名的过程中，同样也涵盖了多维权重指标，可见加大学科人才队伍的建设是一种趋势。不同的学科领域对"人才"的定义与需求是不一样的，学科建设发展中的"人才队伍"，就是指对某个学科领域具有一定作用的专业性强、高层次的创新型人才。大学的学科领域应加强人才队伍的建设，不断培养出优秀的人才，同时，这也直接决定了学科建设的发展趋势。

2) 人才的引育是学科发展的关键

学科产出通常指学术研究成果、人才培养方案、社会贡献程度、领域内部声誉等方面，这些方面的核心竞争力就是人才队伍的发展。简而言之，在一个学科的发展历程中，人才队伍的发展将占据核心地位。围绕大学人才队伍的发展这一核心竞争力,为学科的产出和影响力而努力奋斗,对于学科的发展壮大可以产生持续性的作用。专业的人才队伍不仅在培养创新型学生中承担着重大使命,也在建设大学学科领域承担着最基本的责任和使命。一个学科的产出需要人才队伍不停地进行专业学习,以及跨专业研究。因此,应始终注重专业人才队伍的培养和建设,打造学科的创造力及世界影响力。同时,还需要时刻关注国际学术问题,重视与开拓自身的全球化视域,积极地营造国际化的学术环境,提供国际化沟通与交流机会,如:聘请国外著名教授开展讲座,遴派优秀学术人才参加全球性的学术会议,主动承办全球学术研讨会,将高层次人才引荐到国际化的学术平台上进行锻炼,将国外知名专家学者引入国内进行交流和学习,提供本学科领域最前沿的咨讯与信息。

1.3.2　学科是人才引育的重要平台

在知识经济时代,世界各国综合国力的竞争归根结底是人才的竞争。高校作为人才集聚的重要基地,在社会经济发展和综合国力竞争中的作用日益凸显。作为大学组织的基本结构,学科是大学开展学术活动的最基层组织,是高校实现人才培养、科学研究和社会服务三大职能的基本平台。学科水平标志着一所高校的办学水平、学术地位和综合实力,一流高校首先应有一流学科。作为高校发展的龙头和主线,学科建设和发展是提高人才培养质量、提升教学科研水平的关键,在高校发展过程中居于重要的战略地位。另外,学科水平和平台能弥补高校层面对人才吸引力不足的短板,学科研究平台为人才开展工作提供物质支持,学科组织氛围对人才具有潜移默化的影响。

高校人才的来源途径主要有两种:一是校内培养;二是校外引进。校外引进突破了原有师资条件的限制,周期短,见效快,选择性大,目的性强,对于完善师资队伍结构、提高教师整体素质、促进高校学科建设和发展具有重要意义。人才,尤其是高层次人才的引进成为高校人才队伍建设的捷径和学科建设的重要方式。

校外人才引进的途径主要可分为两个方面:

(1) 以学科为基点,充分调研,制订计划,科学规划人才引进工作

人才的引进要从学校的学科发展规划出发,从学校的定位出发,立足于学校自身实际,制定合理的整体规划。首先,要立足于本校学科发展规划,根据重点和优先发展的学科,采取相应的人才引进方式,优先促进优势学科的发展,形成本校的学科特色。其次,考虑本校现有学科专业的人才配置,将人才引进与现有人才的知识结构、学历结构、年龄结构、职称结构相结合,实现引进的人才与现有人才的优化组合。最后,从学校实际定位出发,制定长远战略目标与发展计划。

（2）以学科团队为基准，引进具有创新性、协作性的高层次人才

创造是科学技术的生命力，唯有创造才能建立起新理论、新技术、新成果。高层次人才是创新精神、创新能力和创新成果三方面的统一。创新型的高层次人才引进，可以促进带动一批学科达到科学研究的前沿。以学科团队为基础，引进创新性、协作性的高层次人才，可以从根本上推动学科建设、专业发展，提高学科地位，促进学校的科研水平和学术水平快速提高。

高水平学科平台更有助于吸引优秀人才。首先，就资源与人才而言，高校在高层次人才引进方面投入大量资金，通过提供具有竞争力的物质条件吸引人才，主要体现在薪资待遇、安家住房补贴、科研启动经费、实验室配备和人员支持等方面。人才在优厚待遇条件和良好科研条件的吸引力下选择加入高校，并在高校持续的资源支持中顺利开展学术工作。其次，就学科与人才而言，主宰学者工作生活的力量是学科而非所在院校，大学"学科"的组织方式，使得教师们对学科的归属和忠诚超过对院校的归属和忠诚。高水平的学科和良好的学科研究平台对于高层次人才具有极大的吸引力，为其提供了良好的学科硬环境。自由宽松、积极进取、人际关系和谐的学科组织氛围则为人才创造了良好的学科软环境，在该学科氛围中，高层次人才具有拼搏向上的动力并获得很好的内部合作交流平台，会积极发挥其能动作用不断推动学科向前发展。

2 多维学科评价——强校建设推进器

学科是大学服务于教学科研工作,乃至社会需求的最基本单位,一所大学最核心的竞争力主要体现在其学科水平的高低程度上。鉴于此,本章从以下3个方面进行分析,以期为我国"双一流"建设、大学内涵式发展、学生与家长择校保障等提供可行性方案。第一,基于 ESI 的学科评价研究,阐述各大学的科研论文和引文情况,反映其当前现状以及发展态势;第二,基于综合指标的学科评价研究,借助于 InCites、WOS 等数据库资源,掌握江苏地区本科院校整体学科科研实力、各高校国际论文生产力和影响力及其综合实力情况;第三,基于第三方学科排行榜的分析研究,以及学科评价公信度测评指标体系的构建。

2.1 基于 ESI 的学科评价研究

ESI 是世界范围内普遍用以评价高校、学术机构、国家/地区国际学术水平及影响力的重要评价指标工具之一。ESI 可以从科研文献的角度综合全面的定量数据、清晰准确的统计以及与其他有价值的信息资源的链接,分析特定研究机构、国家、公司和学术期刊的研究绩效,在22个专业领域内分别对国家、研究机构、期刊、论文、科学家进行统计分析和排序,评估潜在的合作者、评论家、同行和雇员等。

2.1.1 ESI 观测维度

ESI 对全球所有高校及科研机构的 SCI、SSCI 库中近11年的论文数据进行统计,按被引频次的高低确定出衡量研究绩效的阈值,分别排出居世界前1%的研究机构、科学家、研究论文,居世界前50%的国家/地区和居前1‰的热点论文。ESI 针对22个专业领域(表2-1),通过论文数、论文被引频次、论文篇均被引频次、高被引论文、热点论文和前沿论文六大指标,从各个角度对国家/地区科研水平、机构学术声誉、科学家学术影响力以及期刊学术水平进行全面衡量。通常能够进入

ESI 排名前 1‰ 的学科,基本上可以被称作世界一流学科,许多大学将进入全球前 1‰ 的学科数量作为自身发展的方向之一。

表 2-1　ESI 的 22 个学科(中英文对照表)

ESI 英文学科名	中文学科名	ESI 英文学科名	中文学科名
Agricultural Science	农业科学	Mathematics	数学
Biology & Biochemistry	生物学与生物化学	Microbiology	微生物学
Chemistry	化学	Molecular Biology & Genetics	分子生物学与遗传学
Clinical Medicine	临床医学	Multidisciplinary	综合交叉学科
Computer Science	计算机科学	Neuroscience & Behavior	神经科学与行为学
Economics & Business	经济学与商学	Pharmacology & Toxicology	药理学与毒理学
Engineering	工程学	Physics	物理学
Environment & Ecology	环境科学与生态学	Plant & Animal Science	植物学与动物学
Geosciences	地球科学	Psychiatry & Psychology	精神病学与心理学
Immunology	免疫学	Social Sciences-general	社会科学总论
Materials Science	材料科学	Space Science	空间科学

ESI 所有统计数据每 2 个月更新一次。目前 ESI 已成为国内外著名大学、研究机构开展学科评估的重要工具,评估学校及学科在全球的学术影响力,寻找差距,为学校学科发展规划提供参考建议。

2.1.2　ESI 学科发展动态监测分析实证

开展 ESI 学科发展动态监测,包括对全球、全国、各省市、高校进入 ESI 1‰、1‰ 学科情况及变化情况,高被引论文情况进行监测,从国际认可的科技论文视角观测,有助于从不同维度观测学科发展情况。

笔者从 2011 年开始开展 ESI 学科发展动态监测,对江苏省高校特别是南京工业大学进行数据监测,监测内容包括对未进入学科的预测分析、高被引论文数据情况等等。监测结果可为江苏省教育厅、南京工业大学的学科发展提供数据咨询与参考,也可以作为其他高校开展监测评估的参考(表 2-2)。本节的监测数据,基于 2022 年 7 月 14 日科睿唯安发布的 ESI 数据,SCIE 和 SSCI 数据涵盖的时间范围为 2012 年 1 月 1 日—2022 年 4 月 30 日。

表2-2 全国100所高校ESI学科发展动态监测情况(排序依据:被引次数)

全国高校排序	全球排名	高校名称	入选学科数/个	省/市	论文数/篇	被引次数/次	篇均被引/(次/篇)
1	41	中国科学院大学	21	北京	156 269	2 560 074	16.38
2	50	清华大学	21	北京	99 136	2 168 578	21.87
3	62	北京大学	22	北京	96 783	1 967 610	20.33
4	64	上海交通大学	21	上海	118 217	1 963 444	16.61
5	69	浙江大学	21	浙江	115 625	1 898 511	16.42
6	107	复旦大学	21	上海	79 361	1 481 209	18.66
7	112	中山大学	20	广东	83 947	1 429 752	17.03
8	121	华中科技大学	20	湖北	77 111	1 368 661	17.75
9	128	中国科学技术大学	16	安徽	63 984	1 297 745	20.28
10	146	南京大学	19	江苏	61 013	1 232 524	20.20
11	183	中南大学	18	湖南	69 034	1 049 976	15.21
12	185	武汉大学	20	湖北	59 229	1 047 408	17.68
13	188	四川大学	19	四川	74 851	1 044 451	13.95
14	196	山东大学	19	山东	69 075	1 002 203	14.51
15	198	西安交通大学	16	陕西	67 626	992 937	14.68
16	213	吉林大学	18	吉林	62 830	933 309	14.85
17	214	哈尔滨工业大学	12	黑龙江	62 238	932 958	14.99
18	248	华南理工大学	12	广东	45 735	859 598	18.80
19	252	同济大学	16	上海	54 821	834 415	15.22
20	256	天津大学	13	天津	52 628	828 784	15.75
21	263	苏州大学	15	江苏	42 350	807 855	19.08
22	284	东南大学	13	江苏	51 341	753 899	14.68
23	305	中国医学科学院北京协和医学院	13	北京	43 013	710 693	16.52
24	328	南开大学	15	天津	32 049	670 320	20.92
25	331	厦门大学	19	福建	37 084	662 231	17.86
26	336	大连理工大学	12	辽宁	42 430	651 881	15.36

续表

全国高校排序	全球排名	高校名称	入选学科数/个	省/市	论文数/篇	被引次数/次	篇均被引/(次/篇)
27	362	湖南大学	11	湖南	28 914	594 669	20.57
28	365	北京航空航天大学	10	北京	40 969	588 440	14.36
29	367	郑州大学	14	河南	43 792	579 923	13.24
30	387	首都医科大学	11	北京	40 078	559 164	13.95
31	417	北京协和医学院	12	北京	32 921	521 649	15.85
32	418	重庆大学	12	重庆	37 536	519 282	13.83
33	419	北京理工大学	10	北京	34 422	518 738	15.07
34	429	北京师范大学	15	北京	31 914	503 534	15.78
35	435	电子科技大学	13	四川	36 881	498 849	13.53
36	438	中国地质大学	7	湖北	33 438	496 666	14.85
37	451	南京医科大学	9	江苏	34 048	488 199	14.34
38	461	兰州大学	14	甘肃	29 946	478 421	15.98
39	468	西北工业大学	7	陕西	35 868	470 752	13.12
40	487	华东理工大学	8	上海	24 779	454 752	18.35
41	491	中国农业大学	14	北京	27 855	449 026	16.12
42	493	北京科技大学	7	北京	29 751	446 713	15.02
43	534	深圳大学	14	广东	29 385	420 385	14.31
44	542	北京化工大学	7	北京	19 750	413 304	20.93
45	548	武汉理工大学	7	湖北	21 101	406 955	19.29
46	554	江苏大学	12	江苏	27 566	395 877	14.36
47	573	中国石油大学	7	山东	28 961	377 980	13.05
48	575	华东师范大学	14	上海	23 648	376 830	15.93
49	583	上海大学	10	上海	26 391	370 760	14.05
50	617	暨南大学	14	广东	25 815	357 302	13.84
51	630	西北农林科技大学	12	陕西	23 981	348 779	14.54
52	634	南京农业大学	10	江苏	21 537	343 355	15.94
53	643	南方医科大学	9	广东	25 212	339 381	13.46

续表

全国高校排序	全球排名	高校名称	入选学科数/个	省/市	论文数/篇	被引次数/次	篇均被引/(次/篇)
54	645	南京理工大学	6	江苏	23 714	337 023	14.21
55	654	南京工业大学	5	江苏	18 425	331 685	18.00
56	671	江南大学	9	江苏	24 010	319 296	13.30
57	680	福州大学	6	福建	16 551	315 145	19.04
58	683	华中农业大学	11	湖北	18 991	314 454	16.56
59	685	中国矿业大学	8	江苏	27 273	314 106	11.52
60	701	西南大学	14	重庆	21 910	308 711	14.09
61	704	东北大学	5	辽宁	28 096	307 681	10.95
62	729	海军军医大学	10	上海	16 236	298 944	18.41
63	738	南京航空航天大学	7	江苏	25 360	294 956	11.63
64	750	青岛大学	12	山东	21 467	289 167	13.47
65	752	南昌大学	11	江西	21 942	286 279	13.05
66	776	天津医科大学	9	天津	18 323	272 940	14.90
67	797	中国海洋大学	10	山东	20 215	262 091	12.97
68	804	东华大学	7	上海	14 783	259 838	17.58
69	817	第四军医大学	7	陕西	14 124	254 308	18.01
70	821	温州医科大学	8	浙江	18 879	252 369	13.37
71	829	深圳大学城	8	广东	11 041	249 299	22.58
72	830	南方科技大学	9	广东	15 427	249 284	16.16
73	839	中国医科大学	7	辽宁	19 986	245 377	12.28
74	842	浙江工业大学	8	浙江	17 807	244 537	13.73
75	846	陆军军医大学	8	重庆	13 840	242 896	17.55
76	862	西安电子科技大学	6	陕西	22 858	236 988	10.37
77	872	哈尔滨医科大学	6	黑龙江	14 915	234 344	15.71
78	873	广州医科大学	8	广东	15 372	233 953	15.22
79	875	北京工业大学	6	北京	18 910	232 479	12.29
80	888	扬州大学	11	江苏	17 999	229 643	12.76

续表

全国高校排序	全球排名	高校名称	入选学科数/个	省/市	论文数/篇	被引次数/次	篇均被引/(次/篇)
81	892	南京信息工程大学	8	江苏	17 006	227 801	13.40
82	897	重庆医科大学	8	重庆	16 916	225 392	13.32
83	899	合肥工业大学	8	安徽	17 112	225 091	13.15
84	949	西南交通大学	6	四川	18 932	212 911	11.25
85	950	华北电力大学	6	北京	15 059	211 878	14.07
86	951	华中师范大学	9	湖北	10 801	211 633	19.59
87	960	南京师范大学	11	江苏	14 816	208 831	14.09
88	964	山东第一医科大学	7	山东	15 944	208 273	13.06
89	975	华南农业大学	10	广东	14 948	205 141	13.72
90	983	西北大学	10	陕西	15 238	202 622	13.30
91	988	北京交通大学	6	北京	18 091	201 337	11.13
92	996	河海大学	9	江苏	19 045	199 706	10.49
93	1 025	华南师范大学	9	广东	15 157	192 958	12.73
94	1 029	广东工业大学	5	广东	14 399	192 230	13.35
95	1 032	济南大学	6	山东	12 427	191 563	15.42
96	1 064	国防科技大学	6	湖南	19 664	186 034	9.46
97	1 071	中国药科大学	6	江苏	12 072	184 741	15.30
98	1 085	陕西师范大学	8	陕西	13 055	182 814	14.00
99	1 099	东北师范大学	7	吉林	11 414	180 893	15.85
100	1 107	哈尔滨工程大学	4	黑龙江	14 625	179 299	12.26

（1）江苏有34所高校214个学科进入ESI全球前1%，较上一期新增6个学科，退出1个学科。

全球共有7 883所机构（相比上期新增了131所）进入ESI前1%。江苏有34所高校的214个学科进入ESI前1%，新增1所高校（南京审计大学）6个学科进入ESI全球前1%（南京师范大学的生物学与生物化学、江苏大学的植物学与动物学、江苏大学的社会科学总论、南通大学的分子生物学与遗传学、徐州医科大学的生物学与生物化学、南京审计大学的工程学），退出1个学科（苏州大学的综合交叉学科）。江苏进入ESI前1%总数领先上海66个学科，落后北京10个学科，位列全国第二。江苏进入的高校数和学科数分别占全国(不含港澳台,后文同)的8.81%和11.26%。

ESI共有22个学科门类,江苏高校目前有20个学科门类进入了ESI前1%,尚有2个学科门类未进入ESI前1%。20个已进入ESI前1%的学科门类分别是:工程学、化学、材料科学、临床医学、生物学与生物化学、农业科学、药理学与毒理学、植物学与动物学、物理学、数学、计算机科学、环境科学与生态学、神经科学与行为学、地球科学、社会科学总论、分子生物学与遗传学、微生物学、免疫学、经济学与商学、综合交叉学科。2个未进入ESI前1%的学科门类是:精神病学与心理学、空间科学(表2-3)。

表2-3 江苏高校进入ESI前1%的学科情况

序号	高校名称	进入ESI前1%学科数/个	具体学科
1	南京大学	19	农业科学、生物学与生物化学、化学、临床医学、计算机科学、工程学、环境科学与生态学、地球科学、材料科学、数学、分子生物学与遗传学、神经科学与行为学、药理学与毒理学、物理学、植物学与动物学、社会科学总论、免疫学、经济学与商学、综合交叉学科
2	苏州大学	15	生物学与生物化学、化学、临床医学、工程学、材料科学、神经科学与行为学、药理学与毒理学、物理学、分子生物学与遗传学、免疫学、数学、计算机科学、农业科学、环境科学与生态学、社会科学总论、综合交叉学科(退出)
3	东南大学	13	生物学与生物化学、化学、临床医学、计算机科学、工程学、材料科学、数学、神经科学与行为学、药理学与毒理学、物理学、社会科学总论、环境科学与生态学、分子生物学与遗传学
4	江苏大学	12	农业科学、化学、临床医学、工程学、材料科学、药理学与毒理学、生物学与生物化学、环境科学与生态学、分子生物学与遗传学、计算机科学、植物学与动物学(新增)、社会科学总论(新增)
5	扬州大学	11	农业科学、化学、临床医学、工程学、材料科学、植物学与动物学、计算机科学、生物学与生物化学、药理学与毒理学、环境科学与生态学、微生物学
5	南京师范大学	11	农业科学、化学、工程学、材料科学、植物学与动物学、地球科学、环境科学与生态学、数学、社会科学总论、计算机科学、生物学与生物化学(新增)

续表

序号	高校名称	进入ESI前1%学科数/个	具体学科
7	南京农业大学	10	农业科学、生物学与生物化学、工程学、环境科学与生态学、微生物学、分子生物学与遗传学、植物学与动物学、化学、药理学与毒理学、社会科学总论
8	南京医科大学	9	生物学与生物化学、临床医学、免疫学、分子生物学与遗传学、神经科学与行为学、药理学与毒理学、社会科学总论、化学、材料科学
8	江南大学	9	农业科学、生物学与生物化学、化学、工程学、材料科学、临床医学、计算机科学、药理学与毒理学、环境科学与生态学
8	河海大学	9	工程学、环境科学与生态学、计算机科学、材料科学、地球科学、农业科学、化学、社会科学总论、数学
11	中国矿业大学	8	化学、工程学、地球科学、材料科学、数学、环境科学与生态学、计算机科学、社会科学总论
11	南京信息工程大学	8	计算机科学、工程学、地球科学、环境科学与生态学、化学、农业科学、材料科学、社会科学总论
11	南通大学	8	临床医学、神经科学与行为学、工程学、药理学与毒理学、生物学与生物化学、化学、材料科学、分子生物学与遗传学（新增）
14	南京林业大学	7	工程学、植物学与动物学、农业科学、材料科学、化学、环境科学与生态学、生物学与生物化学
14	南京航空航天大学	7	化学、计算机科学、工程学、材料科学、社会科学总论、数学、物理学
16	南京理工大学	6	化学、计算机科学、工程学、材料科学、环境科学与生态学、物理学
16	中国药科大学	6	化学、临床医学、药理学与毒理学、生物学与生物化学、材料科学、农业科学
18	南京工业大学	5	化学、工程学、材料科学、生物学与生物化学、环境科学与生态学
18	南京邮电大学	5	化学、工程学、材料科学、计算机科学、物理学
18	徐州医科大学	5	临床医学、药理学与毒理学、神经科学与行为学、分子生物学与遗传学、生物学与生物化学（新增）
21	南京中医药大学	4	临床医学、药理学与毒理学、化学、生物学与生物化学
21	江苏师范大学	4	化学、工程学、材料科学、数学

续表

序号	高校名称	进入 ESI 前 1%学科数/个	具体学科
23	常州大学	3	化学、材料科学、工程学
	江苏科技大学	3	工程学、材料科学、化学
	盐城工学院	3	工程学、化学、材料科学
	西交利物浦大学	3	工程学、计算机科学、社会科学总论
27	南京财经大学	2	农业科学、工程学
	解放军陆军工程大学	2	工程学、计算机科学
	苏州科技大学	2	工程学、化学
30	昆山杜克大学	1	临床医学
	淮阴工学院	1	工程学
	南京工程学院	1	工程学
	淮阴师范学院	1	化学
	南京审计大学	1	工程学(新增)
合计		214	高校数量新增1所;学科数量新增6个,退出1个

(2) 江苏高校共有 10 个学科进入全球前 50 位,较上期持平;26 个学科进入全球前 100 位,较上期持平。

江苏有 26 个学科进入全球前 100。26 个学科分别是:东南大学的计算机科学(11 位,持平)、江南大学的农业科学(13 位,持平)、南京农业大学的农业科学(14 位,进 1 位)、东南大学的工程学(16 位,进 1 位)、中国药科大学的药理学与毒理学(25 位,持平)、苏州大学的材料科学(26 位,持平)、南京农业大学的植物学与动物学(26 位,进 1 位)、南京大学的化学(27 位,持平)、南京信息工程大学的计算机科学(42 位,退 2 位)、南京大学的材料科学(50 位,退 2 位)、苏州大学的化学(55 位,持平)、东南大学的数学(60 位,持平)、南京大学的地球科学(61 位,进 1 位)、南京航空航天大学的工程学(64 位,退 1 位)、中国矿业大学的工程学(65 位,退 1 位)、南京医科大学的药理学与毒理学(70 位,持平)、南京大学的环境科学与生态学(72 位,持平)、南京信息工程大学的地球科学(72 位,进 3 位)、南京大学的物理学(81 位,进 1 位)、东南大学的材料科学(89 位,持平)、南京理工大学的工程学(92 位,持平)、南京工业大学的化学(94 位,持平)、南京工业大学的材料科学(95 位,进 5 位)、南京大学的计算机科学(97 位,持平)、南京理工大学的计算机科学(98 位,持平)、南京邮电大学的计算机科学(100 位,持平)。截至本期,江苏省高校进入全球学科排名最高的学科,是东南大学的计算机科学,排名第11位;进步较快的学科是南京工业大学的材料科学,上升5位。

江苏高校有23个学科进入全球101—200位。23个学科分别是:中国矿业大学的数学(101位,进1位)、南京航空航天大学的计算机科学(108位,进2位)、江苏大学的工程学(109位,进5位)、江苏大学的农业科学(111位,进5位)、南京大学的数学(117位,退2位)、南京理工大学的材料科学(120位,进3位)、南京中医药大学的药理学与毒理学(124位,进2位)、中国矿业大学的地球科学(126位,进1位)、苏州大学的药理学与毒理学(128位,持平)、南京航空航天大学的材料科学(135位,进2位)、南京大学的工程学(136位,进2位)、江苏大学的化学(142位,进3位)、河海大学的工程学(145位,进2位)、东南大学的化学(148位,持平)、南京大学的综合交叉学科(160位,退10位)、江苏大学的材料科学(172位,进1位)、南京医科大学的分子生物学与遗传学(172位,进2位)、南京农业大学的微生物学(174位,进1位)、河海大学的计算机科学(177位,进3位)、扬州大学的农业科学(188位,进6位)、南京大学的药理学与毒理学(188位,持平)、苏州大学的数学(196位,退6位)、中国矿业大学的计算机科学(198位,退9位)。

江苏进入全球前200的49个学科的学校分布情况为:南京大学10个,东南大学5个,苏州大学、江苏大学、中国矿业大学各4个,南京农业大学、南京航空航天大学、南京理工大学各3个,南京工业大学、南京信息工程大学、河海大学、南京医科大学各2个,中国药科大学、江南大学、南京邮电大学、南京中医药大学、扬州大学各1个(表2-4~表2-6)。

表2-4 江苏高校ESI前1%学科的全球、全国、江苏省排名比较

学科名称 (高校数/所)	机构数/ 100所	高校名称	全球排名	全国高校排名	江苏高校排序	全球位置
工程学(28)	1 978	东南大学	16	7	1	0.008%
		南京航空航天大学	64	23	2	0.032%
		中国矿业大学	65	24	3	0.033%
		南京理工大学	92	31	4	0.047%
		江苏大学	109	34	5	0.055%
		南京大学	136	38	6	0.069%
		河海大学	145	40	7	0.073%
		苏州大学	283	58	8	0.143%
		江南大学	312	60	9	0.158%

续表

学科名称（高校数/所）	机构数/100所	高校名称	全球排名	全国高校排名	江苏高校排序	全球位置
工程学(28)	1 978	南京工业大学	336	63	10	0.170%
		南京邮电大学	357	68	11	0.180%
		南京信息工程大学	363	71	12	0.184%
		南京师范大学	491	85	13	0.248%
		解放军陆军工程大学	567	99	14	0.287%
		扬州大学	531	94	15	0.268%
		南京林业大学	546	97	16	0.276%
		江苏科技大学	616	104	17	0.311%
		南京农业大学	767	120	18	0.388%
		南通大学	860	132	19	0.435%
		常州大学	845	129	20	0.427%
		江苏师范大学	1 000	149	21	0.506%
		苏州科技大学	1 149	173	22	0.581%
		西交利物浦大学	1 239	181	23	0.626%
		南京工程学院	1 323	193	24	0.669%
		盐城工学院	1 517	217	25	0.767%
		南京财经大学	1 593	230	26	0.805%
		淮阴工学院	1 594	231	27	0.806%
		南京审计大学	1 972	271	28	0.997%
化学(26)	1 584	南京大学	27	6	1	0.017%
		苏州大学	55	15	2	0.035%
		南京工业大学	94	28	3	0.059%
		江苏大学	142	34	4	0.090%
		东南大学	148	35	5	0.093%
		南京理工大学	219	44	6	0.138%
		江南大学	234	47	7	0.148%
		扬州大学	329	55	8	0.208%

续表

学科名称 (高校数/所)	机构数/ 100所	高校名称	全球排名	全国高校排名	江苏高校排序	全球位置
化学(26)	1 584	中国药科大学	351	59	9	0.222%
		南京师范大学	377	64	10	0.238%
		常州大学	456	75	11	0.288%
		南京邮电大学	520	83	12	0.328%
		中国矿业大学	512	82	13	0.323%
		南京林业大学	559	88	14	0.353%
		南京航空航天大学	667	103	15	0.421%
		江苏师范大学	679	104	16	0.429%
		南京农业大学	878	138	17	0.554%
		江苏科技大学	865	136	18	0.546%
		南京医科大学	1 004	155	19	0.634%
		南京中医药大学	1 144	179	20	0.722%
		南京信息工程大学	1 155	182	21	0.729%
		河海大学	1 263	194	22	0.797%
		南通大学	1 350	203	23	0.852%
		盐城工学院	1 366	206	24	0.862%
		苏州科技大学	1 433	217	25	0.905%
		淮阴师范学院	1 550	229	26	0.979%
材料科学(22)	1 141	苏州大学	26	9	1	0.023%
		南京大学	50	20	2	0.044%
		东南大学	89	33	3	0.078%
		南京工业大学	95	34	4	0.083%
		南京理工大学	120	39	5	0.105%
		南京航空航天大学	135	42	6	0.118%
		江苏大学	172	44	7	0.151%
		南京邮电大学	261	60	8	0.229%
		中国矿业大学	324	68	9	0.284%

续表

学科名称（高校数/所）	机构数/100所	高校名称	全球排名	全国高校排名	江苏高校排序	全球位置
材料科学(22)	1 141	扬州大学	343	69	10	0.301%
		江苏科技大学	359	74	11	0.315%
		江南大学	366	76	12	0.321%
		南京师范大学	457	92	13	0.401%
		南京林业大学	433	87	14	0.379%
		常州大学	478	97	15	0.419%
		河海大学	482	99	16	0.422%
		中国药科大学	667	126	17	0.585%
		南京医科大学	809	151	18	0.709%
		南京信息工程大学	857	157	19	0.751%
		江苏师范大学	903	164	20	0.791%
		盐城工学院	930	168	21	0.815%
		南通大学	1 003	177	22	0.879%
计算机科学(15)	642	东南大学	11	2	1	0.017%
		南京信息工程大学	42	14	2	0.065%
		南京大学	97	31	3	0.151%
		南京理工大学	98	32	4	0.153%
		南京邮电大学	100	33	5	0.156%
		南京航空航天大学	108	34	6	0.168%
		河海大学	177	45	7	0.276%
		中国矿业大学	198	47	8	0.308%
		解放军陆军工程大学	231	52	9	0.360%
		扬州大学	254	55	10	0.396%
		苏州大学	384	76	11	0.598%
		江南大学	452	83	12	0.704%
		西交利物浦大学	531	92	13	0.827%
		南京师范大学	557	97	14	0.868%
		江苏大学	538	94	15	0.838%

续表

学科名称（高校数/所）	机构数/100 所	高校名称	全球排名	全国高校排名	江苏高校排序	全球位置
环境科学与生态学(14)	1 509	南京大学	72	6	1	0.048%
		南京农业大学	280	19	2	0.186%
		河海大学	281	20	3	0.186%
		南京信息工程大学	359	31	4	0.238%
		中国矿业大学	442	37	5	0.293%
		南京师范大学	630	42	6	0.417%
		东南大学	639	43	7	0.423%
		苏州大学	680	48	8	0.451%
		江苏大学	802	59	9	0.531%
		南京林业大学	874	67	10	0.579%
		南京理工大学	1 085	83	11	0.719%
		扬州大学	1 209	92	12	0.801%
		江南大学	1 153	89	13	0.764%
		南京工业大学	1 278	97	14	0.847%
生物学与生物化学(15)	1 314	江南大学	267	13	1	0.203%
		南京医科大学	293	16	2	0.223%
		苏州大学	381	23	3	0.290%
		南京农业大学	389	26	4	0.296%
		南京大学	391	27	5	0.298%
		东南大学	440	37	6	0.335%
		江苏大学	708	55	7	0.539%
		中国药科大学	746	60	8	0.568%
		南京工业大学	819	68	9	0.623%
		南京中医药大学	918	76	10	0.699%
		南京林业大学	926	77	11	0.705%
		扬州大学	960	78	12	0.731%
		南通大学	1 060	82	13	0.807%
		徐州医科大学	1 299	96	14	0.989%
		南京师范大学	1 310	97	15	0.997%

续表

学科名称（高校数/所）	机构数/100所	高校名称	全球排名	全国高校排名	江苏高校排序	全球位置
临床医学(12)	5 414	南京医科大学	274	10	1	0.051%
		南京大学	425	16	2	0.079%
		苏州大学	606	29	3	0.112%
		东南大学	885	34	4	0.163%
		南京中医药大学	1 238	44	5	0.229%
		南通大学	1 390	45	6	0.257%
		昆山杜克大学	1 475	48	7	0.272%
		徐州医科大学	1 575	51	8	0.291%
		江苏大学	1 659	55	9	0.306%
		中国药科大学	2 101	64	10	0.388%
		江南大学	2 180	69	11	0.403%
		扬州大学	2 424	77	12	0.448%
农业科学(12)	1 052	江南大学	13	3	1	0.012%
		南京农业大学	14	4	2	0.013%
		江苏大学	111	10	3	0.106%
		扬州大学	188	19	4	0.179%
		南京师范大学	437	41	5	0.415%
		南京林业大学	445	43	6	0.423%
		南京财经大学	513	48	7	0.488%
		南京大学	533	52	8	0.507%
		苏州大学	661	68	9	0.628%
		河海大学	731	76	10	0.695%
		南京信息工程大学	841	84	11	0.799%
		中国药科大学	988	97	12	0.939%
药理学与毒理学(12)	1 097	中国药科大学	25	1	1	0.023%
		南京医科大学	70	11	2	0.064%
		南京中医药大学	124	16	3	0.113%

续表

学科名称（高校数/所）	机构数/100 所	高校名称	全球排名	全国高校排名	江苏高校排序	全球位置
药理学与毒理学(12)	1 097	苏州大学	128	17	4	0.117%
		南京大学	188	27	5	0.171%
		东南大学	318	38	6	0.290%
		江苏大学	455	49	7	0.415%
		南通大学	489	50	8	0.446%
		徐州医科大学	538	53	9	0.490%
		南京农业大学	810	75	10	0.738%
		江南大学	798	73	11	0.727%
		扬州大学	829	78	12	0.756%
社会科学总论(12)	1 897	南京大学	464	11	1	0.245%
		东南大学	587	16	2	0.309%
		南京航空航天大学	1 286	45	3	0.678%
		南京医科大学	1 363	52	4	0.719%
		中国矿业大学	1 244	43	5	0.656%
		南京师范大学	1 292	46	6	0.681%
		苏州大学	1 665	71	7	0.878%
		西交利物浦大学	1 514	62	8	0.798%
		河海大学	1 499	61	9	0.790%
		南京农业大学	1 676	73	10	0.884%
		南京信息工程大学	1 779	79	11	0.938%
		江苏大学	1 829	83	12	0.964%
数学(8)	324	东南大学	60	4	1	0.185%
		中国矿业大学	101	15	2	0.312%
		南京大学	117	21	3	0.361%
		苏州大学	196	35	4	0.605%
		南京师范大学	208	39	5	0.642%
		南京航空航天大学	222	40	6	0.685%
		河海大学	275	48	7	0.849%
		江苏师范大学	313	55	8	0.966%

续表

学科名称 (高校数/所)	机构数/ 100所	高校名称	全球排名	全国高校排名	江苏高校排序	全球位置
分子生物学与遗传学(8)	977	南京医科大学	172	8	1	0.176%
		苏州大学	377	20	2	0.386%
		南京大学	448	31	3	0.459%
		南京农业大学	536	34	4	0.549%
		东南大学	637	42	5	0.652%
		江苏大学	798	48	6	0.817%
		徐州医科大学	894	49	7	0.915%
		南通大学	963	51	8	0.986%
神经科学与行为学(6)	1 064	南京医科大学	317	7	1	0.298%
		南京大学	434	15	2	0.408%
		苏州大学	513	22	3	0.482%
		南通大学	548	25	4	0.515%
		东南大学	685	34	5	0.644%
		徐州医科大学	818	43	6	0.769%
物理学(6)	819	南京大学	81	5	1	0.099%
		东南大学	366	15	2	0.447%
		苏州大学	410	19	3	0.501%
		南京航空航天大学	769	45	4	0.939%
		南京理工大学	770	46	5	0.940%
		南京邮电大学	781	47	6	0.954%
植物学与动物学(6)	1 547	南京农业大学	26	2	1	0.017%
		扬州大学	361	16	2	0.233%
		南京林业大学	530	27	3	0.343%
		南京大学	680	38	4	0.440%
		南京师范大学	876	51	5	0.566%
		江苏大学	1 531	89	6	0.990%

续表

学科名称 (高校数/所)	机构数/ 100所	高校名称	全球排名	全国高校排名	江苏高校排序	全球位置
地球科学(5)	906	南京大学	61	4	1	0.067%
		南京信息工程大学	72	6	2	0.079%
		中国矿业大学	126	10	3	0.139%
		河海大学	316	21	4	0.349%
		南京师范大学	517	29	5	0.571%
免疫学(3)	933	南京医科大学	440	16	1	0.472%
		苏州大学	543	25	2	0.582%
		南京大学	513	24	3	0.550%
微生物学(2)	602	南京农业大学	174	9	1	0.289%
		扬州大学	501	25	2	0.832%
综合交叉学科(1)	162	南京大学	160	8	1	0.988%
经济学与商学(1)	427	南京大学	359	16	1	0.841%

表2-5 江苏各高校进入ESI前1%学科及其排名变化

序号	高校名称(进入ESI前1%学科数/个)	学科	全球排名	全球与上期比较	全国高校排名	全国与上期比较	全球位置
1	南京大学(19)	农业科学	533	—	52	↑1	0.507%
		生物学与生物化学	391	↑2	27	—	0.298%
		化学	27	—	6		0.017%
		临床医学	425	↑2	16	—	0.079%
		计算机科学	97		31		0.151%
		经济学与商学	359	↑8	16		0.841%
		工程学	136	↑2	38	—	0.069%
		环境科学与生态学	72	—	6	↓1	0.048%
		地球科学	61	↑1	4	—	0.067%
		免疫学	513	↑1	24	↓1	0.550%
		材料科学	50	↓2	20	↓1	0.044%
		数学	117	↓2	21	↓2	0.361%

续表

序号	高校名称(进入ESI前1%学科数/个)	学科	全球排名	全球与上期比较	全国高校排名	全国与上期比较	全球位置
1	南京大学(19)	分子生物学与遗传学	448	—	31	—	0.459%
		神经科学与行为学	434	↑10	15	—	0.408%
		药理学与毒理学	188	—	27	—	0.171%
		物理学	81	↑1	5	—	0.099%
		植物学与动物学	680	↓3	38	↓1	0.440%
		社会科学总论	464	↑2	11	—	0.245%
		综合交叉学科*	160	↓10	8	—	0.988%
2	苏州大学(15)	农业科学	661	↓3	68	↓1	0.628%
		生物学与生物化学	381	—	23	↓1	0.290%
		化学	55	—	15	—	0.035%
		临床医学	606	—	29	—	0.112%
		计算机科学	384	↑7	76	↓1	0.598%
		工程学	283	↑3	58	—	0.143%
		环境科学与生态学	680	↓12	48	↓2	0.451%
		免疫学	543	↓1	25	—	0.582%
		材料科学	26	—	9	—	0.023%
		数学	196	↓6	35	↓2	0.605%
		分子生物学与遗传学	377	↑3	20	—	0.386%
		神经科学与行为学	513	↓2	22	—	0.482%
		药理学与毒理学	128	—	17	—	0.117%
		物理学	410	↑4	19	—	0.501%
		社会科学总论	1 665	↑23	71	↓1	0.878%
3	东南大学(13)	生物学与生物化学	440	—	37	—	0.335%
		化学	148	—	35	—	0.093%
		临床医学	885	↑6	34	—	0.163%
		计算机科学	11	—	2	—	0.017%
		工程学	16	↑1	7	—	0.008%

续表

序号	高校名称(进入ESI前1%学科数/个)	学科	全球排名	全球与上期比较	全国高校排名	全国与上期比较	全球位置
3	东南大学（13）	环境科学与生态学	639	↑10	43	—	0.423%
		材料科学	89	—	33	—	0.078%
		数学	60	—	4	—	0.185%
		分子生物学与遗传学	637	↑6	42	—	0.652%
		神经科学与行为学	685	↓5	34	—	0.644%
		药理学与毒理学	318	↑2	38	—	0.290%
		物理学	366	↑4	15	—	0.447%
		社会科学总论	587	↑20	16	↑1	0.309%
4	江苏大学（12）	农业科学	111	↑5	10	—	0.106%
		生物学与生物化学	708	↑4	55	↑1	0.539%
		化学	142	↑3	34	—	0.090%
		临床医学	1 659	↑2	55	↓1	0.306%
		计算机科学	538	↑9	94	↓1	0.838%
		工程学	109	↑5	34	—	0.055%
		环境科学与生态学	802	↑30	59	↑2	0.531%
		材料科学	172	↑1	44	—	0.151%
		分子生物学与遗传学	798	↑4	48	—	0.817%
		药理学与毒理学	455	↑11	49	—	0.415%
		植物学与动物学	1 531	新晋	89	新晋	0.990%
		社会科学总论	1 829	新晋	83	新晋	0.964%
5	扬州大学（11）	农业科学	188	↑6	19	—	0.179%
		生物学与生物化学	960	↑13	78	↑1	0.731%
		化学	329	↑10	55	↑1	0.208%
		临床医学	2 424	↑7	77	↓1	0.448%
		计算机科学	254	↓1	55	—	0.396%
		工程学	531	↑9	94	↓1	0.268%
		材料科学	343	↑2	69	—	0.301%

续表

序号	高校名称(进入ESI前1%学科数/个)	学科	全球排名	全球与上期比较	全国高校排名	全国与上期比较	全球位置
5	扬州大学(11)	微生物学	501	↑6	25	—	0.832%
		植物学与动物学	361	↑9	16	—	0.233%
		药理学与毒理学	829	↑7	78	↓1	0.756%
		环境科学与生态学	1 209	↑13	92	↑2	0.801%
6	南京师范大学(11)	农业科学	437	↑2	41	—	0.415%
		生物学与生物化学	1 310	新晋	97	新晋	0.997%
		化学	377	↑3	64	↓1	0.238%
		工程学	491	↓1	85	—	0.248%
		环境科学与生态学	630	↑9	42	—	0.417%
		地球科学	517	↑9	29	—	0.571%
		材料科学	457	↑3	92	↓1	0.401%
		数学	208	↑4	39	—	0.642%
		植物学与动物学	876	↓1	51	↑1	0.566%
		社会科学总论	1 292	↑26	46	—	0.681%
		计算机科学	557	↓6	97	—	0.868%
7	南京农业大学(10)	农业科学	14	↑1	4	—	0.013%
		生物学与生物化学	389	↑3	26	—	0.296%
		化学	878	↑4	138	—	0.554%
		工程学	767	↑6	120	—	0.388%
		环境科学与生态学	280	↑1	19	↓1	0.186%
		微生物学	174	↑1	9	—	0.289%
		分子生物学与遗传学	536	↑3	34	—	0.549%
		药理学与毒理学	810	—	75	↓1	0.738%
		植物学与动物学	26	↑1	2	—	0.017%
		社会科学总论	1 676	↑32	73	—	0.884%
8	南京医科大学(9)	生物学与生物化学	293	↑1	16	—	0.223%
		化学	1 004	↓4	155	↓1	0.634%

续表

序号	高校名称(进入 ESI 前1%学科数/个)	学科	全球排名	全球与上期比较	全国高校排名	全国与上期比较	全球位置
8	南京医科大学(9)	临床医学	274	↑3	10	—	0.051%
		免疫学	440	↑5	16	↓1	0.472%
		材料科学	809	↑4	151	—	0.709%
		分子生物学与遗传学	172	↑2	8	—	0.176%
		神经科学与行为学	317	—	7	—	0.298%
		药理学与毒理学	70	—	11	—	0.064%
		社会科学总论	1 363	↓11	52	↓3	0.719%
8	江南大学(9)	农业科学	13	—	3	—	0.012%
		生物学与生物化学	267	↑3	13	—	0.203%
		化学	234	—	47	—	0.148%
		临床医学	2 180	↑14	69	↑1	0.403%
		计算机科学	452	↑3	83	—	0.704%
		工程学	312	↑2	60	—	0.158%
		材料科学	366	↑4	76	—	0.321%
		药理学与毒理学	798	↑5	73	↓1	0.727%
		环境科学与生态学	1 153	↑19	89	—	0.764%
8	河海大学(9)	农业科学	731	↑6	76	—	0.695%
		计算机科学	177	↑3	45	—	0.276%
		工程学	145	↑2	40	—	0.073%
		环境科学与生态学	281	↑5	20	—	0.186%
		地球科学	316	↑2	21	—	0.349%
		材料科学	482	↑5	99	↑1	0.422%
		化学	1 263	↑12	194	↑1	0.797%
		数学	275	↑1	48	—	0.849%
		社会科学总论	1 499	↑27	61	—	0.790%
11	中国矿业大学(8)	化学	512	↑8	82	↑1	0.323%
		计算机科学	198	—	47	—	0.308%

续表

序号	高校名称(进入ESI前1%学科数/个)	学科	全球排名	全球与上期比较	全国高校排名	全国与上期比较	全球位置
11	中国矿业大学(8)	工程学	65	↓1	24	—	0.033%
		环境科学与生态学	442	↑12	37	—	0.293%
		地球科学	126	↑1	10	—	0.139%
		材料科学	324	↑4	68	—	0.284%
		数学	101	↑1	15	—	0.312%
		社会科学总论	1 244	↑22	43	—	0.656%
11	南京信息工程大学(8)	农业科学	841	↑16	84	↑2	0.799%
		化学	1 155	↑13	182	↑1	0.729%
		计算机科学	42	↓2	14	—	0.065%
		工程学	363	↑11	71	—	0.184%
		环境科学与生态学	359	↑13	31	—	0.238%
		地球科学	72	↑3	6	—	0.079%
		材料科学	857	↑7	157	↑1	0.751%
		社会科学总论	1 779	↑25	79	↓2	0.938%
11	南通大学(8)	生物学与生物化学	1 060	↑9	82	—	0.807%
		化学	1 350	↑11	203	↑1	0.852%
		临床医学	1 390	↑5	45	—	0.257%
		工程学	860	↑8	132	—	0.435%
		材料科学	1 003	↑12	177	↑1	0.879%
		分子生物学与遗传学	963	新晋	51	新晋	0.986%
		神经科学与行为学	548	↓1	25	—	0.515%
		药理学与毒理学	489	↑10	50	—	0.446%
14	南京林业大学(7)	农业科学	445	↑16	43	↑1	0.423%
		生物学与生物化学	926	↑19	77	—	0.705%
		化学	559	↑12	88	↑1	0.353%
		工程学	546	↑18	97	—	0.276%
		环境科学与生态学	874	↑19	67	—	0.579%
		材料科学	433	↑7	87	—	0.379%
		植物学与动物学	530	↑21	27	↑2	0.343%

续表

序号	高校名称(进入ESI前1%学科数/个)	学科	全球排名	全球与上期比较	全国高校排名	全国与上期比较	全球位置
14	南京航空航天大学(7)	化学	667	↑1	103	↓1	0.421%
		计算机科学	108	↑2	34	—	0.168%
		工程学	64	↓1	23	—	0.032%
		材料科学	135	↑2	42	—	0.118%
		社会科学总论	1 286	↑14	45	—	0.678%
		数学	222	—	40	—	0.685%
		物理学	769	↑5	45	↑1	0.939%
16	南京理工大学(6)	化学	219	↑1	44	—	0.138%
		计算机科学	98	↑1	32	—	0.153%
		工程学	92	—	31	—	0.047%
		材料科学	120	↑3	39	↓1	0.105%
		环境科学与生态学	1 085	↑17	83	—	0.719%
		物理学	770	↑2	46	↓1	0.940%
16	中国药科大学(6)	农业科学	988	↓6	97	↓4	0.939%
		生物学与生物化学	746	↑3	60	—	0.568%
		化学	351	↑1	59	↓1	0.222%
		临床医学	2 101	↑17	64	↑1	0.388%
		材料科学	667	↓1	126	—	0.585%
		药理学与毒理学	25	—	1	—	0.023%
18	南京工业大学(5)	生物学与生物化学	819	↑7	68	—	0.623%
		化学	94	—	28	↓1	0.059%
		工程学	336	↑1	63	↓1	0.170%
		材料科学	95	↑5	34	—	0.083%
		环境科学与生态学	1 278	↑3	97	—	0.847%
18	南京邮电大学(5)	化学	520	↓3	83	↓1	0.328%
		计算机科学	100	—	33	—	0.156%
		工程学	357	↑1	68	—	0.180%
		材料科学	261	↑1	60	—	0.229%
		物理学	781	↑2	47	—	0.954%

续表

序号	高校名称(进入ESI前1%学科数/个)	学科	全球排名	全球与上期比较	全国高校排名	全国与上期比较	全球位置
18	徐州医科大学(5)	生物学与生物化学	1 299	新晋	96	新晋	0.989%
		临床医学	1 575	↑27	51	↑1	0.291%
		分子生物学与遗传学	894	↑7	49	—	0.915%
		神经科学与行为学	818	↑1	43	—	0.769%
		药理学与毒理学	538	↑9	53	↑1	0.490%
21	南京中医药大学(4)	化学	1 144	↑3	179	—	0.722%
		临床医学	1 238	↑15	44	—	0.229%
		药理学与毒理学	124	↑2	16	—	0.113%
		生物学与生物化学	918	↑17	76	—	0.699%
21	江苏师范大学(4)	化学	679	↓3	104	—	0.429%
		工程学	1 000	↓9	149	↓1	0.506%
		材料科学	903	↓3	164	↓1	0.791%
		数学	313	↓1	55	—	0.966%
23	常州大学(3)	化学	456	↑4	75	—	0.288%
		工程学	845	↑3	129	—	0.427%
		材料科学	478	↑2	97	↑1	0.419%
23	江苏科技大学(3)	化学	865	↑7	136	—	0.546%
		工程学	616	↑9	104	↑1	0.311%
		材料科学	359	↑4	74	—	0.315%
23	盐城工学院(3)	工程学	1 517	↑2	217	↓4	0.767%
		化学	1 366	↑4	206	↓1	0.862%
		材料科学	930	—	168	—	0.815%
23	西交利物浦大学(3)	工程学	1 239	↑18	181	↑2	0.626%
		计算机科学	531	↓7	92	↓2	0.827%
		社会科学总论	1 514	↑9	62	↓2	0.798%
27	解放军陆军工程大学(2)	计算机科学	231	↓2	52	—	0.360%
		工程学	567	↓2	99	↓1	0.287%

续表

序号	高校名称(进入ESI前1%学科数/个)	学科	全球排名	全球与上期比较	全国高校排名	全国与上期比较	全球位置
27	南京财经大学(2)	农业科学	513	↑1	48	↓1	0.488%
		工程学	1 593	↑6	230	↓1	0.805%
27	苏州科技大学(2)	化学	1 433	↑17	217	—	0.905%
		工程学	1 149	↑13	173	—	0.581%
30	南京工程学院(1)	工程学	1 323	↑13	193	↑1	0.669%
30	昆山杜克大学(1)	临床医学	1 475	↓4	48	↓1	0.272%
30	淮阴工学院(1)	工程学	1 594	↑14	231	—	0.806%
30	淮阴师范学院(1)	化学	1 550	↓8	229	—	0.979%
30	南京审计大学(1)	工程学	1 972	新晋	271	新晋	0.997%

表2-6 江苏各高校ESI全球综合排名、全国高校排名及变化情况

序号	高校名称	ESI全球综合排名	全球↑↓	全国高校排名	全国↑↓
1	南京大学	146	—	10	—
2	苏州大学	263	↑1	21	—
3	东南大学	284	↑2	22	—
4	南京医科大学	451	↑6	37	—
5	江苏大学	554	↑6	46	—
6	南京农业大学	634	↑8	52	—
7	南京理工大学	645	↑3	54	↓1
8	南京工业大学	654	↑7	55	—
9	江南大学	671	↑8	56	—
10	中国矿业大学	685	↑14	59	—
11	南京航空航天大学	738	↑10	63	—
12	扬州大学	888	↑5	80	↓1
13	南京信息工程大学	892	↑18	81	—

续表

序号	高校名称	ESI全球综合排名	全球↑↓	全国高校排名	全国↑↓
14	南京师范大学	960	↑6	87	—
15	河海大学	996	↑14	92	—
16	中国药科大学	1 071	↑5	97	—
17	南京邮电大学	1 178	↑3	104	—
18	南京林业大学	1 334	↑24	114	↑1
19	南通大学	1 359	↑11	116	—
20	南京中医药大学	1 519	↑15	131	—
21	常州大学	1 741	↓2	147	↓3
22	徐州医科大学	1 850	↑11	156	—
23	江苏师范大学	1 892	↓10	161	↓4
24	江苏科技大学	1 905	↑18	163	↑2
25	解放军陆军工程大学	3 011	↑4	233	↓2
26	苏州科技大学	3 384	↑49	264	↑3
27	盐城工学院	3 423	↑8	269	↓3
28	昆山杜克大学	3 460	↓6	270	↓1
29	西交利物浦大学	3 705	↑41	284	↑1
30	淮阴师范学院	3 758	↓1	286	—
31	南京财经大学	4 173	↑48	316	↑2
32	淮阴工学院	4 217	↑28	321	↓1
33	南京工程学院	4 864	↑22	355	↓1
34	南京审计大学	5 816	新晋	382	新晋

(3) 江苏高校29个学科进入ESI世界1‰，较上期新晋1个学科，为南京大学的物理学。

全国高校共有225个学科进入世界1‰，分布在20个省/市的82所高校，涉及化学、工程学、材料科学、临床医学、农业科学、物理学、植物学与动物学、计算机科学、地球科学、药理学与毒理学、环境科学与生态学、生物学与生物化学、分子生物学与遗传学、社会科学总论、数学15个ESI学科门类。与上期相比，学科新增7个（北京理工大学的计算机科学、中国科学院大学的药理学与毒理学、南京大学的物理学、深圳大学的材料科学、中山大学的计算机科学、中国石油大学的化学、郑州大学的临床医学)(表2-7)。

表2-7 全国高校进入ESI世界1‰学科地区机构分布

学科(高校数/所)	高校名称	省/市	全球排名	全国排名	备注
工程学(49)	清华大学	北京	3	1	
	哈尔滨工业大学	黑龙江	8	2	
	上海交通大学	上海	10	3	
	西安交通大学	陕西	11	4	
	浙江大学	浙江	12	5	
	华中科技大学	湖北	13	6	
	东南大学	江苏	16	7	
	天津大学	天津	20	8	
	北京航空航天大学	北京	24	9	
	同济大学	上海	26	10	
	大连理工大学	辽宁	27	11	
	重庆大学	重庆	28	12	
	中国科学院大学	北京	31	13	
	华南理工大学	广东	33	14	
	北京理工大学	北京	36	15	
	中国科学技术大学	安徽	38	16	
	湖南大学	湖南	39	17	
	电子科技大学	四川	41	18	
	中南大学	湖南	46	19	
	西北工业大学	陕西	48	20	
	华北电力大学	北京	56	21	
	中国石油大学	山东	58	22	
	南京航空航天大学	江苏	64	23	
	中国矿业大学	江苏	65	24	
	山东大学	山东	70	25	
	东北大学	辽宁	79	26	
	北京大学	北京	81	27	

续表

学科(高校数/所)	高校名称	省/市	全球排名	全国排名	备注
工程学(49)	武汉大学	湖北	84	28	
	北京交通大学	北京	86	29	
	西安电子科技大学	陕西	87	30	
	南京理工大学	江苏	92	31	
	西南交通大学	四川	96	32	
	四川大学	四川	104	33	
	江苏大学	江苏	109	34	
	北京科技大学	北京	115	35	
	中山大学	广东	120	36	
	中国地质大学	湖北	129	37	
	南京大学	江苏	136	38	
	国防科技大学	湖南	138	39	
	河海大学	江苏	145	40	
	上海大学	上海	147	41	
	广东工业大学	广东	148	42	
	合肥工业大学	安徽	149	43	
	北京工业大学	北京	151	44	
	武汉理工大学	湖北	152	45	
	哈尔滨工程大学	黑龙江	162	46	
	深圳大学	广东	169	47	
	厦门大学	福建	171	48	
	吉林大学	吉林	183	49	
材料科学(37)	中国科学院大学	北京	6	1	
	清华大学	北京	7	2	
	中国科学技术大学	安徽	12	3	
	浙江大学	浙江	16	4	
	北京大学	北京	17	5	

续表

学科(高校数/所)	高校名称	省/市	全球排名	全国排名	备注
材料科学(37)	上海交通大学	上海	18	6	
	哈尔滨工业大学	黑龙江	23	7	
	华中科技大学	湖北	24	8	
	苏州大学	江苏	26	9	
	华南理工大学	广东	27	10	
	复旦大学	上海	28	11	
	中南大学	湖南	30	12	
	天津大学	天津	32	13	
	北京科技大学	北京	33	14	
	西安交通大学	陕西	34	15	
	吉林大学	吉林	35	16	
	西北工业大学	陕西	43	17	
	武汉理工大学	湖北	47	18	
	四川大学	四川	48	19	
	南京大学	江苏	50	20	
	北京航空航天大学	北京	54	21	
	武汉大学	湖北	62	22	
	重庆大学	重庆	66	23	
	山东大学	山东	68	24	
	中山大学	广东	69	25	
	大连理工大学	辽宁	70	26	
	北京理工大学	北京	71	27	
	南开大学	天津	76	28	
	北京化工大学	北京	79	29	
	同济大学	上海	81	30	
	湖南大学	湖南	84	31	
	厦门大学	福建	88	32	
	东南大学	江苏	89	33	

续表

学科(高校数/所)	高校名称	省/市	全球排名	全国排名	备注
材料科学(37)	南京工业大学	江苏	95	34	
	郑州大学	河南	102	35	
	东华大学	上海	110	36	
	深圳大学	广东	111	37	新增
化学(36)	中国科学院大学	北京	7	1	
	清华大学	北京	12	2	
	中国科学技术大学	安徽	13	3	
	浙江大学	浙江	16	4	
	吉林大学	吉林	26	5	
	南京大学	江苏	27	6	
	北京大学	北京	30	7	
	南开大学	天津	32	8	
	天津大学	天津	35	9	
	华南理工大学	广东	37	10	
	华东理工大学	上海	39	11	
	四川大学	四川	42	12	
	复旦大学	上海	46	13	
	大连理工大学	辽宁	52	14	
	苏州大学	江苏	55	15	
	中山大学	广东	56	16	
	厦门大学	福建	58	17	
	北京化工大学	北京	60	18	
	上海交通大学	上海	62	19	
	湖南大学	湖南	66	20	
	山东大学	山东	68	21	
	武汉大学	湖北	69	22	
	福州大学	福建	75	23	

续表

学科(高校数/所)	高校名称	省/市	全球排名	全国排名	备注
化学(36)	兰州大学	甘肃	81	24	
	华中科技大学	湖北	83	25	
	哈尔滨工业大学	黑龙江	84	26	
	郑州大学	河南	93	27	
	南京工业大学	江苏	94	28	
	西安交通大学	陕西	108	29	
	中南大学	湖南	113	30	
	武汉理工大学	湖北	116	31	
	华东师范大学	上海	121	32	
	北京理工大学	北京	132	33	
	江苏大学	江苏	142	34	
	东南大学	江苏	148	35	
	中国石油大学	山东	157	36	新增
临床医学(22)	上海交通大学	上海	92	1	
	复旦大学	上海	128	2	
	中山大学	广东	138	3	
	中国医学科学院北京协和医学院	北京	146	4	
	首都医科大学	北京	168	5	
	北京大学	北京	172	6	
	华中科技大学	湖北	216	7	
	浙江大学	浙江	235	8	
	北京协和医学院	北京	239	9	
	南京医科大学	江苏	274	10	
	四川大学	四川	278	11	
	中南大学	湖南	286	12	
	武汉大学	湖北	309	13	
	山东大学	山东	357	14	

续表

学科(高校数/所)	高校名称	省/市	全球排名	全国排名	备注
临床医学(22)	南方医科大学	广东	379	15	
	南京大学	江苏	425	16	
	天津医科大学	天津	459	17	
	海军军医大学	上海	466	18	
	同济大学	上海	509	19	
	中国医科大学	辽宁	510	20	
	山东第一医科大学	山东	521	21	
	郑州大学	河南	523	22	新增
计算机科学(22)	清华大学	北京	5	1	
	东南大学	江苏	11	2	
	西安电子科技大学	陕西	12	3	
	华中科技大学	湖北	13	4	
	电子科技大学	四川	17	5	
	浙江大学	浙江	20	6	
	上海交通大学	上海	21	7	
	北京邮电大学	北京	23	8	
	哈尔滨工业大学	黑龙江	27	9	
	大连理工大学	辽宁	28	10	
	北京航空航天大学	北京	33	11	
	武汉大学	湖北	35	12	
	中南大学	湖南	40	13	
	南京信息工程大学	江苏	42	14	
	中国科学技术大学	安徽	46	15	
	西安交通大学	陕西	51	16	
	华南理工大学	广东	53	17	
	东北大学	辽宁	55	18	
	同济大学	上海	56	19	
	北京大学	北京	59	20	

续表

学科(高校数/所)	高校名称	省/市	全球排名	全国排名	备注
计算机科学(22)	中山大学	广东	63	21	新增
	北京理工大学	北京	64	22	新增
药理学与毒理学(15)	中国药科大学	江苏	25	1	
	上海交通大学	上海	26	2	
	浙江大学	浙江	32	3	
	中国医学科学院北京协和医学院	北京	33	4	
	复旦大学	上海	39	5	
	中山大学	广东	45	6	
	北京大学	北京	49	7	
	北京协和医学院	北京	57	8	
	沈阳药科大学	辽宁	64	9	
	山东大学	山东	66	10	
	南京医科大学	江苏	70	11	
	四川大学	四川	71	12	
	华中科技大学	湖北	92	13	
	吉林大学	吉林	99	14	
	中国科学院大学	北京	106	15	新增
农业科学(9)	中国农业大学	北京	7	1	
	西北农林科技大学	陕西	12	2	
	江南大学	江苏	13	3	
	南京农业大学	江苏	14	4	
	浙江大学	浙江	19	5	
	中国科学院大学	北京	20	6	
	华南理工大学	广东	25	7	
	华中农业大学	湖北	41	8	
	南昌大学	江西	85	9	

续表

学科（高校数/所）	高校名称	省/市	全球排名	全国排名	备注
环境科学与生态学（8）	中国科学院大学	北京	9	1	
	清华大学	北京	26	2	
	北京大学	北京	39	3	
	北京师范大学	北京	65	4	
	浙江大学	浙江	71	5	
	南京大学	江苏	72	6	
	中山大学	广东	130	7	
	同济大学	上海	132	8	
地球科学（7）	中国地质大学	湖北	11	1	
	中国科学院大学	北京	18	2	
	北京大学	北京	41	3	
	南京大学	江苏	61	4	
	武汉大学	湖北	63	5	
	南京信息工程大学	江苏	72	6	
	北京师范大学	北京	78	7	
植物学与动物学（7）	中国科学院大学	北京	18	1	
	南京农业大学	江苏	26	2	
	中国农业大学	北京	36	3	
	华中农业大学	湖北	40	4	
	浙江大学	浙江	61	5	
	西北农林科技大学	陕西	64	6	
	华南农业大学	广东	129	7	
生物学与生物化学（5）	中国科学院大学	北京	71	1	
	上海交通大学	上海	72	2	
	浙江大学	浙江	90	3	
	北京大学	北京	94	4	
	清华大学	北京	126	5	

续表

学科(高校数/所)	高校名称	省/市	全球排名	全国排名	备注
物理学(5)	清华大学	北京	26	1	
	中国科学技术大学	安徽	41	2	
	北京大学	北京	44	3	
	中国科学院大学	北京	58	4	
	南京大学	江苏	81	5	新增
数学(1)	山东科技大学	山东	31	1	
分子生物学与遗传学(1)	上海交通大学	上海	80	1	
社会科学总论(1)	北京大学	北京	179	1	

江苏高校29个学科进入ESI世界1‰,分别是:南京大学的化学、材料科学、环境科学与生态学、工程学、地球科学、临床医学、物理学(新晋),东南大学的工程学、计算机科学、材料科学、化学,苏州大学的材料科学、化学,南京农业大学的农业科学、植物学与动物学,南京医科大学的临床医学、药理学与毒理学,南京工业大学的化学、材料科学,南京信息工程大学的计算机科学、地球科学,江苏大学的工程学、化学,中国药科大学的药理学与毒理学,江南大学的农业科学,南京航空航天大学的工程学,南京理工大学的工程学,中国矿业大学的工程学,河海大学的工程学。

在世界前1‰学科的绝对数方面,江苏位列全国第二位,落后于北京(52个);在拥有进入ESI世界1‰学科的高校数方面,江苏位列全国第二位,有14所,落后于北京(16所)。

南京理工大学的材料科学(全球位置0.105%)、江苏大学的农业科学(全球位置0.106%)是距离ESI世界1‰(全球位置1‰以内)最近的2个学科,有望在不久的将来实现突破;南京工业大学的工程学全球位置为0.170%(表2-8)。

表2-8 尚未进入ESI前1‰的全国高校学科全球位置(0.180%以内)

高校名称	学科	机构数/100所	省/市	全球排名	全国排名	全球位置
华东理工大学	工程学	1 978	上海	199	50	0.101%
西安交通大学	临床医学	5 414	陕西	548	23	0.101%
深圳大学	计算机科学	642	广东	65	23	0.101%
山东农业大学	植物学与动物学	1 547	山东	157	8	0.101%

续表

高校名称	学科	机构数/100所	省/市	全球排名	全国排名	全球位置
第四军医大学	临床医学	5 414	陕西	556	24	0.103%
中国科学院大学	微生物学	602	北京	62	1	0.103%
上海大学	材料科学	1 141	上海	119	38	0.104%
四川大学	计算机科学	642	四川	67	24	0.104%
复旦大学	分子生物学与遗传学	977	上海	102	2	0.104%
南京理工大学	材料科学	1 141	江苏	120	39	0.105%
哈尔滨工业大学	环境科学与生态学	1 509	黑龙江	159	9	0.105%
江苏大学	农业科学	1 052	江苏	111	10	0.106%
复旦大学	生物学与生物化学	1 314	上海	139	6	0.106%
重庆医科大学	临床医学	5 414	重庆	578	25	0.107%
中国石油大学	地球科学	906	山东	97	8	0.107%
广州医科大学	临床医学	5 414	广东	585	26	0.108%
温州医科大学	临床医学	5 414	浙江	587	27	0.108%
哈尔滨医科大学	临床医学	5 414	黑龙江	589	28	0.109%
北京科技大学	化学	1 584	北京	174	37	0.110%
清华大学	地球科学	906	北京	101	9	0.111%
中山大学	生物学与生物化学	1 314	广东	147	7	0.112%
苏州大学	临床医学	5 414	江苏	606	29	0.112%
吉林大学	临床医学	5 414	吉林	608	30	0.112%
南京中医药大学	药理学与毒理学	1 097	江苏	124	16	0.113%
东北大学	材料科学	1 141	辽宁	129	40	0.113%
北京大学	分子生物学与遗传学	977	北京	111	3	0.114%
天津大学	计算机科学	642	天津	73	25	0.114%
北京林业大学	植物学与动物学	1 547	北京	176	9	0.114%
上海大学	化学	1 584	上海	181	38	0.114%
重庆大学	化学	1 584	重庆	182	39	0.115%
陆军军医大学	临床医学	5 414	重庆	623	31	0.115%

续表

高校名称	学科	机构数/100所	省/市	全球排名	全国排名	全球位置
中国科学院大学	计算机科学	642	北京	74	26	0.115%
苏州大学	药理学与毒理学	1 097	江苏	128	17	0.117%
西北工业大学	计算机科学	642	陕西	75	27	0.117%
清华大学	综合交叉学科	162	北京	19	1	0.117%
电子科技大学	材料科学	1 141	四川	134	41	0.117%
浙江工业大学	化学	1 584	浙江	187	40	0.118%
南京航空航天大学	材料科学	1 141	江苏	135	42	0.118%
湖南大学	计算机科学	642	湖南	76	28	0.118%
北京邮电大学	工程学	1 978	北京	238	51	0.120%
中山大学	分子生物学与遗传学	977	广东	118	4	0.121%
山东科技大学	工程学	1 978	山东	239	52	0.121%
四川农业大学	植物学与动物学	1 547	四川	188	10	0.122%
华南农业大学	农业科学	1 052	广东	128	11	0.122%
复旦大学	环境科学与生态学	1 509	上海	186	10	0.123%
西南大学	化学	1 584	重庆	197	41	0.124%
首都医科大学	药理学与毒理学	1 097	北京	137	18	0.125%
清华大学	临床医学	5 414	北京	678	32	0.125%
东北农业大学	农业科学	1 052	黑龙江	132	12	0.125%
深圳大学城	工程学	1 978	广东	250	53	0.126%
中南大学	药理学与毒理学	1 097	湖南	139	19	0.127%
同济大学	化学	1 584	上海	203	42	0.128%
西北农林科技大学	环境科学与生态学	1 509	陕西	194	11	0.129%
上海交通大学	环境科学与生态学	1 509	上海	195	12	0.129%
中山大学	社会科学总论	1 897	广东	246	2	0.130%
复旦大学	工程学	1 978	上海	258	54	0.130%
北京化工大学	工程学	1 978	北京	261	55	0.132%
北京交通大学	计算机科学	642	北京	85	29	0.132%

续表

高校名称	学科	机构数/100所	省/市	全球排名	全国排名	全球位置
浙江工业大学	工程学	1 978	浙江	265	56	0.134%
温州医科大学	药理学与毒理学	1 097	浙江	147	20	0.134%
福建农林大学	植物学与动物学	1 547	福建	209	11	0.135%
北京航空航天大学	化学	1 584	北京	215	43	0.136%
山东大学	生物学与生物化学	1 314	山东	179	8	0.136%
中国农业大学	环境科学与生态学	1 509	北京	206	13	0.137%
上海中医药大学	药理学与毒理学	1 097	上海	150	21	0.137%
国防科技大学	计算机科学	642	湖南	88	30	0.137%
华东理工大学	材料科学	1 141	上海	157	43	0.138%
浙江大学	分子生物学与遗传学	977	浙江	135	5	0.138%
南京理工大学	化学	1 584	江苏	219	44	0.138%
中国矿业大学	地球科学	906	江苏	126	10	0.139%
首都医科大学	神经科学与行为学	1 064	北京	148	1	0.139%
南方医科大学	药理学与毒理学	1 097	广东	153	22	0.139%
南开大学	工程学	1 978	天津	277	57	0.140%
上海交通大学	物理学	819	上海	115	6	0.140%
中国地质大学	环境科学与生态学	1 509	湖北	212	14	0.140%
安徽医科大学	临床医学	5 414	安徽	768	33	0.142%
东北师范大学	化学	1 584	吉林	225	45	0.142%
华中科技大学	生物学与生物化学	1 314	湖北	187	9	0.142%
北京工商大学	农业科学	1 052	北京	150	13	0.143%
苏州大学	工程学	1 978	江苏	283	58	0.143%
东华大学	化学	1 584	上海	228	46	0.144%
北京师范大学	工程学	1 978	北京	286	59	0.145%
上海交通大学	农业科学	1 052	上海	153	14	0.145%
清华大学	社会科学总论	1 897	北京	277	3	0.146%
江南大学	化学	1 584	江苏	234	47	0.148%

续表

高校名称	学科	机构数/100所	省/市	全球排名	全国排名	全球位置
海军军医大学	药理学与毒理学	1 097	上海	163	23	0.149%
青岛科技大学	化学	1 584	山东	237	48	0.150%
江苏大学	材料科学	1 141	江苏	172	44	0.151%
南京大学	计算机科学	642	江苏	97	31	0.151%
西安交通大学	药理学与毒理学	1 097	陕西	166	24	0.151%
南京理工大学	计算机科学	642	江苏	98	32	0.153%
山东农业大学	农业科学	1 052	山东	163	15	0.155%
南京邮电大学	计算机科学	642	江苏	100	33	0.156%
中山大学	植物学与动物学	1 547	广东	242	12	0.156%
济南大学	化学	1 584	山东	248	49	0.157%
北京师范大学	社会科学总论	1 897	北京	299	4	0.158%
江南大学	工程学	1 978	江苏	312	60	0.158%
天津科技大学	农业科学	1 052	天津	166	16	0.158%
暨南大学	药理学与毒理学	1 097	广东	174	25	0.159%
中国科学院大学	分子生物学与遗传学	977	北京	155	6	0.159%
郑州大学	工程学	1 978	河南	315	61	0.159%
西南大学	农业科学	1 052	重庆	169	17	0.161%
南方科技大学	材料科学	1 141	广东	184	45	0.161%
武汉大学	社会科学总论	1 897	湖北	307	5	0.162%
福州大学	材料科学	1 141	福建	185	46	0.162%
深圳大学城	材料科学	1 141	广东	186	47	0.163%
东南大学	临床医学	5 414	江苏	885	34	0.163%
华中师范大学	化学	1 584	湖北	262	50	0.165%
福建医科大学	临床医学	5 414	福建	899	35	0.166%
中国海洋大学	植物学与动物学	1 547	山东	257	13	0.166%
郑州大学	药理学与毒理学	1 097	河南	183	26	0.167%
兰州大学	材料科学	1 141	甘肃	191	48	0.167%

续表

高校名称	学科	机构数/100所	省/市	全球排名	全国排名	全球位置
浙江大学	社会科学总论	1 897	浙江	319	6	0.168%
南京航空航天大学	计算机科学	642	江苏	108	34	0.168%
南开大学	环境科学与生态学	1 509	天津	254	15	0.168%
上海理工大学	工程学	1 978	上海	334	62	0.169%
湖南大学	环境科学与生态学	1 509	湖南	256	16	0.170%
曲阜师范大学	数学	324	山东	55	2	0.170%
南京工业大学	工程学	1 978	江苏	336	63	0.170%
中国医学科学院北京协和医学院	分子生物学与遗传学	977	北京	167	7	0.171%
浙江大学	微生物学	602	浙江	103	2	0.171%
南京大学	药理学与毒理学	1 097	江苏	188	27	0.171%
哈尔滨工业大学	数学	324	黑龙江	56	3	0.173%
武汉大学	环境科学与生态学	1 509	湖北	262	17	0.174%
大连海事大学	工程学	1 978	辽宁	344	64	0.174%
西南石油大学	工程学	1 978	四川	345	65	0.174%
福建农林大学	农业科学	1 052	福建	184	18	0.175%
西北大学	化学	1 584	陕西	278	51	0.176%
复旦大学	社会科学总论	1 897	上海	333	7	0.176%
南京医科大学	分子生物学与遗传学	977	江苏	172	8	0.176%
福州大学	工程学	1 978	福建	350	66	0.177%
四川大学	生物学与生物化学	1 314	四川	233	10	0.177%
扬州大学	农业科学	1 052	江苏	188	19	0.179%
太原理工大学	工程学	1 978	山西	354	67	0.179%
山东大学	计算机科学	642	山东	115	35	0.179%
复旦大学	神经科学与行为学	1 064	上海	191	2	0.180%
中国石油大学	材料科学	1 141	山东	205	49	0.180%
广西医科大学	临床医学	5 414	广西	973	36	0.180%
北京大学	植物学与动物学	1 547	北京	279	14	0.180%
南京邮电大学	工程学	1 978	江苏	357	68	0.180%

(4) 南京工业大学综合排名稳步提升,化学、材料科学进入 ESI 全球 1‰,5 个学科进入 ESI 全球前 1%。

南京工业大学化学、材料科学、工程学、生物学与生物化学、环境科学与生态学进入 ESI 全球前 1%。化学全球排名第 94 位,处于全球 0.059% 的位置;材料科学全球排名第 95 位,处于全球 0.083% 的位置,与化学均进入全球 1‰;工程学全球排名第 336 位,处于全球 0.170% 的位置;生物学与生物化学全球排名第 819 位,处于全球 0.623% 的位置;环境科学与生态学全球排名第 1 278 位,处于全球 0.847% 的位置。

南京工业大学化学、材料科学均位列全球前 100 强(排名分别为 94 位、95 位)。南京工业大学全球排名第 654 位,位于全球 0.083% 的位置,较上一期上升 7 位;在国内高校中排名第 55 位,较上期持平;在江苏省高校中排名第 8 位,较上期持平(表 2-9)。

表 2-9 南京工业大学基于 ESI 的综合影响力

学科	论文数/篇	被引次数/次	篇均被引/(次/篇)	Top 论文/篇	全球排名	该学科进入 ESI 前 1% 的全球机构数/所	全球位置
化学	7 059	133 161	18.86	138	94	1 584	0.059%
材料科学	5 311	118 024	22.22	99	95	1 141	0.083%
工程学	2 674	29 537	11.05	26	336	1 978	0.170%
生物学与生物化学	837	12 773	15.26	3	819	1 314	0.623%
环境科学与生态学	455	6 104	13.42	9	1 278	1 509	0.847%
综合	18 425	331 685	18	325	654	7 883	0.083%

(5) 南京工业大学高影响力论文稳步增加,共发表 324 篇高被引论文,13 篇热点论文。

南京工业大学共有 324 篇高被引论文,较上一期增加了 13 篇,较去年同期(264 篇)增加了 60 篇;本期共有 13 篇热点论文,与上一期持平。324 篇高被引论文的学科分布情况为:化学 138 篇、材料科学 99 篇、物理学 41 篇、工程学 26 篇、环境科学与生态学 9 篇、生物学与生物化学 3 篇、计算机科学 2 篇、数学 1 篇、药理学与毒理学 1 篇、临床医学 1 篇、农业科学 1 篇、地球科学 1 篇、植物学与动物学 1 篇。13 篇热点论文学科分布分别为:化学、材料科学各 4 篇,物理学、工程学各 2 篇,计算机科学 1 篇(图 2-1)。

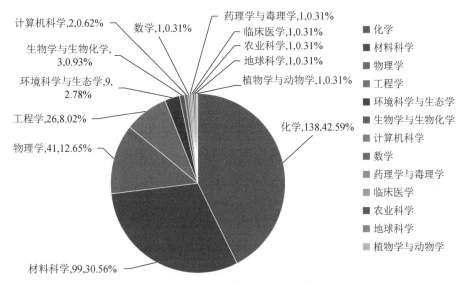

图 2-1　南京工业大学高被引论文学科分布

南京工业大学高被引论文数量整体呈现明显的上涨态势，其中 2021 年最多，有 60 篇(图 2-2)。324 篇高被引论文中，部分论文由多个单位合作完成，各单位署名情况：先进材料研究院 145 篇，材料化学工程国家重点实验室 118 篇，江苏省柔性电子重点实验室 111 篇，江苏先进生物与化学制造协同创新中心 108 篇，化工学院 83 篇，能源科学与工程学院 31 篇，材料科学与工程学院 20 篇，化学与分子工程学院 17 篇，先进化学制造研究院 14 篇，江苏先进无机功能复合材料协同创新中心、江苏—新加坡有机电子与信息显示联合实验室各 12 篇，数理科学学院 11 篇，药学院 5 篇，电气工程与控制科学学院、环境科学与工程学院各 4 篇，生物与制药工程学院 3 篇，计算机科学与技术学院、先进轻质高性能材料研究中心、土木工程学院各 2 篇，宿迁市南京工业大学新材料研究院、生物电子材料研究所、经济与管理学院、2011 学院、城市建设学院、电化学储能研究所、中美转化医学研究院、南京工业大学—南洋理工大学联合研发中心、食品与轻工学院各 1 篇。13 篇热点论文中，署名为先进材料研究院、江苏省柔性电子重点实验室各 4 篇，先进化学制造研究院、化学与分子工程学院各 2 篇，材料化学工程国家重点实验室、化工学院、能源科学与工程学院、环境科学与工程学院、先进轻质高性能材料研究中心、计算机科学与技术学院各 1 篇(图 2-3)。

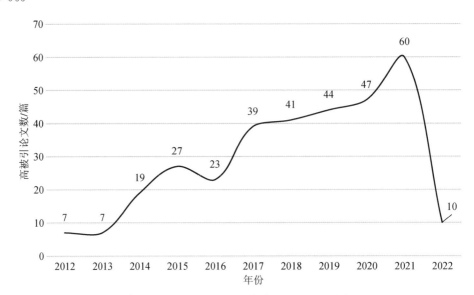

图 2-2 南京工业大学高被引论文时间分布

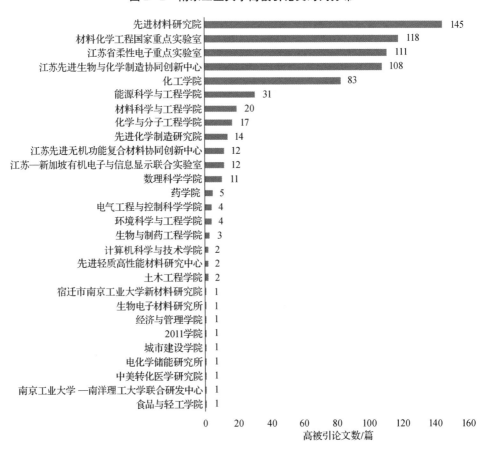

图 2-3 南京工业大学高被引论文二级单位分布

(6) 南京工业大学物理学有望 1—2 年内进入 ESI 全球前 1%,其次是农业科学,具有潜力。

南京工业大学未进入 ESI 的 17 个学科中,"物理学"学科是目前距离全球前 1%最近的学科,潜力值为 0.846(较上期上升了 0.0429);其次是农业科学,潜力值 0.680(较上期上升了 0.0248);药理学与毒理学为第三,潜力值为 0.502(较上期上升了 0.02)(图 2-4、表 2-10)。

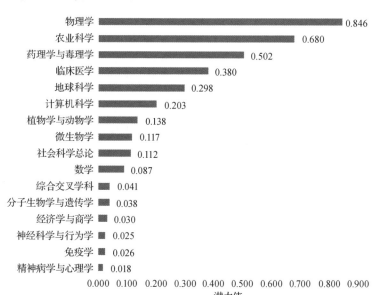

图 2-4　南京工业大学其他学科进入 ESI 全球前 1%的趋势分析

表 2-10　南京工业大学未进入 ESI 前 1%学科的潜力值变化情况

学科	本期潜力值	上期潜力值	变化值
物理学	0.846	0.803	0.0429
农业科学	0.680	0.655	0.0248
药理学与毒理学	0.502	0.482	0.020
临床医学	0.380	0.366	0.014
地球科学	0.298	0.289	0.009
计算机科学	0.203	0.193	0.010
植物学与动物学	0.138	0.133	0.005
微生物学	0.117	0.111	0.006
社会科学总论	0.112	0.106	0.006
数学	0.087	0.084	0.003

续表

学科	本期潜力值	上期潜力值	变化值
综合交叉学科	0.041	0.042	−0.001
分子生物学与遗传学	0.038	0.037	0.002
经济学与商学	0.030	0.029	0.001
神经科学与行为学	0.025	0.025	0.000
免疫学	0.026	0.024	0.002
精神病学与心理学	0.018	0.018	0.001
空间科学	0.000	0.000	0.000

（7）江苏多个学科有望近期进入 ESI 前 1%。

上一期中,南通大学的"分子生物学与遗传学"(潜力值 0.968)、江苏大学的"植物学与动物学"和"社会科学总论"(潜力值分别为 0.937、0.883)、南京师范大学的"生物学与生物化学"(潜力值 0.937)、徐州医科大学的"生物学与生物化学"(潜力值 0.931)、南京审计大学的"工程学"(潜力值 0.918),均在本期进入 ESI 前 1%。

江苏省高校尚未进入 ESI 的学科中,苏州科技大学的"材料科学"、南京医科大学的"环境科学与生态学"和"精神病学与心理学"、南京师范大学的"物理学"、江苏师范大学的"社会科学总论"、南京航空航天大学的"环境科学与生态学"潜力值均达到 0.90 以上,距离全球前 1% 较为接近,在不久的将来有望进入其中(表 2 - 11)。

表 2 - 11　江苏高校未来有可能进入 ESI 前 1% 的学科

序号	高校名称	学科	潜力值
1	苏州科技大学	材料科学	0.978
2	南京医科大学	环境科学与生态学	0.976
3	南京师范大学	物理学	0.936
4	江苏师范大学	社会科学总论	0.930
5	南京航空航天大学	环境科学与生态学	0.905
6	南京医科大学	精神病学与心理学	0.903
7	淮阴师范学院	数学	0.898
8	苏州大学	综合交叉学科	0.896
9	南京理工大学	数学	0.895

续表

序号	高校名称	学科	潜力值
10	南京中医药大学	神经科学与行为学	0.878
11	南京师范大学	临床医学	0.863
12	南京信息工程大学	数学	0.853
13	中国药科大学	神经科学与行为学	0.852
14	南京工业大学	物理学	0.846
15	淮阴师范学院	工程学	0.843
16	东南大学	地球科学	0.825
17	南京大学	精神病学与心理学	0.812
18	江苏大学	物理学	0.809
19	苏州大学	微生物学	0.805
20	扬州大学	分子生物学与遗传学	0.805
21	南京理工大学	生物学与生物化学	0.802
22	南京医科大学	农业科学	0.800
23	苏州大学	植物学与动物学	0.795
24	徐州医科大学	化学	0.784
25	南京医科大学	微生物学	0.774
26	江苏大学	免疫学	0.756
27	南京财经大学	社会科学总论	0.755
28	江苏师范大学	计算机科学	0.748
29	江苏海洋大学	工程学	0.748
30	苏州科技大学	环境科学与生态学	0.736
31	南京大学	空间科学	0.735
32	中国矿业大学	生物学与生物化学	0.734
33	江南大学	微生物学	0.719
34	南京中医药大学	农业科学	0.708
35	江苏师范大学	植物学与动物学	0.707
36	南京工程学院	材料科学	0.707
37	南京师范大学	药理学与毒理学	0.695

续表

序号	高校名称	学科	潜力值
38	江苏大学	数学	0.693
39	常熟理工学院	工程学	0.682
40	南京工业大学	农业科学	0.680
41	常熟理工学院	材料科学	0.674
42	南京农业大学	临床医学	0.673
43	南京中医药大学	分子生物学与遗传学	0.658
44	江苏科技大学	计算机科学	0.657
45	中国药科大学	免疫学	0.651
46	江苏师范大学	农业科学	0.633
47	南京大学	微生物学	0.629
48	苏州大学	精神病学与心理学	0.625
49	解放军陆军工程大学	材料科学	0.616
50	中国矿业大学	物理学	0.615
51	江苏大学	微生物学	0.613
52	东南大学	免疫学	0.610
53	中国药科大学	植物学与动物学	0.607
54	中国药科大学	分子生物学与遗传学	0.607
55	南京理工大学	地球科学	0.606
56	淮阴工学院	化学	0.606
57	南通大学	计算机科学	0.604
58	中国药科大学	环境科学与生态学	0.604
59	常熟理工学院	化学	0.602
60	东南大学	精神病学与心理学	0.596
61	常州大学	环境科学与生态学	0.596
62	南京财经大学	计算机科学	0.593
63	河海大学	植物学与动物学	0.568
64	南京理工大学	社会科学总论	0.555

续表

序号	高校名称	学科	潜力值
65	解放军陆军工程大学	地球科学	0.552
66	江苏理工学院	材料科学	0.545
67	东南大学	农业科学	0.535
68	扬州大学	免疫学	0.522
69	盐城师范学院	化学	0.515
70	盐城工学院	环境科学与生态学	0.513
71	淮阴师范学院	植物学与动物学	0.509
72	盐城师范学院	工程学	0.508
73	江南大学	数学	0.503
74	南京工业大学	药理学与毒理学	0.502
75	江苏海洋大学	植物学与动物学	0.500
76	江苏师范大学	环境科学与生态学	0.500

2.2 基于综合指标的学科评价研究

2015年3月初,李克强总理首次在政府工作报告中提出建设世界一流学科;教育部在当年工作要点中表明,要加快速度、加大力度统筹推进世界一流大学和一流学科建设的组织实施。同年10月24日,国务院印发的《统筹推进世界一流大学和一流学科建设的总体方案》(以下简称《总体方案》)指出,要以支撑创新驱动发展战略、服务经济社会发展为导向,推动一批高水平大学和学科进入世界一流行列或前列,提升我国高等教育综合实力和国际竞争力,培养一流人才,产出一流成果;要引导和支持高等院校优化学科结构,凝练学科发展方向,突出学科建设重点,通过体制机制改革激发高校内生动力和活力。

2022年2月,教育部、财政部、国家发展改革委发布了《关于深入推进世界一流大学和一流学科建设的若干意见》(以下简称《若干意见》),并公布了第二轮"双一流"建设高校及建设学科名单。《若干意见》指出,建设高校和建设学科要胸怀"两个大局",心系"国之大者",立足新发展阶段,贯彻新发展理念,构建新发展格局,全力推进"双一流"高质量建设,在解决中国问题、服务经济社会高质量发展中创造世界一流大学和一流学科建设新模式。

2016年6月,江苏省发布《江苏高水平大学建设方案》。2017年9月20日,我国首批"双一流"建设名单正式发布,共计140所高校、465个学科上榜,江苏有15所高校、43个学科入选。2018年8月8日,距《总体方案》发布近3年,教育部、财政部、国家发展改革委联合印发《关于高等学校加快"双一流"建设的指导意见》,进一步强化了"双一流"建设的要求。2020年4月,江苏省着手进行江苏省"十四五"(2021—2025年)规划。2021年3月,江苏省政府对外公布了《江苏高水平大学建设方案(2021—2025年)》(以下简称《方案》)。《方案》提出:到2025年,江苏更多高校进入国家层面开展的一流大学和一流学科建设行列,进入全国前列的高水平大学达到20所,其中省属高校达到11所,省属高校中新增2—3个学科进入全国学科评估前10%。

从各地区来看,高等教育先进省份启动大学学科建设工程,并有所成效。上海市实施《上海高等学校学科发展与优化布局规划(2014—2020年)》,着力打造高峰学科和高原学科,以"高峰""高原"学科建设率先对接国家一流大学和一流学科建设,构建促进学科发展的综合保障支撑;浙江省实施"重点高校建设计划",2020年《中共浙江省委关于建设高素质强大人才队伍打造高水平创新型省份的决定》,提出发展目标:实施"学科登峰"工程,聚焦聚力做强特色学科;河南省实施"优势特色学科建设工程",凝练学科发展方向,突出学科建设重点,打造更多学科高峰;广东省启动高水平大学建设专项资金,主要用于学科建设、科学研究、产学研合作等。

江苏省早在2010年就实施了"江苏高校优势学科建设工程",2014年初在对一期项目考核验收基础上又启动了二期项目;2018年第二期完成考核验收,同年11月发布三期项目立项名单(共有178个学科入选);2021年3月,又公布了《江苏高水平大学建设方案(2021—2025年)》;2022年2月,江苏16所高校、48个学科入围"双一流"建设高校及建设学科名单。这些年来江苏高校学科建设取得了先发优势和显著成效。但在世界学科之林影响力如何?各高校科研综合实力又如何?我省高校后发学科潜力如何?未来5年全省学科整体发展趋势如何?这些问题对于了解江苏高校学科发展现状、规划未来学科布局,从而保持和扩大江苏高校在全国第一方阵学科优势具有重要意义。

在此背景下,依托ESI、InCites、WOS等工具,对2011—2021年江苏本科院校整体学科科研实力、各高校国际论文产出力和影响力及其综合实力进行探索排名,通过各高校发表国际高水平论文的情况,观测江苏高校进入ESI前1‰、1‰机构与学科变化,分析各高校后备学科的发展潜力,并采用多种方法预测江苏高校未来5年ESI学科发展前景,探索适应新时代下当前和未来高校发展的新模式、新方法、新手段,坚持产学研相融合的办校特色,打造具有江苏特色的高等教育和学科建设,推动江苏省在人才培养、科技创新上力争先进位,构建高等教育发展的新优势。习近平在2021年到清华大学考察时强调:百年大计,教育为本。今年是中国共产党成立100周年,我国开启了全面建设社会主义现代化国家新征程。党和国家事业发展对高等教育的需要,对科学知识和优秀人才的需要,比以往任何时候都更加迫切。我们要建设的世界一流大学是中国特色社会主义的一流大学,我国社会主义教育是要培养德智体美劳全面发展的社会主义建设者和接班人。

2.2.1 指标选取及方法、数据源

1) 研究目的

借助ESI、InCites、WOS等数据资源,掌握江苏省本科院校整体学科科研实力、各高校国际论文生产力和影响力及其综合实力情况,了解各高校发表高水平论文情况,观测江苏高校近5年来进入ESI前1‰机构与学科,分析各高校后备学科的发展潜力,并采用多种方法预测江苏高校未来5年ESI学科发展前景,为江苏省高水平大学建设"高峰计划",集中力量建设一批实力雄厚的省属高校,以及建设一批具有国际竞争力的高水平学科提供高质量决策参考建议。

2) 研究对象

针对江苏省内52所本科院校展开学科综合实力的评价。其中,部委属10所(教育部直属:南京大学、东南大学、河海大学、南京农业大学、中国药科大学、中国矿业大学、江南大学;国防科工委直属:南京理工大学、南京航空航天大学;公安部直属:南京森林警察学院),省属30所,市属5所(南京晓庄学院、金陵科技学院、徐州工程学院、常州工学院、泰州学院),民办4所(三江学院、无锡太湖学院、宿迁学院、南通理工学院),中外合作办学2所(西交利物浦大学、昆山杜克大学),国家文化部与江苏省政府省部共建大学1所(南京艺术学院)。

3) 数据检索

以ESI、WOS、InCites作为数据来源。

WOS检索时间为2021年3月28日—4月6日,检索跨度为2011年至2021年,检索文献类型为:Article、Review;InCites文献时间范围为2011年1月—2021年12月;ESI采用2021年3月发布的数据。

4) 主要指标解释

科研生产力:采用近11年来发表的论文数量(WOS收录的论文数量)来衡量,反映该机构或学科对世界学术交流的贡献。

科研影响力：用统计时限内发表论文总被引次数、高被引论文数和进入 ESI 排行的学科数 3 个指标来衡量。被引次数高低正是反映质量的一个重要指标，另外进入排行的学科数越多说明该机构的影响面越大，学术辐射范围越广泛，引起的关注就越多。

科研发展力：采用高被引论文占有率来衡量，即高被引论文数量与发表论文总数的比值。该比率越高说明该机构在以后发展中有可能生产出更多优秀的论文，有能力持久保持该学科的核心地位。

科研创新力：采用发表的热点论文数量来衡量。热点论文的产生必然说明此论文适应学科和社会发展的要求，具有很强的创新性，这是一个机构或学科富有朝气的源动力。

平均增长速度：反映某种现象在一个较长时期中逐期递增的平均速度。本书采用几何平均法，是以间隔期最后一年的水平同基期水平对比来计算平均每年增长速度。

标准分：是一种由原始分推导出来的相对地位量数，它用来说明原始分在所属的那批分数中的相对位置。

标准分公式为

$$Z=\frac{Y-\widehat{YY}}{S}$$

其中：Y 为指标原值，$\bar{Y}\widehat{Y}$ 为平均数，S 为标准差。

标准分转换公式：

$$T=500+100Z$$

公式中取 500 为平均分，100 为标准差。

最后，对标准分进行归一化处理，将数值转变为百分制。

5) 数据源

（1）Web of Science(WOS)，是科睿唯安公司建设的三大引文数据库的 Web 版，其三大引文数据库分别是 Science Citation Index Expanded (SCIE)、Social Sciences Citation Index(SSCI) 和 Arts & Humanities Citation Index(A&HCI)。本章节统计的论文主要来自 SCIE 和 SSCI 两个数据库。

（2）InCites™ 数据库是科睿唯安公司在汇集和分析 Web of Science 三大引文数据库的基础上，综合各种计量指标和 30 年来各学科各年度的国际标杆数据而建立起来的科研评价工具。通过 InCites™ 数据库，可以实时跟踪机构的研究产出和影响力，进行机构间的研究绩效比较以及全球和学科领域的平均水平对比，发掘机构内具有学术影响力和发展潜力的研究人员，监测机构的科研合作活动，寻求潜在的科研合作机会。

（3）ESI 是由美国科学信息研究所（ISI）于 2001 年推出的衡量科学研究绩效、跟踪科学发展趋势的基本分析评价工具，底层数据来自科睿唯安公司的 Web of Science（SCIE/SSCI）。ESI 根据学科发展特点等因素设置了 22 个学科，每 2 个月更新一次，论文总被引次数排列在学科前 1‰ 的机构进入 ESI 学科排行。

2.2.2 学科综合评价分析实证

1) 江苏高校国际论文产出与影响力

（1）江苏高校国际论文总量约占全国的 14.09%

2011—2021 年间，全国共发表国际论文 3 809 669 篇，江苏高校共发表国际论文 536 872 篇，约占全国国际论文总量的 14.09%。全国国际论文共被引 56 104 191 次，江苏高校国际论文共被引 8 108 807 次，江苏高校被引论文数量约占全国的 14.45%（表 2-12）。

表 2-12 2011—2021 年江苏高校国际论文发表和被引情况

年份	论文数/篇	被引次数/次	篇均被引/(次/篇)
2011	17 977	495 830	27.58
2012	21 762	593 728	27.28
2013	27 251	701 962	25.76
2014	32 705	814 517	24.90
2015	37 705	921 586	24.44
2016	43 248	978 198	22.62
2017	49 915	1 001 961	20.07
2018	59 180	1 001 505	16.92
2019	73 907	890 923	12.05
2020	82 536	564 186	6.84
2021	90 686	144 411	1.59
总计	536 872	8 108 807	15.10

2011—2021 年间，全国国际论文数量呈现逐年增长趋势，江苏高校国际论文占全国国际论文的比例也基本呈现逐年增长的趋势。2011 年江苏高校国际论文占全国国际论文数的 11.32%，2021 年江苏高校国际论文占全国国际论文数的 15.15%，增长了 3.82%（图 2-5、表 2-13）。

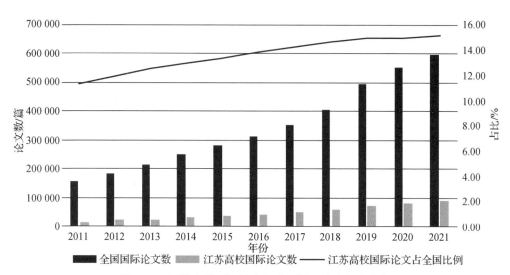

图 2-5 江苏高校国际论文与全国国际论文占比分析

表 2-13 2011—2021 年江苏高校国际论文占全国比例情况

发表年份	全国国际论文数/篇	江苏高校国际论文数/篇	江苏高校国际论文占全国比例/%
2011	158 757	17 977	11.32
2012	183 294	21 762	11.87
2013	217 264	27 251	12.54
2014	252 217	32 705	12.97
2015	282 830	37 705	13.33
2016	313 259	43 248	13.81
2017	350 408	49 915	14.24
2018	402 897	59 180	14.69
2019	495 144	73 907	14.93
2020	554 860	82 536	14.88
2021	598 730	90 686	15.15
合计	3 809 660	536 872	14.09

（2）江苏高校国际论文生产力年均增长 16.06%

2011—2021 年间，江苏高校共发表国际论文 536 872 篇，发文量呈现逐年增长的态势，年均增长 16.06%，最后一年（2021）的论文数是第一年（2011）论文数的 5 倍以上（图 2-6）。

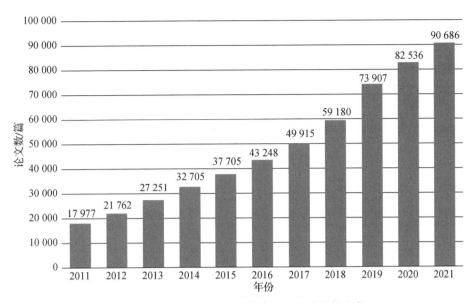

图 2-6 2011—2021 年江苏高校国际论文数分布

2011—2021 年间,全国国际论文年均增长率为 10%,江苏高校国际论文年度增长率比全国的年度增长率平均高了 6.59%(图 2-7)。

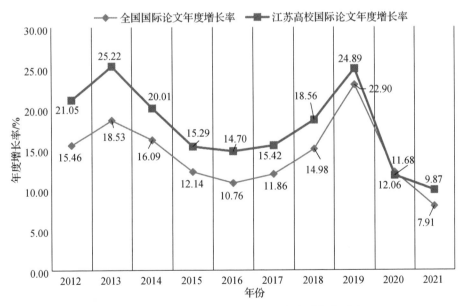

图 2-7 江苏高校与全国国际论文年度增长率对比

(3) 江苏高校国际论文影响力年均降幅达 8.56%

2011—2021 年间,江苏高校国际论文总被引次数 8 108 807 次。2011—2017 年,论文被引次数逐年增加,截至 2021 年底,2017 年发表的论文被引次数最高(1 001 961 次);2017 年以后,论文被引次数逐年递减,2021 年论文被引 144 411 次。总体而言,11 年间论文影响力年均减幅为 8.56%。虽然直观数据表明江苏高校论文总被引自 2018 年开始有所下降,但只是正常的引用行为延迟现象,还未达到引用峰值时期(图 2-8)。

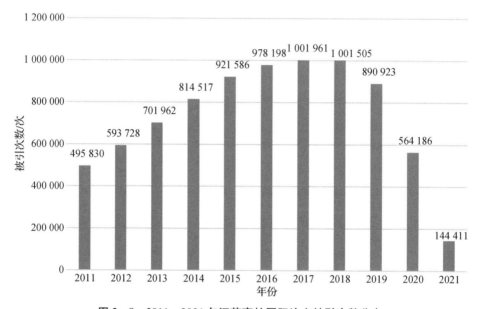

图 2-8 2011—2021 年江苏高校国际论文被引次数分布

2011—2021 年间,江苏高校国际论文被引次数与全国国际论文被引次数一样,近几年呈现下降趋势,但江苏高校占全国国际论文被引次数的比例却呈现逐年上升的趋势。2011 年江苏高校国际论文被引次数占全国国际论文被引次数的 11.43%,2021 年江苏高校论文被引次数占全国论文被引次数的 17.27%,比例增长了 5.84%(图 2-9、表 2-14)。

(4) 江苏高校论文影响力高于全国平均水平

2011 年至 2021 年期间,江苏高校论文年平均篇均被引为 15.10 次/篇。2011 年篇均被引最高(27.58 次/篇),从 2011 年开始篇均被引逐渐下降,到 2021 年减至 1.59 次/篇,同样可能因引用行为延迟现象引起。

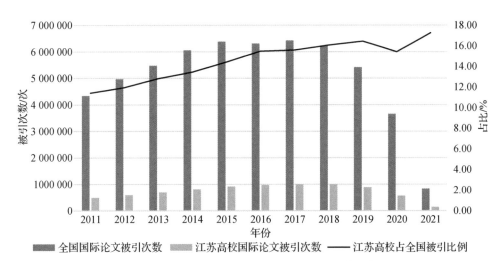

图 2-9 江苏高校国际论文被引次数与全国国际论文被引次数占比分析

表 2-14 2011—2021 年江苏高校国际论文被引次数占全国比例情况

出版年	全国国际论文被引次数/次	江苏高校国际论文被引次数/次	江苏高校占全国被引比例/%
2011	4 338 730	495 830	11.43
2012	4 967 469	593 728	11.95
2013	5 476 498	701 962	12.82
2014	6 057 070	814 517	13.45
2015	6 387 005	921 586	14.43
2016	6 314 804	978 198	15.49
2017	6 423 871	100 1961	15.60
2018	6 229 970	1 001 505	16.08
2019	5 415 949	890 923	16.45
2020	3 656 527	564 186	15.43
2021	836 298	144 411	17.27
合计	56 104 191	8 108 807	14.45

2011—2021 年间,江苏高校国际论文的篇均被引(16.65 次/篇)一直略微高于全国国际论文的篇均被引(12.16 次/篇),江苏高校国际论文的影响力基本高于全国的平均水平(图 2-11)。

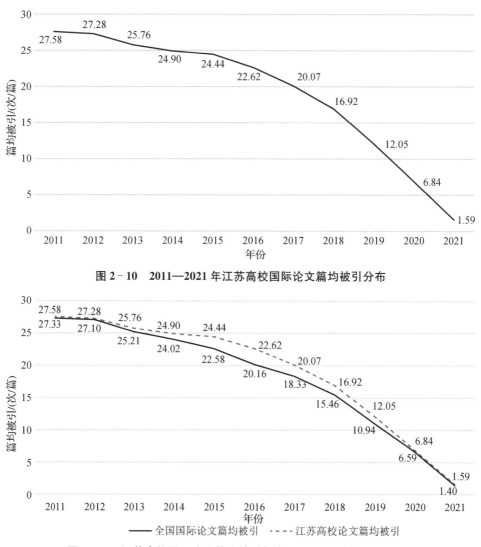

图 2-10　2011—2021 年江苏高校国际论文篇均被引分布

图 2-11　江苏高校国际论文篇均被引与全国国际论文篇均被引对比

（5）江苏高校国际论文的学科分布

江苏各高校发表的国际论文分布于 22 个 ESI 学科,但分布不均。工程学、化学、材料科学、临床医学、物理学是江苏高校发表国际论文最多的 5 个学科领域,发文量均在 30 000 篇以上,5 个学科发文量占所有学科发文量的 60.45%。微生物学、免疫学、经济学与商学、精神病学与心理学、空间科学、综合交叉学科是发文量较少的 6 个学科领域,各学科发文量均少于 5 000 篇,合计不足所有学科论文总数的一成(3.35%)。

江苏高校的国际论文被引次数也表现出分布不均的规律。被引次数最高的前 5

个学科为化学、材料科学、工程学、临床医学、物理学,被引次数均在50万次以上,超过总被引次数的六成以上(64.18%)。其次有10个学科的被引次数均超过10万次,分别为分子生物学与遗传学、生物学与生物化学、环境科学与生态学、计算机科学、地球科学、农业科学、药理学与毒理学、植物学与动物学、神经科学与行为学、数学,占总被引次数的32.22%。剩余7个学科的被引次数仅为总被引次数的3.60%。

江苏高校发表国际论文的学科分布与被引次数的学科分布基本一致,并且论文数较多的学科,被引次数的排序也相对靠前,论文数排序靠后的学科,被引次数也相对较少。当然,也有例外情况。比如分子生物学与遗传学的论文数量排在第10位,被引次数的排序为第6位;计算机科学的论文数排在第6位,被引次数的排序为第9位;数学的论文数排在第11位,而被引次数的排序为第15位(图2-12、图2-13)。

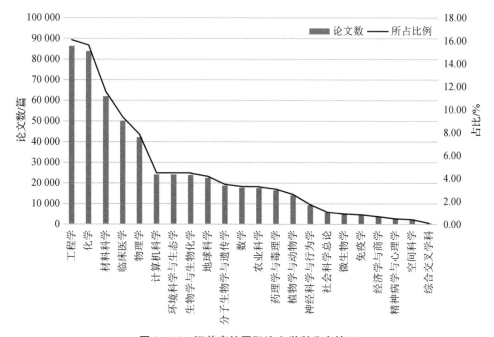

图2-12 江苏高校国际论文学科分布情况

备注:图2-12、图2-13各学科论文和被引数据,来自江苏52所高校各学科论文和被引频次的数量之和,如果某篇文章是由江苏几所院校合作完成,则这篇文章会被重复统计;图2-6、图2-8数据为江苏52所高校合并构建检索式检索所得,如果某篇文章是由江苏几所院校合作完成,只算一次。故图2-12、图2-13的论文和被引频次总数与图2-6、图2-8的数据有些许出入。

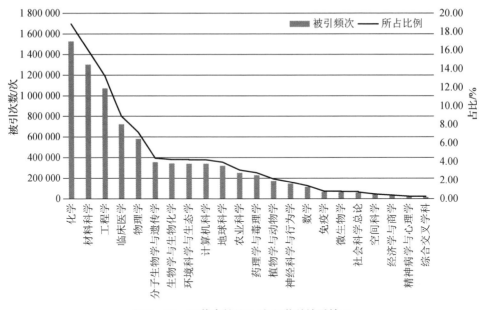

图 2-13 江苏高校国际论文学科被引情况

(6) 江苏各高校国际论文的学科分布

从论文总数的学科分布可以看出,江苏各高校国际论文在 22 个学科中的分布不均,近六成论文分布在工程学、化学、材料科学、临床医学、物理学 5 个学科。从表 2-15 至表 2-36 可以发现,这 5 个学科也是论文数在 1 000 以上的高校数最多的学科。空间科学不仅论文总数低,并且江苏省近一半的高校未实现零的突破。

22 个学科的江苏各高校国际论文排行列表的榜首聚焦于 8 所高校。南京大学在化学、经济学与商学、环境科学与生态学、综合交叉学科、物理学、精神病学与心理学、社会科学总论、空间科学这 8 个学科中位列榜首,学科跨度较大。南京医科大学在生物学与生物化学、临床医学、免疫学、分子生物学与遗传学、神经科学与行为学 5 个与医学相关的学科中名列第一位。南京农业大学在微生物学、植物学与动物学这 2 个与农学紧密相关的学科中居于第一。东南大学在计算机科学、工程学、数学 3 个学科中排第一。江南大学、南京信息工程大学、苏州大学、中国药科大学分别在农业科学、地球科学、材料科学、药理学与毒理学这 4 个学科中居于第一位。

位于学科榜首的高校论文优势明显,大部分位列学科第一位的高校的论文数远高于后者。比如位列空间科学列表榜首的高校论文数是位列第二位的 13 倍;位列植物学与动物学第一位高校的论文数是第二位的 3 倍以上;临床医学、计算机科学、经济学与商学、微生物学、分子生物学与遗传学、物理学等学科位列第一位的高校论文数是第二位的2倍左右。

除了南京大学、东南大学、苏州大学等几所高校发展较均衡之外,江苏省高校的学科发展普遍偏科,缺少各学科齐头并进的动力。以南京医科大学和南京农业大学为例,南京医科大学有5个学科的论文数在全省排第一,但只有10个学科的论文数位列全省前10;南京农业大学有2个学科的论文数全省第一,只有10个学科的论文数在全省排前10位(表2-15~表2-36)。

表2-15 江苏各高校国际论文—农业科学分布情况

排序	高校名称	论文数/篇	被引次数/次	篇均被引/(次/篇)
1	江南大学	4 535	73 984	16.31
2	南京农业大学	4 256	71 373	16.77
3	江苏大学	1 834	22 743	12.40
4	扬州大学	1 379	15 715	11.40
5	南京林业大学	808	7 459	9.23
6	南京师范大学	523	8 354	15.97
7	河海大学	447	4 548	10.17
8	南京大学	431	6 836	15.86
9	南京财经大学	405	6 468	15.97
10	苏州大学	386	5 181	13.42
11	南京信息工程大学	298	3 781	12.69
12	中国药科大学	215	3 207	14.92
13	南京工业大学	206	2 038	9.89
14	南京医科大学	194	2 209	11.39
15	东南大学	163	1 744	10.70
16	南京中医药大学	151	1 971	13.05
17	江苏师范大学	120	1 832	15.27
18	江苏科技大学	100	945	9.45
19	江苏海洋大学	99	1 245	12.58
20	淮阴师范学院	87	926	10.64

续表

排序	高校名称	论文数/篇	被引次数/次	篇均被引/(次/篇)
21	中国矿业大学	85	699	8.22
22	淮阴工学院	84	947	11.27
23	南通大学	75	698	9.31
24	金陵科技学院	69	654	9.48
25	盐城工学院	63	1 020	16.19
26	南京理工大学	63	685	10.87
27	常州大学	61	569	9.33
28	盐城师范学院	60	811	13.52
29	南京晓庄学院	54	472	8.74
30	常熟理工学院	50	388	7.76
31	徐州医科大学	47	740	15.74
32	徐州工程学院	39	525	13.46
33	西交利物浦大学	34	323	9.50
34	苏州科技大学	25	188	7.52
35	南京航空航天大学	22	39	1.77
36	泰州学院	10	114	11.40
37	江苏理工学院	6	102	17.00
38	江苏第二师范学院	6	42	7.00
39	南京工程学院	5	43	8.60
40	南京邮电大学	5	39	7.80
41	南通理工学院	4	46	11.50
42	南京森林警察学院	4	24	6.00
43	江苏警官学院	3	38	12.67
44	宿迁学院	3	11	3.67
45	昆山杜克大学	3	9	3.00
46	常州工学院	3	5	1.67
47	南京审计大学	2	2	1.00

续表

排序	高校名称	论文数/篇	被引次数/次	篇均被引/(次/篇)
48	南京体育学院	1	0	0.00
49	解放军陆军工程大学	0	0	—
49	三江学院	0	0	—
49	南京艺术学院	0	0	—
49	无锡太湖学院	0	0	—

表 2-16 江苏各高校国际论文—生物学与生物化学分布情况

排序	高校名称	论文数/篇	被引次数/次	篇均被引/(次/篇)
1	南京医科大学	3 212	40 535	12.62
2	江南大学	2 995	44 414	14.83
3	苏州大学	2 368	33 715	14.24
4	南京大学	1 943	31 800	16.37
5	南京农业大学	1 792	32 392	18.08
6	东南大学	1 357	27 695	20.41
7	江苏大学	1 152	15 287	13.27
8	中国药科大学	1 109	14 073	12.69
9	南京中医药大学	918	10 201	11.11
10	扬州大学	888	9 976	11.23
11	南通大学	887	8 878	10.01
12	南京工业大学	846	14 012	16.56
13	徐州医科大学	754	6 466	8.58
14	南京林业大学	708	10 496	14.82
15	南京师范大学	536	7 029	13.11
16	南京理工大学	333	5 437	16.33
17	淮阴工学院	191	2 741	14.35
18	常州大学	174	3 225	18.53
19	中国矿业大学	169	4 902	29.01
20	河海大学	139	2 146	15.44

续表

排序	高校名称	论文数/篇	被引次数/次	篇均被引/(次/篇)
21	江苏师范大学	137	2 230	16.28
22	江苏海洋大学	136	1 409	10.36
23	南京航空航天大学	126	1 586	12.59
24	淮阴师范学院	113	1 694	14.99
25	江苏科技大学	100	1 928	19.28
26	苏州科技大学	97	1 155	11.91
27	盐城工学院	92	1 043	11.34
28	盐城师范学院	86	870	10.12
29	南京财经大学	82	1 006	12.27
30	西交利物浦大学	73	1 060	14.52
31	南京信息工程大学	63	932	14.79
32	江苏理工学院	56	553	9.88
33	南京邮电大学	53	580	10.94
34	常熟理工学院	36	352	9.78
35	南京晓庄学院	32	354	11.06
36	金陵科技学院	18	279	15.50
37	徐州工程学院	16	199	12.44
38	南京工程学院	13	159	12.23
39	南京体育学院	12	75	6.25
40	昆山杜克大学	10	143	14.30
41	解放军陆军工程大学	9	127	14.11
42	江苏第二师范学院	8	74	9.25
43	南京审计大学	7	95	13.57
44	泰州学院	5	9	1.80
45	南通理工学院	2	14	7.00
46	无锡太湖学院	2	8	4.00
47	常州工学院	2	2	1.00

续表

排序	高校名称	论文数/篇	被引次数/次	篇均被引/(次/篇)
48	江苏警官学院	1	35	35.00
49	宿迁学院	1	2	2.00
50	三江学院	0	0	—
50	南京艺术学院	0	0	—
50	南京森林警察学院	0	0	—

表 2-17 江苏各高校国际论文—化学分布情况

排序	高校名称	论文数/篇	被引次数/次	篇均被引/(次/篇)
1	南京大学	11 379	284 577	25.01
2	苏州大学	8 142	193 200	23.73
3	南京工业大学	7 013	133 014	18.97
4	东南大学	5 863	105 399	17.98
5	江苏大学	5 256	102 883	19.57
6	江南大学	4 777	74 736	15.64
7	南京理工大学	4 522	77 778	17.20
8	中国药科大学	3 728	53 474	14.34
9	中国矿业大学	3 155	37 586	11.91
10	扬州大学	3 103	55 526	17.89
11	常州大学	2 803	43 020	15.35
12	南京林业大学	2 399	31 655	13.20
13	南京师范大学	2 200	50 154	22.80
14	南京航空航天大学	1 707	30 441	17.83
15	南京邮电大学	1 616	40 855	25.28
16	江苏师范大学	1 577	29 487	18.70
17	江苏科技大学	1 387	19 769	14.25
18	南京农业大学	1 323	19 790	14.96
19	南京中医药大学	1 286	13 710	10.66
20	南京医科大学	1 152	16 746	14.54

续表

排序	高校名称	论文数/篇	被引次数/次	篇均被引/(次/篇)
21	南京信息工程大学	980	13 274	13.54
22	南通大学	922	10 974	11.90
23	盐城工学院	884	10 691	12.09
24	河海大学	849	11 780	13.88
25	苏州科技大学	731	9 369	12.82
26	淮阴师范学院	573	9 096	15.87
27	盐城师范学院	520	4 419	8.50
28	淮阴工学院	497	5 437	10.94
29	江苏海洋大学	474	4 365	9.21
30	常熟理工学院	444	5 572	12.55
31	徐州医科大学	435	6 533	15.02
32	江苏理工学院	370	3 981	10.76
33	南京晓庄学院	338	3 867	11.44
34	南京工程学院	269	2 712	10.08
35	徐州工程学院	222	2 570	11.58
36	解放军陆军工程大学	207	1 425	6.88
37	南京财经大学	145	2 459	16.96
38	西交利物浦大学	143	1 695	11.85
39	金陵科技学院	140	1 388	9.91
40	常州工学院	131	846	6.46
41	江苏第二师范学院	87	846	9.72
42	泰州学院	55	447	8.13
43	南京森林警察学院	26	130	5.00
44	江苏警官学院	19	226	11.89
45	宿迁学院	12	55	4.58
46	三江学院	10	63	6.30
47	南通理工学院	8	58	7.25

续表

排序	高校名称	论文数/篇	被引次数/次	篇均被引/(次/篇)
48	昆山杜克大学	6	27	4.50
49	南京审计大学	5	143	28.60
50	无锡太湖学院	2	11	5.50
51	南京体育学院	2	7	3.50
52	南京艺术学院	0	0	—

表2-18 江苏各高校国际论文—临床医学分布情况

排序	高校名称	论文数/篇	被引次数/次	篇均被引/(次/篇)
1	南京医科大学	15 626	212 473	13.60
2	苏州大学	8 097	97 839	12.08
3	南京大学	6 535	135 451	20.73
4	东南大学	3 653	57 924	15.86
5	南通大学	3 240	33 065	10.21
6	南京中医药大学	2 791	36 761	13.17
7	徐州医科大学	2 641	26 253	9.94
8	江苏大学	1 998	25 488	12.76
9	扬州大学	1 396	14 559	10.43
10	江南大学	1 379	16 338	11.85
11	中国药科大学	1 040	17 036	16.38
12	南京师范大学	231	3 678	15.92
13	昆山杜克大学	204	29 146	142.87
14	南京农业大学	203	2 823	13.91
15	南京航空航天大学	199	2 036	10.23
16	南京理工大学	158	2 069	13.09
17	南京工业大学	90	1 672	18.58
18	中国矿业大学	71	718	10.11
19	常州大学	64	725	11.33
20	江苏师范大学	62	797	12.85

续表

排序	高校名称	论文数/篇	被引次数/次	篇均被引/(次/篇)
21	河海大学	55	181	3.29
22	西交利物浦大学	52	643	12.37
23	南京信息工程大学	51	775	15.20
24	南京邮电大学	45	472	10.49
25	苏州科技大学	32	343	10.72
26	南京林业大学	29	188	6.48
27	淮阴工学院	27	291	10.78
28	南京体育学院	27	122	4.52
29	江苏理工学院	20	124	6.20
30	南京财经大学	19	245	12.89
31	江苏科技大学	19	72	3.79
32	江苏海洋大学	16	112	7.00
33	盐城师范学院	12	71	5.92
34	南京审计大学	11	99	9.00
35	南京晓庄学院	11	77	7.00
36	常熟理工学院	11	53	4.82
37	淮阴师范学院	10	194	19.40
38	南京工程学院	8	45	5.63
39	解放军陆军工程大学	8	45	5.63
40	金陵科技学院	6	417	69.50
41	南京森林警察学院	6	27	4.50
42	常州工学院	5	44	8.80
43	无锡太湖学院	4	24	6.00
44	徐州工程学院	4	22	5.50
45	江苏第二师范学院	3	14	4.67
46	盐城工学院	1	16	16.00
47	泰州学院	1	10	10.00

续表

排序	高校名称	论文数/篇	被引次数/次	篇均被引/(次/篇)
48	江苏警官学院	1	2	2.00
49	三江学院	0	0	—
49	南京艺术学院	0	0	—
49	宿迁学院	0	0	—
49	南通理工学院	0	0	—

表 2-19 江苏各高校国际论文—计算机科学分布情况

排序	高校名称	论文数/篇	被引次数/次	篇均被引/(次/篇)
1	东南大学	4 027	76 555	19.01
2	南京邮电大学	2 119	25 680	12.12
3	南京航空航天大学	2 070	21 701	10.48
4	南京大学	1 954	28 670	14.67
5	南京理工大学	1 870	25 274	13.52
6	南京信息工程大学	1 754	38 050	21.69
7	中国矿业大学	1 169	14 478	12.38
8	河海大学	1 124	15 908	14.15
9	解放军陆军工程大学	1 111	1 4379	12.94
10	苏州大学	926	9 413	10.17
11	江南大学	662	6 792	10.26
12	江苏大学	583	5 692	9.76
13	扬州大学	508	11 488	22.61
14	南京师范大学	426	5 891	13.83
15	西交利物浦大学	350	6 835	19.53
16	南通大学	310	3 077	9.93
17	江苏科技大学	300	3 745	12.48
18	南京林业大学	228	1 932	8.47
19	南京财经大学	205	3 184	15.53
20	南京工程学院	187	807	4.32

续表

排序	高校名称	论文数/篇	被引次数/次	篇均被引/(次/篇)
21	南京农业大学	186	1 988	10.69
22	江苏师范大学	182	4 548	24.99
23	南京审计大学	171	2 195	12.84
24	南京工业大学	141	1 036	7.35
25	常熟理工学院	140	792	5.66
26	常州大学	136	1 080	7.94
27	苏州科技大学	127	1 210	9.53
28	南京医科大学	126	1 208	9.59
29	淮阴工学院	125	823	6.58
30	江苏理工学院	123	1 064	8.65
31	金陵科技学院	103	402	3.90
32	盐城工学院	72	667	9.26
33	南京晓庄学院	69	679	9.84
34	淮阴师范学院	62	504	8.13
35	徐州工程学院	62	288	4.65
36	江苏海洋大学	56	961	17.16
37	盐城师范学院	48	276	5.75
38	常州工学院	39	223	5.72
39	徐州医科大学	37	269	7.27
40	南京中医药大学	37	135	3.65
41	中国药科大学	22	91	4.14
42	泰州学院	20	154	7.70
43	江苏第二师范学院	18	99	5.50
44	三江学院	15	67	4.47
45	江苏警官学院	15	12	0.80
46	宿迁学院	11	172	15.64
47	昆山杜克大学	8	112	14.00

续表

排序	高校名称	论文数/篇	被引次数/次	篇均被引/(次/篇)
48	无锡太湖学院	5	13	2.60
49	南京森林警察学院	5	7	1.40
50	南通理工学院	5	5	1.00
51	南京体育学院	4	3	0.75
52	南京艺术学院	2	0	0.00

表2-20 江苏各高校国际论文—经济学与商学分布情况

排序	高校名称	论文数/篇	被引次数/次	篇均被引/(次/篇)
1	南京大学	699	6 792	9.72
2	南京审计大学	346	2 171	6.27
3	西交利物浦大学	311	2 341	7.53
4	东南大学	288	2 255	7.83
5	南京财经大学	277	1 646	5.94
6	南京航空航天大学	179	2 341	13.08
7	南京农业大学	171	1 519	8.88
8	苏州大学	163	1 775	10.89
9	南京理工大学	153	1 740	11.37
10	中国矿业大学	151	1 703	11.28
11	江南大学	125	841	6.73
12	河海大学	123	884	7.19
13	南京信息工程大学	115	1081	9.40
14	江苏大学	89	588	6.61
15	南京师范大学	55	563	10.24
16	江苏师范大学	38	285	7.50
17	常州大学	35	203	5.80
18	南京林业大学	29	94	3.24
19	南京工业大学	27	224	8.30
20	昆山杜克大学	25	374	14.96

续表

排序	高校名称	论文数/篇	被引次数/次	篇均被引/(次/篇)
21	江苏科技大学	23	397	17.26
22	南京邮电大学	19	66	3.47
23	苏州科技大学	16	178	11.13
24	南京医科大学	14	212	15.14
25	常熟理工学院	14	6	0.43
26	扬州大学	13	62	4.77
27	盐城师范学院	13	47	3.62
28	中国药科大学	12	79	6.58
29	常州工学院	12	38	3.17
30	南京晓庄学院	10	29	2.90
31	南京工程学院	10	7	0.70
32	解放军陆军工程大学	9	76	8.44
33	徐州工程学院	9	43	4.78
34	江苏理工学院	7	13	1.86
35	淮阴工学院	5	24	4.80
36	江苏海洋大学	5	13	2.60
37	宿迁学院	5	8	1.60
38	南通大学	4	51	12.75
39	盐城工学院	4	10	2.50
40	泰州学院	3	79	26.33
41	金陵科技学院	3	55	18.33
42	三江学院	3	17	5.67
43	淮阴师范学院	2	14	7.00
44	南京中医药大学	2	1	0.50
45	徐州医科大学	2	0	0.00
46	江苏第二师范学院	0	0	—
46	南京体育学院	0	0	—
46	南京艺术学院	0	0	—

续表

排序	高校名称	论文数/篇	被引次数/次	篇均被引/(次/篇)
46	南京森林警察学院	0	0	—
46	江苏警官学院	0	0	—
46	南通理工学院	0	0	—
46	无锡太湖学院	0	0	—

表 2-21 江苏各高校国际论文—工程学分布情况

排序	高校名称	论文数/篇	被引次数/次	篇均被引/(次/篇)
1	东南大学	15 764	221 388	14.04
2	南京航空航天大学	10 747	112 281	10.45
3	中国矿业大学	8 603	99 218	11.53
4	南京理工大学	7 216	89 267	12.37
5	河海大学	5 840	59 997	10.27
6	江苏大学	4 959	69 001	13.91
7	南京大学	3 340	65 480	19.60
8	南京邮电大学	2 791	29 867	10.70
9	江南大学	2 517	35 113	13.95
10	南京工业大学	2 516	29 788	11.84
11	苏州大学	2 373	35 274	14.86
12	解放军陆军工程大学	2 300	20 053	8.72
13	南京信息工程大学	2 065	27 863	13.49
14	江苏科技大学	1 578	15 576	9.87
15	南京师范大学	1 519	21 580	14.21
16	扬州大学	1 453	18 676	12.85
17	南京林业大学	1 410	17 258	12.24
18	南通大学	1 064	11 758	11.05
19	常州大学	896	10 590	11.82
20	南京工程学院	872	5 941	6.81
21	南京农业大学	671	13 691	20.40

续表

排序	高校名称	论文数/篇	被引次数/次	篇均被引/(次/篇)
22	苏州科技大学	652	7 057	10.82
23	江苏师范大学	623	9 279	14.89
24	西交利物浦大学	560	7 653	13.67
25	淮阴工学院	526	4 387	8.34
26	盐城工学院	458	4 886	10.67
27	南京财经大学	326	4 578	14.04
28	南京审计大学	301	3 145	10.45
29	江苏理工学院	268	1 447	5.40
30	常熟理工学院	249	2 676	10.75
31	金陵科技学院	224	807	3.60
32	徐州工程学院	217	2 348	10.82
33	常州工学院	213	1 356	6.37
34	淮阴师范学院	206	2 893	14.04
35	江苏海洋大学	194	2 637	13.59
36	南京晓庄学院	158	1 357	8.59
37	盐城师范学院	138	1 779	12.89
38	南京医科大学	124	1 038	8.37
39	泰州学院	65	749	11.52
40	徐州医科大学	62	435	7.02
41	中国药科大学	58	812	14.00
42	三江学院	38	188	4.95
43	南京中医药大学	34	275	8.09
44	宿迁学院	30	191	6.37
45	南京森林警察学院	24	66	2.75
46	昆山杜克大学	22	249	11.32
47	江苏第二师范学院	22	121	5.50
48	江苏警官学院	15	42	2.80
49	南京体育学院	12	120	10.00

续表

排序	高校名称	论文数/篇	被引次数/次	篇均被引/(次/篇)
50	南通理工学院	11	37	3.36
51	无锡太湖学院	10	30	3.00
52	南京艺术学院	1	0	0.00

表2-22 江苏各高校国际论文—环境科学与生态学分布情况

排序	高校名称	论文数/篇	被引次数/次	篇均被引/(次/篇)
1	南京大学	4 090	92 027	22.50
2	河海大学	3 448	35 709	10.36
3	中国矿业大学	2 048	22 167	10.82
4	南京信息工程大学	1 862	25 631	13.77
5	南京农业大学	1 799	35 268	19.60
6	东南大学	1 440	15 078	10.47
7	南京师范大学	1 214	15 102	12.44
8	南京林业大学	1 008	9 779	9.70
9	江苏大学	905	10 540	11.65
10	江南大学	539	6 524	12.10
11	扬州大学	533	6 557	12.30
12	苏州大学	478	14 137	29.58
13	南京理工大学	434	6 971	16.06
14	南京工业大学	422	6 198	14.69
15	南京医科大学	392	4 228	10.79
16	南京航空航天大学	334	3 858	11.55
17	苏州科技大学	305	3 091	10.13
18	常州大学	237	2 662	11.23
19	南通大学	229	1 521	6.64
20	江苏师范大学	219	2 171	9.91
21	中国药科大学	193	2 698	13.98
22	西交利物浦大学	181	2 574	14.22

续表

排序	高校名称	论文数/篇	被引次数/次	篇均被引/(次/篇)
23	盐城工学院	159	2 171	13.65
24	江苏科技大学	151	1 482	9.81
25	江苏海洋大学	132	1 546	11.71
26	南京财经大学	124	897	7.23
27	淮阴工学院	123	1 926	15.66
28	淮阴师范学院	117	799	6.83
29	盐城师范学院	106	1 059	9.99
30	昆山杜克大学	96	1 061	11.05
31	徐州工程学院	82	838	10.22
32	南京晓庄学院	78	642	8.23
33	南京邮电大学	75	442	5.89
34	南京审计大学	71	481	6.77
35	南京工程学院	67	494	7.37
36	解放军陆军工程大学	52	616	11.85
37	常熟理工学院	52	325	6.25
38	江苏理工学院	48	431	8.98
39	徐州医科大学	48	296	6.17
40	金陵科技学院	42	184	4.38
41	南京中医药大学	36	256	7.11
42	三江学院	17	45	2.65
43	江苏第二师范学院	16	50	3.13
44	泰州学院	13	198	15.23
45	南京森林警察学院	13	66	5.08
46	常州工学院	11	88	8.00
47	南京体育学院	4	13	3.25
48	宿迁学院	3	21	7.00
49	南通理工学院	2	6	3.00

续表

排序	高校名称	论文数/篇	被引次数/次	篇均被引/(次/篇)
50	江苏警官学院	2	1	0.50
51	无锡太湖学院	1	0	0.00
52	南京艺术学院	0	0	—

表 2-23 江苏各高校国际论文—地球科学分布情况

排序	高校名称	论文数/篇	被引次数/次	篇均被引/(次/篇)
1	南京信息工程大学	6 042	8 1307	13.46
2	南京大学	5 323	103 309	19.41
3	中国矿业大学	4 243	59 568	14.04
4	河海大学	2 256	26 058	11.55
5	南京师范大学	911	14 035	15.41
6	东南大学	524	5 254	10.03
7	解放军陆军工程大学	431	3 884	9.01
8	南京理工大学	298	3 645	12.23
9	南京林业大学	269	3 081	11.45
10	南京航空航天大学	229	1 517	6.62
11	南京工业大学	197	1 885	9.57
12	南京农业大学	182	3 346	18.38
13	江苏师范大学	154	1 761	11.44
14	扬州大学	148	874	5.91
15	南京邮电大学	116	849	7.32
16	江苏大学	113	1 026	9.08
17	南通大学	111	993	8.95
18	淮阴工学院	91	1 008	11.08
19	江苏海洋大学	76	460	6.05
20	苏州大学	74	861	11.64
21	江苏科技大学	71	494	6.96
22	常州大学	66	746	11.30

续表

排序	高校名称	论文数/篇	被引次数/次	篇均被引/(次/篇)
23	盐城工学院	58	506	8.72
24	淮阴师范学院	55	749	13.62
25	苏州科技大学	51	216	4.24
26	江南大学	47	367	7.81
27	西交利物浦大学	33	257	7.79
28	南京晓庄学院	26	119	4.58
29	南京审计大学	24	155	6.46
30	常熟理工学院	24	79	3.29
31	徐州工程学院	23	167	7.26
32	盐城师范学院	22	161	7.32
33	金陵科技学院	20	107	5.35
34	江苏理工学院	17	252	14.82
35	南京工程学院	17	116	6.82
36	江苏第二师范学院	14	529	37.79
37	常州工学院	12	72	6.00
38	南京财经大学	12	64	5.33
39	昆山杜克大学	10	49	4.90
40	三江学院	7	12	1.71
41	中国药科大学	5	54	10.80
42	南京森林警察学院	4	33	8.25
43	泰州学院	4	31	7.75
44	徐州医科大学	3	56	18.67
45	南京中医药大学	3	8	2.67
46	南京医科大学	2	73	36.50
47	南通理工学院	2	13	6.50
48	宿迁学院	2	2	1.00
49	江苏警官学院	1	7	7.00
50	南京体育学院	1	0	0.00
51	南京艺术学院	0	0	—
51	无锡太湖学院	0	0	—

表 2-24 江苏各高校国际论文—免疫学分布情况

排序	高校名称	论文数/篇	被引次数/次	篇均被引/(次/篇)
1	南京医科大学	1 056	13 567	12.85
2	苏州大学	702	11 083	15.79
3	南京大学	536	11 263	21.01
4	江苏大学	293	4 306	14.70
5	东南大学	286	3 346	11.70
6	扬州大学	261	2 844	10.90
7	徐州医科大学	215	2 469	11.48
8	南京农业大学	210	2 406	11.46
9	南通大学	197	2 552	12.95
10	中国药科大学	173	3 644	21.06
11	南京中医药大学	162	1 576	9.73
12	江南大学	141	1 839	13.04
13	南京师范大学	94	1 145	12.18
14	昆山杜克大学	48	687	14.31
15	河海大学	25	125	5.00
16	西交利物浦大学	21	184	8.76
17	淮阴工学院	11	96	8.73
18	江苏海洋大学	11	45	4.09
19	江苏科技大学	11	39	3.55
20	南京工业大学	9	139	15.44
21	盐城工学院	9	87	9.67
22	常州大学	8	202	25.25
23	南京理工大学	8	136	17.00
24	江苏师范大学	7	166	23.71
25	淮阴师范学院	5	978	195.60
26	中国矿业大学	5	74	14.80
27	盐城师范学院	5	54	10.80

续表

排序	高校名称	论文数/篇	被引次数/次	篇均被引/(次/篇)
28	南京邮电大学	4	60	15.00
29	南京林业大学	4	18	4.50
30	南京信息工程大学	4	11	2.75
31	南京航空航天大学	2	20	10.00
32	南京晓庄学院	2	4	2.00
33	南京财经大学	2	2	1.00
34	南京森林警察学院	1	38	38.00
35	无锡太湖学院	1	23	23.00
36	江苏第二师范学院	1	16	16.00
37	苏州科技大学	1	10	10.00
38	江苏理工学院	1	6	6.00
39	常熟理工学院	1	2	2.00
40	金陵科技学院	1	1	1.00
40	南京体育学院	1	1	1.00
42	解放军陆军工程大学	0	0	—
42	南京工程学院	0	0	—
42	徐州工程学院	0	0	—
42	南京审计大学	0	0	—
42	常州工学院	0	0	—
42	三江学院	0	0	—
42	南京艺术学院	0	0	—
42	泰州学院	0	0	—
42	宿迁学院	0	0	—
42	江苏警官学院	0	0	—
42	南通理工学院	0	0	—

表 2-25 江苏各高校国际论文—材料科学分布情况

排序	高校名称	论文数/篇	被引次数/次	篇均被引/(次/篇)
1	苏州大学	6 770	238 518	35.23
2	东南大学	6 282	120 109	19.12
3	南京大学	5 607	170 516	30.41
4	南京工业大学	5 155	114 622	22.24
5	南京航空航天大学	4 696	91 745	19.54
6	南京理工大学	4 114	95 092	23.11
7	江苏大学	3 911	69 785	17.84
8	中国矿业大学	2 866	36 346	12.68
9	江南大学	2 541	31 231	12.29
10	南京林业大学	2 063	25 295	12.26
11	江苏科技大学	1 874	31 551	16.84
12	河海大学	1 842	24 107	13.09
13	常州大学	1 839	24 585	13.37
14	扬州大学	1 498	33 416	22.31
15	南京邮电大学	1 458	45 177	30.99
16	南京师范大学	880	24 715	28.09
17	盐城工学院	696	9 854	14.16
18	南通大学	684	8 862	12.96
19	南京医科大学	633	12 161	19.21
20	南京工程学院	605	5 618	9.29
21	江苏师范大学	585	10 393	17.77
22	苏州科技大学	583	7 028	12.05
23	南京信息工程大学	577	11 045	19.14
24	中国药科大学	563	15 837	28.13
25	常熟理工学院	476	5 220	10.97
26	江苏理工学院	441	4 462	10.12
27	解放军陆军工程大学	436	4 810	11.03

续表

排序	高校名称	论文数/篇	被引次数/次	篇均被引/(次/篇)
28	淮阴工学院	383	3 706	9.68
29	南京农业大学	251	3 262	13.00
30	淮阴师范学院	222	2 492	11.23
31	江苏海洋大学	184	2 231	12.13
32	西交利物浦大学	172	2 618	15.22
33	徐州医科大学	170	3 589	21.11
34	金陵科技学院	149	1 646	11.05
35	徐州工程学院	146	2 394	16.40
36	常州工学院	143	927	6.48
37	南京中医药大学	129	1 967	15.25
38	南京晓庄学院	104	1 791	17.22
39	盐城师范学院	84	619	7.37
40	江苏第二师范学院	43	869	20.21
41	泰州学院	27	228	8.44
42	宿迁学院	22	73	3.32
43	南京财经大学	20	260	13.00
44	南通理工学院	15	27	1.80
45	南京森林警察学院	10	52	5.20
46	三江学院	9	54	6.00
47	昆山杜克大学	5	3	0.60
48	无锡太湖学院	4	37	9.25
49	江苏警官学院	4	34	8.50
50	南京审计大学	1	1	1.00
51	南京体育学院	0	0	—
51	南京艺术学院	0	0	—

表 2-26 江苏各高校国际论文—数学分布情况

排序	高校名称	论文数/篇	被引次数/次	篇均被引/(次/篇)
1	东南大学	1 570	14 656	9.34
2	南京大学	1 512	11 621	7.69
3	南京师范大学	1 431	7 108	4.97
4	中国矿业大学	1 239	10 288	8.30
5	南京航空航天大学	1 185	6 776	5.72
6	苏州大学	1 101	7 178	6.52
7	江苏师范大学	885	5 077	5.74
8	南京信息工程大学	789	4 482	5.68
9	河海大学	774	5 507	7.11
10	南京理工大学	741	4 923	6.64
11	江苏大学	620	3 522	5.68
12	扬州大学	616	2 565	4.16
13	淮阴师范学院	464	4 597	9.91
14	南京林业大学	375	1 959	5.22
15	南通大学	364	2 405	6.61
16	南京审计大学	347	1 245	3.59
17	江南大学	337	2 830	8.40
18	南京邮电大学	295	2 125	7.20
19	常熟理工学院	240	1 982	8.26
20	苏州科技大学	219	934	4.26
21	南京财经大学	215	953	4.43
22	江苏科技大学	205	700	3.41
23	南京农业大学	202	853	4.22
24	西交利物浦大学	197	761	3.86
25	淮阴工学院	161	706	4.39
26	江苏理工学院	154	572	3.71
27	南京工程学院	145	487	3.36

续表

排序	高校名称	论文数/篇	被引次数/次	篇均被引/(次/篇)
28	常州大学	133	1179	8.86
29	盐城师范学院	133	514	3.86
30	徐州工程学院	110	1 095	9.95
31	泰州学院	107	516	4.82
32	金陵科技学院	104	266	2.56
33	南京工业大学	97	426	4.39
34	盐城工学院	91	359	3.95
35	解放军陆军工程大学	89	476	5.35
36	南京晓庄学院	88	472	5.36
37	江苏第二师范学院	75	258	3.44
38	宿迁学院	42	50	1.19
39	南京医科大学	39	187	4.79
40	江苏海洋大学	38	165	4.34
41	中国药科大学	37	97	2.62
42	常州工学院	33	326	9.88
43	南京中医药大学	30	51	1.70
44	徐州医科大学	26	85	3.27
45	昆山杜克大学	11	7	0.64
46	三江学院	7	190	27.14
47	南京体育学院	5	13	2.60
48	南京森林警察学院	4	7	1.75
49	南通理工学院	3	14	4.67
50	无锡太湖学院	3	2	0.67
51	江苏警官学院	1	0	0.00
52	南京艺术学院	0	0	—

表2-27 江苏各高校国际论文—微生物学分布情况

排序	高校名称	论文数/篇	被引次数/次	篇均被引/(次/篇)
1	南京农业大学	1 226	19 506	15.91
2	扬州大学	758	6 814	8.99
3	江苏大学	429	3 983	9.28
4	江南大学	416	4 331	10.41
5	南京医科大学	365	4 285	11.74
6	苏州大学	265	4 639	17.51
7	南京大学	221	3 533	15.99
8	南京师范大学	202	2 687	13.30
9	南京林业大学	110	1 307	11.88
10	东南大学	98	1 352	13.80
11	徐州医科大学	98	1 241	12.66
12	中国药科大学	79	1 162	14.71
13	南京工业大学	73	589	8.07
14	南京中医药大学	67	1 292	19.28
15	江苏师范大学	63	656	10.41
16	河海大学	62	1 178	19.00
17	南通大学	62	587	9.47
18	江苏科技大学	43	226	5.26
19	江苏海洋大学	37	263	7.11
20	西交利物浦大学	35	583	16.66
21	中国矿业大学	26	325	12.50
22	南京信息工程大学	22	163	7.41
23	南京理工大学	20	252	12.60
24	盐城师范学院	14	91	6.50
25	淮阴师范学院	13	173	13.31
26	淮阴工学院	12	66	5.50
27	常州大学	10	192	19.20

续表

排序	高校名称	论文数/篇	被引次数/次	篇均被引/(次/篇)
28	徐州工程学院	9	76	8.44
29	昆山杜克大学	9	63	7.00
30	苏州科技大学	9	45	5.00
31	南京财经大学	8	71	8.88
32	金陵科技学院	7	96	13.71
33	南京邮电大学	7	82	11.71
34	盐城工学院	6	64	10.67
35	常熟理工学院	6	13	2.17
36	南京航空航天大学	4	121	30.25
37	泰州学院	3	27	9.00
38	江苏理工学院	3	14	4.67
39	南京晓庄学院	3	7	2.33
40	南京工程学院	2	4	2.00
41	江苏警官学院	1	1	1.00
42	常州工学院	1	0	0.00
42	宿迁学院	1	0	0.00
42	无锡太湖学院	1	0	0.00
45	解放军陆军工程大学	0	0	—
45	南京审计大学	0	0	—
45	江苏第二师范学院	0	0	—
45	三江学院	0	0	—
45	南京体育学院	0	0	—
45	南京艺术学院	0	0	—
45	南京森林警察学院	0	0	—
45	南通理工学院	0	0	—

表2-28 江苏各高校国际论文—分子生物学与遗传学分布情况

排序	高校名称	论文数/篇	被引次数/次	篇均被引/(次/篇)
1	南京医科大学	4 673	98 900	21.16
2	苏州大学	2 206	48 085	21.80
3	南京大学	1 673	41 473	24.79
4	南京农业大学	1 672	32 504	19.44
5	东南大学	1 213	25 634	21.13
6	南通大学	1 072	14 589	13.61
7	扬州大学	975	11 978	12.29
8	徐州医科大学	896	16 389	18.29
9	江苏大学	817	19 382	23.72
10	南京中医药大学	660	9 569	14.50
11	中国药科大学	522	8 914	17.08
12	南京师范大学	466	6 043	12.97
13	江南大学	404	6 108	15.12
14	南京林业大学	363	2 147	5.91
15	江苏师范大学	200	2 903	14.52
16	江苏科技大学	100	769	7.69
17	盐城师范学院	84	889	10.58
18	中国矿业大学	72	1 883	26.15
19	江苏海洋大学	69	663	9.61
20	南京航空航天大学	54	946	17.52
21	南京工业大学	46	539	11.72
22	常州大学	46	492	10.70
23	南京理工大学	43	1 096	25.49
24	淮阴师范学院	36	346	9.61
25	金陵科技学院	35	149	4.26
26	西交利物浦大学	28	562	20.07
27	河海大学	28	114	4.07

续表

排序	高校名称	论文数/篇	被引次数/次	篇均被引/(次/篇)
28	南京森林警察学院	25	20	0.80
29	江苏第二师范学院	23	105	4.57
30	南京邮电大学	22	253	11.50
31	盐城工学院	22	214	9.73
32	苏州科技大学	21	420	20.00
33	淮阴工学院	20	92	4.60
34	昆山杜克大学	18	156	8.67
35	南京信息工程大学	17	104	6.12
36	南京财经大学	13	115	8.85
37	江苏理工学院	13	79	6.08
38	常熟理工学院	12	107	8.92
39	解放军陆军工程大学	7	32	4.57
40	南京工程学院	7	24	3.43
41	徐州工程学院	5	10	2.00
42	南京晓庄学院	5	6	1.20
43	常州工学院	4	60	15.00
44	南京审计大学	3	180	60.00
45	南京体育学院	3	16	5.33
46	三江学院	2	4	2.00
47	泰州学院	1	3	3.00
48	无锡太湖学院	1	1	1.00
49	南京艺术学院	0	0	—
49	宿迁学院	0	0	—
49	江苏警官学院	0	0	—
49	南通理工学院	0	0	—

表 2-29 江苏各高校国际论文—综合交叉学科分布情况

排序	高校名称	论文数/篇	被引次数/次	篇均被引/(次/篇)
1	南京大学	81	3 039	37.52
2	苏州大学	61	3 209	52.61
3	东南大学	53	1 128	21.28
4	南京医科大学	47	1 436	30.55
5	南京农业大学	43	1 166	27.12
6	中国矿业大学	32	160	5.00
7	南京航空航天大学	21	347	16.52
8	江苏大学	18	263	14.61
9	中国药科大学	17	970	57.06
10	扬州大学	17	159	9.35
11	南通大学	16	258	16.13
12	徐州医科大学	15	467	31.13
13	南京师范大学	15	315	21.00
14	南京林业大学	13	219	16.85
15	南京邮电大学	12	282	23.50
16	江南大学	12	231	19.25
17	南京中医药大学	10	576	57.60
18	河海大学	10	167	16.70
19	南京信息工程大学	9	20	2.22
20	南京理工大学	8	411	51.38
21	南京工业大学	7	151	21.57
22	江苏师范大学	6	56	9.33
23	常州大学	4	46	11.50
24	江苏科技大学	4	11	2.75
25	苏州科技大学	4	6	1.50
26	金陵科技学院	3	90	30.00
27	解放军陆军工程大学	2	174	87.00

续表

排序	高校名称	论文数/篇	被引次数/次	篇均被引/(次/篇)
28	盐城师范学院	2	34	17.00
29	淮阴工学院	2	13	6.50
30	昆山杜克大学	2	10	5.00
31	盐城工学院	2	8	4.00
32	徐州工程学院	2	2	1.00
33	江苏理工学院	1	5	5.00
34	南京财经大学	1	2	2.00
35	南京审计大学	1	0	0.00
35	南京工程学院	1	0	0.00
37	西交利物浦大学	0	0	—
37	淮阴师范学院	0	0	—
37	南京晓庄学院	0	0	—
37	江苏海洋大学	0	0	—
37	常熟理工学院	0	0	—
37	泰州学院	0	0	—
37	南京森林警察学院	0	0	—
37	常州工学院	0	0	—
37	江苏第二师范学院	0	0	—
37	三江学院	0	0	—
37	宿迁学院	0	0	—
37	南京体育学院	0	0	—
37	南通理工学院	0	0	—
37	江苏警官学院	0	0	—
37	南京艺术学院	0	0	—
37	无锡太湖学院	0	0	—

表 2-30 江苏各高校国际论文—神经科学与行为学分布情况

排序	高校名称	论文数/篇	被引次数/次	篇均被引/(次/篇)
1	南京医科大学	1 996	31 873	15.97
2	苏州大学	1 312	19 864	15.14
3	南京大学	1 284	24 206	18.85
4	南通大学	1 176	18 127	15.41
5	东南大学	871	13 493	15.49
6	徐州医科大学	737	9 685	13.14
7	南京中医药大学	365	6 005	16.45
8	中国药科大学	295	5 917	20.06
9	扬州大学	222	2 918	13.14
10	江苏大学	218	2 513	11.53
11	江南大学	151	1 887	12.50
12	南京师范大学	101	2 263	22.41
13	南京航空航天大学	85	1 973	23.21
14	中国矿业大学	49	423	8.63
15	江苏师范大学	48	904	18.83
16	南京农业大学	36	513	14.25
17	南京理工大学	34	332	9.76
18	西交利物浦大学	26	476	18.31
19	常州大学	21	171	8.14
20	南京邮电大学	20	125	6.25
21	河海大学	19	152	8.00
22	南京工业大学	17	209	12.29
23	淮阴师范学院	17	176	10.35
24	昆山杜克大学	17	156	9.18
25	江苏海洋大学	13	60	4.62
26	盐城工学院	12	97	8.08
27	淮阴工学院	12	83	6.92

续表

排序	高校名称	论文数/篇	被引次数/次	篇均被引/(次/篇)
28	南京晓庄学院	12	80	6.67
29	常熟理工学院	10	149	14.90
30	南京信息工程大学	10	51	5.10
31	解放军陆军工程大学	9	70	7.78
32	苏州科技大学	8	52	6.50
33	江苏科技大学	8	33	4.13
34	南京体育学院	7	42	6.00
35	盐城师范学院	6	71	11.83
36	南京审计大学	5	191	38.20
37	南京林业大学	5	177	35.40
38	江苏理工学院	5	51	10.20
39	金陵科技学院	5	2	0.40
40	三江学院	4	32	8.00
41	江苏警官学院	3	28	9.33
42	南京工程学院	3	25	8.33
43	南京财经大学	3	20	6.67
44	常州工学院	1	9	9.00
45	南京森林警察学院	1	3	3.00
45	无锡太湖学院	1	3	3.00
47	江苏第二师范学院	1	0	0.00
47	宿迁学院	1	0	0.00
49	泰州学院	0	0	—
49	徐州工程学院	0	0	—
49	南京艺术学院	0	0	—
49	南通理工学院	0	0	—

表 2-31　江苏各高校国际论文—药理学与毒理学分布情况

排序	高校名称	论文数/篇	被引次数/次	篇均被引/(次/篇)
1	中国药科大学	3 624	52 364	14.45
2	南京医科大学	2 484	32 519	13.09
3	南京中医药大学	1 959	24 590	12.55
4	苏州大学	1 575	25 406	16.13
5	南京大学	1 249	20 814	16.66
6	东南大学	916	13 965	15.25
7	徐州医科大学	798	8 347	10.46
8	江苏大学	731	9 821	13.44
9	南通大学	697	9 250	13.27
10	扬州大学	455	5 055	11.11
11	江南大学	448	5 396	12.04
12	南京农业大学	385	5 429	14.10
13	南京师范大学	188	3 099	16.48
14	南京工业大学	173	2 022	11.69
15	南京林业大学	92	1 021	11.10
16	江苏师范大学	87	1 729	19.87
17	南京理工大学	86	1 408	16.37
18	常州大学	80	874	10.93
19	淮阴工学院	47	423	9.00
20	江苏海洋大学	39	361	9.26
21	江苏科技大学	38	319	8.39
22	南京财经大学	33	199	6.03
23	淮阴师范学院	30	394	13.13
24	江苏理工学院	29	123	4.24
25	西交利物浦大学	27	222	8.22
26	中国矿业大学	25	477	19.08
27	盐城师范学院	23	299	13.00

续表

排序	高校名称	论文数/篇	被引次数/次	篇均被引/(次/篇)
28	南京信息工程大学	23	257	11.17
29	盐城工学院	22	173	7.86
30	河海大学	18	277	15.39
31	南京航空航天大学	15	214	14.27
32	南京晓庄学院	14	603	43.07
33	苏州科技大学	14	200	14.29
34	南京邮电大学	12	111	9.25
35	昆山杜克大学	8	67	8.38
36	江苏第二师范学院	8	43	5.38
37	徐州工程学院	8	42	5.25
38	常熟理工学院	8	25	3.13
39	泰州学院	4	30	7.50
40	南京森林警察学院	4	3	0.75
41	南京体育学院	3	25	8.33
42	江苏警官学院	2	20	10.00
43	金陵科技学院	2	13	6.50
44	南京审计大学	2	8	4.00
45	无锡太湖学院	1	4	4.00
46	常州工学院	1	0	0.00
47	解放军陆军工程大学	0	0	—
47	南京工程学院	0	0	—
47	三江学院	0	0	—
47	南京艺术学院	0	0	—
47	宿迁学院	0	0	—
47	南通理工学院	0	0	—

表2-32 江苏各高校国际论文—物理学分布情况

排序	高校名称	论文数/篇	被引次数/次	篇均被引/(次/篇)
1	南京大学	9 778	190 815	19.51
2	东南大学	4 775	77 033	16.13
3	苏州大学	3 708	64 599	17.42
4	南京理工大学	2 758	28 670	10.40
5	南京航空航天大学	2 593	28 588	11.03
6	南京邮电大学	2 079	25 464	12.25
7	南京师范大学	1 876	22 378	11.93
8	江苏大学	1 860	19 476	10.47
9	中国矿业大学	1 542	15 542	10.08
10	南京信息工程大学	1 142	9 674	8.47
11	江南大学	1 003	8 574	8.55
12	扬州大学	933	8 221	8.81
13	南京工业大学	840	19 721	23.48
14	江苏师范大学	778	10 212	13.13
15	河海大学	667	6 488	9.73
16	常州大学	604	5 590	9.25
17	江苏科技大学	474	3 783	7.98
18	南通大学	437	3 290	7.53
19	解放军陆军工程大学	408	2 418	5.93
20	苏州科技大学	366	2 475	6.76
21	常州工学院	293	819	2.80
22	南京林业大学	284	1 712	6.03
23	常熟理工学院	282	2 703	9.59
24	盐城工学院	262	2 304	8.79
25	淮阴师范学院	248	2 791	11.25
26	江苏理工学院	224	1 357	6.06
27	淮阴工学院	221	1 164	5.27

续表

排序	高校名称	论文数/篇	被引次数/次	篇均被引/(次/篇)
28	南京工程学院	213	1 118	5.25
29	南京农业大学	205	1 761	8.59
30	盐城师范学院	164	1 176	7.17
31	南京晓庄学院	153	2 200	14.38
32	南京医科大学	125	1 294	10.35
33	中国药科大学	114	1 976	17.33
34	徐州工程学院	101	543	5.38
35	金陵科技学院	98	695	7.09
36	南京财经大学	92	590	6.41
37	西交利物浦大学	86	979	11.38
38	江苏海洋大学	70	433	6.19
39	徐州医科大学	39	475	12.18
40	南京中医药大学	38	133	3.50
41	江苏第二师范学院	37	475	12.84
42	泰州学院	33	234	7.09
43	南京审计大学	31	317	10.23
44	昆山杜克大学	30	162	5.40
45	宿迁学院	29	63	2.17
46	南京森林警察学院	28	201	7.18
47	三江学院	17	66	3.88
48	江苏警官学院	11	18	1.64
49	南通理工学院	8	12	1.50
50	无锡太湖学院	1	0	0.00
50	南京艺术学院	1	0	0.00
52	南京体育学院	0	0	—

表 2-33 江苏各高校国际论文—植物学与动物学分布情况

排序	高校名称	论文数/篇	被引次数/次	篇均被引/(次/篇)
1	南京农业大学	6 150	96 689	15.72
2	扬州大学	1 884	18 264	9.69
3	南京林业大学	1 600	12 288	7.68
4	南京师范大学	734	7 775	10.59
5	南京大学	588	10 337	17.58
6	江苏大学	361	3 020	8.37
7	苏州大学	244	2 725	11.17
8	江苏科技大学	204	1 102	5.40
9	河海大学	203	1 737	8.56
10	江苏海洋大学	195	1 561	8.01
11	中国药科大学	174	1 980	11.38
12	江苏师范大学	172	2 167	12.60
13	南京信息工程大学	156	1 322	8.47
14	江南大学	142	1 317	9.27
15	南通大学	134	1 208	9.01
16	淮阴师范学院	119	1 653	13.89
17	盐城工学院	99	705	7.12
18	盐城师范学院	99	542	5.47
19	南京中医药大学	76	670	8.82
20	南京医科大学	73	587	8.04
21	淮阴工学院	67	485	7.24
22	东南大学	65	451	6.94
23	中国矿业大学	59	848	14.37
24	金陵科技学院	54	540	10.00
25	南京工业大学	42	425	10.12
26	南京晓庄学院	41	174	4.24
27	常熟理工学院	38	546	14.37

续表

排序	高校名称	论文数/篇	被引次数/次	篇均被引/(次/篇)
28	南京理工大学	32	523	16.34
29	西交利物浦大学	32	250	7.81
30	江苏第二师范学院	31	154	4.97
31	南京财经大学	26	162	6.23
32	徐州医科大学	23	175	7.61
33	南京森林警察学院	19	129	6.79
34	苏州科技大学	18	163	9.06
35	徐州工程学院	18	130	7.22
36	常州大学	16	240	15.00
37	南京航空航天大学	15	93	6.20
38	南通理工学院	6	30	5.00
39	昆山杜克大学	6	10	1.67
40	解放军陆军工程大学	6	8	1.33
41	泰州学院	5	29	5.80
42	江苏理工学院	3	21	7.00
43	宿迁学院	3	19	6.33
44	常州工学院	3	16	5.33
45	南京邮电大学	2	1	0.50
46	无锡太湖学院	1	11	11.00
47	南京审计大学	1	6	6.00
48	三江学院	1	0	0.00
49	南京工程学院	0	0	—
49	南京体育学院	0	0	—
49	南京艺术学院	0	0	—
49	江苏警官学院	0	0	—

表 2-34　江苏各高校国际论文—精神病学与心理学分布情况

排序	高校名称	论文数/篇	被引次数/次	篇均被引/(次/篇)
1	南京大学	424	3 601	8.49
2	苏州大学	343	2 609	7.61
3	南京医科大学	308	3 813	12.38
4	南京师范大学	295	1 829	6.20
5	东南大学	237	2 954	12.46
6	南通大学	108	881	8.16
7	江苏大学	107	743	6.94
8	河海大学	69	465	6.74
9	江苏师范大学	65	347	5.34
10	扬州大学	64	325	5.08
11	江南大学	63	375	5.95
12	中国矿业大学	57	474	8.32
13	南京中医药大学	50	579	11.58
14	西交利物浦大学	36	246	6.83
15	南京理工大学	36	225	6.25
16	南京航空航天大学	34	149	4.38
17	徐州医科大学	31	208	6.71
18	苏州科技大学	27	80	2.96
19	南京邮电大学	23	152	6.61
20	南京信息工程大学	22	50	2.27
21	常州大学	21	72	3.43
22	常熟理工学院	21	45	2.14
23	淮阴师范学院	20	46	2.30
24	南京财经大学	19	65	3.42
25	盐城师范学院	17	173	10.18
26	淮阴工学院	17	56	3.29
27	南京工业大学	14	81	5.79

续表

排序	高校名称	论文数/篇	被引次数/次	篇均被引/(次/篇)
28	昆山杜克大学	14	25	1.79
29	中国药科大学	13	109	8.38
30	南京晓庄学院	11	15	1.36
31	常州工学院	10	58	5.80
32	南京农业大学	10	14	1.40
33	南京林业大学	9	71	7.89
34	盐城工学院	8	62	7.75
35	南京审计大学	8	10	1.25
36	南京体育学院	7	12	1.71
37	徐州工程学院	6	4	0.67
38	江苏科技大学	4	43	10.75
39	泰州学院	4	3	0.75
40	江苏警官学院	4	2	0.50
41	南京森林警察学院	3	5	1.67
42	南京工程学院	1	1	1.00
43	江苏海洋大学	1	0	0.00
43	江苏理工学院	1	0	0.00
43	金陵科技学院	1	0	0.00
46	解放军陆军工程大学	0	0	—
46	江苏第二师范学院	0	0	—
46	三江学院	0	0	—
46	南京艺术学院	0	0	—
46	宿迁学院	0	0	—
46	南通理工学院	0	0	—
46	无锡太湖学院	0	0	—

表2-35 江苏各高校国际论文—社会科学总论分布情况

排序	高校名称	论文数/篇	被引次数/次	篇均被引/(次/篇)
1	南京大学	1 102	13 050	11.84
2	东南大学	768	9 046	11.78
3	南京师范大学	438	2 838	6.48
4	南京医科大学	294	3 033	10.32
5	苏州大学	281	2 479	8.82
6	中国矿业大学	262	3 095	11.81
7	西交利物浦大学	254	2 661	10.48
8	河海大学	192	2 361	12.30
9	南京航空航天大学	189	3 329	17.61
10	南京农业大学	185	2 097	11.34
11	江苏大学	167	1 510	9.04
12	南京理工大学	154	911	5.92
13	南京信息工程大学	151	1 729	11.45
14	南京财经大学	145	1 284	8.86
15	江苏师范大学	114	1 537	13.48
16	南京林业大学	105	588	5.60
17	昆山杜克大学	104	582	5.60
18	江南大学	88	441	5.01
19	南京审计大学	81	486	6.00
20	南通大学	75	678	9.04
21	中国药科大学	65	348	5.35
22	南京邮电大学	64	607	9.48
23	扬州大学	58	253	4.36
24	南京晓庄学院	51	189	3.71
25	徐州医科大学	48	205	4.27
26	南京中医药大学	34	342	10.06
27	江苏科技大学	31	147	4.74

续表

排序	高校名称	论文数/篇	被引次数/次	篇均被引/(次/篇)
28	苏州科技大学	28	158	5.64
29	南京工业大学	25	190	7.60
30	常州大学	25	112	4.48
31	常熟理工学院	19	16	0.84
32	淮阴师范学院	18	68	3.78
33	淮阴工学院	16	44	2.75
34	徐州工程学院	15	179	11.93
35	盐城师范学院	13	51	3.92
36	盐城工学院	11	60	5.45
37	江苏第二师范学院	10	138	13.80
38	南京工程学院	9	116	12.89
39	江苏海洋大学	8	51	6.38
40	三江学院	7	62	8.86
41	常州工学院	5	17	3.40
42	江苏理工学院	5	8	1.60
43	泰州学院	4	55	13.75
44	南京体育学院	4	4	1.00
45	金陵科技学院	3	33	11.00
46	解放军陆军工程大学	3	20	6.67
47	南京森林警察学院	1	10	10.00
48	宿迁学院	1	8	8.00
49	南京艺术学院	1	2	2.00
50	南通理工学院	1	0	0.00
51	江苏警官学院	0	0	—
51	无锡太湖学院	0	0	—

表 2-36 江苏各高校国际论文—空间科学分布情况

排序	高校名称	论文数/篇	被引次数/次	篇均被引/(次/篇)
1	南京大学	1 672	33 869	20.26
2	南京师范大学	127	2 843	22.39
3	南京信息工程大学	105	863	8.22
4	南京航空航天大学	69	577	8.36
5	扬州大学	51	507	9.94
6	中国矿业大学	38	317	8.34
7	东南大学	30	190	6.33
8	解放军陆军工程大学	29	121	4.17
9	常州大学	24	150	6.25
10	西交利物浦大学	22	280	12.73
11	河海大学	22	155	7.05
12	南京理工大学	15	27	1.80
13	江苏海洋大学	10	91	9.10
14	江苏科技大学	10	36	3.60
15	南京林业大学	8	34	4.25
16	苏州大学	7	35	5.00
17	江苏大学	4	18	4.50
18	南通大学	4	3	0.75
19	江南大学	3	22	7.33
20	南京邮电大学	3	7	2.33
21	江苏第二师范学院	3	0	0.00
22	江苏师范大学	2	16	8.00
23	常州工学院	2	2	1.00
24	南京晓庄学院	1	19	19.00
25	苏州科技大学	1	2	2.00
26	南京工业大学	1	1	1.00
27	淮阴工学院	1	0	0.00

续表

排序	高校名称	论文数/篇	被引次数/次	篇均被引/(次/篇)
27	昆山杜克大学	1	0	0.00
29	南京医科大学	0	0	—
29	南京农业大学	0	0	—
29	中国药科大学	0	0	—
29	南京中医药大学	0	0	—
29	徐州医科大学	0	0	—
29	淮阴师范学院	0	0	—
29	常熟理工学院	0	0	—
29	盐城工学院	0	0	—
29	盐城师范学院	0	0	—
29	南京工程学院	0	0	—
29	江苏理工学院	0	0	—
29	南京财经大学	0	0	—
29	徐州工程学院	0	0	—
29	金陵科技学院	0	0	—
29	南京审计大学	0	0	—
29	三江学院	0	0	—
29	南京体育学院	0	0	—
29	南京艺术学院	0	0	—
29	泰州学院	0	0	—
29	宿迁学院	0	0	—
29	南京森林警察学院	0	0	—
29	江苏警官学院	0	0	—
29	南通理工学院	0	0	—
29	无锡太湖学院	0	0	—

2) 江苏高校国际论文情况

对2011—2021年间江苏各个高校的国际论文进行统计分析,以各个高校论文的生产力、影响力、发展力以及创新力等因素为主要信息,初步形成了江苏高校科研综合实力排行榜,以便更加直观地对各个高校学科建设和科研综合实力进行观察和评价,进一步加强高校的优势和特色学科建设服务,助力于江苏高校的高质量发展。

(1) 江苏高校科研生产力方阵

以 30 000 篇、10 000 篇、2 000 篇为发表论文数量的临界点,将江苏 52 所高校按照科研生产力的大小分为 4 个方阵。第一方阵 4 所高校,生产力均超过 30 000 篇;第二方阵 15 所高校,生产力介于 10 000 篇到 30 000 篇之间;第三方阵 14 所高校,生产力介于 2 000 篇到 10 000 篇之间;第四方阵 19 所高校,生产力均在 2 000 篇以下(表 2-37)。

表 2-37 江苏高校 WOS 论文生产力方阵

排序	高校名称	论文数/篇	产出力/篇
1	南京大学	61 421	>30 000
2	东南大学	50 243	
3	苏州大学	41 582	
4	南京医科大学	32 935	
5	江苏大学	26 425	<30 000,>10 000
6	中国矿业大学	25 966	
7	南京航空航天大学	24 575	
8	江南大学	23 325	
9	南京理工大学	23 096	
10	南京农业大学	21 158	
11	河海大学	18 212	
12	南京工业大学	17 957	
13	扬州大学	17 213	
14	南京信息工程大学	16 257	
15	南京师范大学	14 462	
16	中国药科大学	12 058	
17	南京林业大学	11 919	
18	南通大学	11 868	
19	南京邮电大学	10 840	

续表

排序	高校名称	论文数/篇	产出力/篇
20	南京中医药大学	8 838	<10 000，>2 000
21	常州大学	7 303	
22	徐州医科大学	7 125	
23	江苏科技大学	6 735	
24	江苏师范大学	6 124	
25	解放军陆军工程大学	5 116	
26	苏州科技大学	3 335	
27	盐城工学院	3 031	
28	西交利物浦大学	2 673	
29	淮阴工学院	2 639	
30	南京工程学院	2 434	
31	淮阴师范学院	2 417	
32	南京财经大学	2 172	
33	常熟理工学院	2 133	
34	江苏海洋大学	1 863	<2 000
35	江苏理工学院	1 795	
36	盐城师范学院	1 649	
37	南京审计大学	1 418	
38	南京晓庄学院	1 261	
39	徐州工程学院	1 094	
40	金陵科技学院	1 087	
41	常州工学院	924	
42	昆山杜克大学	657	
43	江苏第二师范学院	406	
44	泰州学院	364	
45	南京森林警察学院	178	
46	宿迁学院	166	
47	三江学院	137	
48	南京体育学院	93	
49	江苏警官学院	83	
50	南通理工学院	67	
51	无锡太湖学院	38	
52	南京艺术学院	5	

选取前3个方阵作为比较对象,绘制各方阵高校论文数量的年度分布趋势图（图2-14~图2-16）,发现有以下几个特征。

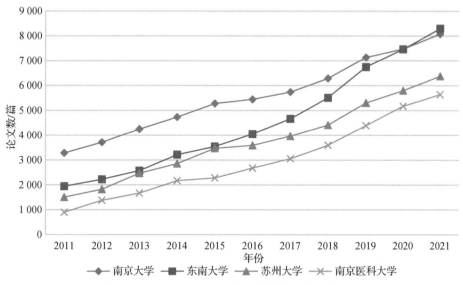

图2-14　2011—2021年第一方阵高校论文数分布

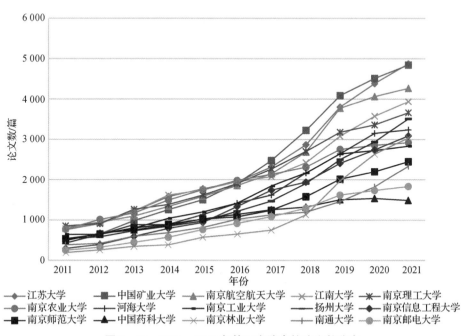

图2-15　2011—2021年第二方阵高校论文数分布

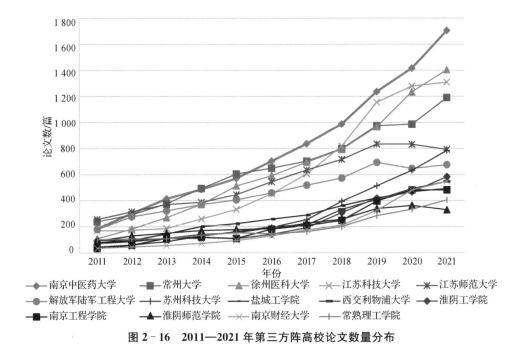

图 2-16　2011—2021 年第三方阵高校论文数量分布

第一方阵高校的生产力远高于其他方阵高校,南京大学遥遥领先,东南大学其次,苏州大学第三,南京医科大学排在第四。这 4 所高校之间的生产力也存在着一定的差距,南京大学论文数超过 6 万篇,东南大学论文数超过 5 万篇,苏州大学论文数超过 4 万篇,南京医科大学论文数超过 3 万篇,但 4 所高校论文数的年度走势大致相同,均表现出逐年增加的趋势。

第二、三方阵高校的生产力基本逐年攀升。第二方阵高校中,江苏大学、南京工业大学、扬州大学、南京信息工程大学、南通大学作为非"双一流"建设高校跻身第二方阵。这 15 所高校的论文数曲线重叠度高,生产力相差较小,表现出强有力的竞争优势。在第二方阵中表现最好的 6 所高校为江苏大学、中国矿业大学、南京航空航天大学、江南大学、南京理工大学、南京农业大学,生产力均在 20 000 篇以上;其次,河海大学、南京工业大学、扬州大学、南京信息工程大学、南京师范大学、中国药科大学、南京林业大学、南通大学、南京邮电大学的生产力也具有较大潜力。第三方阵的 14 所高校在 11 年间的论文数提升速度较为明显。第四方阵的 19 所高校有待加强。

(2) 江苏高校科研影响力排行

被引次数用来衡量某一个机构的总体科研影响力,该指标与论文的体量相关,论文数较多的机构被引次数往往较高,科研影响力也较高。篇均被引将科研影响力的对比标准精确到单篇文章,即以平均每篇论文的"含金量"为依据,与论文数等其他指标不存在直接关系。在江苏高校科研影响力排行榜中,南京大学的被引次数位列第一、篇均被引位列第二,科研影响力遥遥领先。但大多数高校的总影响力和论文篇均影响力都存在一定的差距(表2-38)。

表 2-38 江苏高校 WOS 论文篇均被引排行

篇均被引排序	高校名称	篇均被引/(次/篇)	被引次数/次	被引次数排序
1	昆山杜克大学	50.38	33 098	30
2	南京大学	21.05	1 293 079	1
3	苏州大学	19.76	821 824	2
4	南京工业大学	18.32	328 982	15
5	南京农业大学	16.47	348 390	6
6	南京邮电大学	15.99	173 296	18
7	东南大学	15.86	796 649	3
8	中国药科大学	15.33	184 842	19
9	南京理工大学	15.02	346 872	11
10	江苏大学	14.82	391 590	4
11	南京医科大学	14.65	482 377	5
12	南京师范大学	14.62	211 424	10
13	江苏师范大学	14.46	88 553	23
14	江南大学	13.88	323 691	9
15	南京信息工程大学	13.68	222 465	14
16	常州大学	13.24	96 725	24
17	扬州大学	13.17	226 752	7
18	淮阴师范学院	12.65	30 583	33
19	南京航空航天大学	12.64	310 678	12
20	南京中医药大学	12.52	110 668	20
21	西交利物浦大学	12.42	33 203	50
22	江苏科技大学	12.35	83 167	21
23	中国矿业大学	11.99	311 291	8
24	徐州医科大学	11.84	84 383	22
25	盐城工学院	11.55	34 997	26

续表

篇均被引排序	高校名称	篇均被引/(次/篇)	被引次数/次	被引次数排序
26	南通大学	11.27	133 705	17
27	南京财经大学	11.17	24 270	29
28	河海大学	10.98	200 044	13
29	南京林业大学	10.80	128 778	16
30	徐州工程学院	10.49	11 475	35
31	南京晓庄学院	10.43	13 156	39
32	苏州科技大学	10.31	34 380	28
33	江苏海洋大学	10.02	18 672	36
34	常熟理工学院	9.87	21 051	34
35	解放军陆军工程大学	9.53	48 734	27
36	江苏第二师范学院	9.44	3 833	43
37	淮阴工学院	9.29	24 518	31
38	盐城师范学院	8.49	14 006	37
39	江苏理工学院	8.17	14 665	40
40	泰州学院	8.01	2 916	46
41	南京审计大学	7.71	10 930	37
42	南京工程学院	7.28	17 717	32
43	金陵科技学院	7.20	7 824	41
44	三江学院	5.84	800	45
45	江苏警官学院	5.61	466	46
46	常州工学院	5.31	4 908	42
47	南京体育学院	4.87	453	46
48	南京森林警察学院	4.61	821	46
49	无锡太湖学院	4.39	167	44
50	宿迁学院	4.07	675	25
51	南通理工学院	3.91	262	50
52	南京艺术学院	0.40	2	50

选取篇均影响力前20位的高校,制作篇均被引次数排序和被引总数排序的位置对比图(图2-17)。南京大学、苏州大学两者排名相差1位,其他高校均有不同程度的变化,变化最大的是昆山杜克大学,相差了29位。南京工业大学、南京邮电大学、中国药科大学、江苏师范大学、扬州大学、淮阴师范学院在这两个排名的相差位相差10位及以上,其中,南京工业大学、南京邮电大学、中国药科大学、扬州大学的生产力位于第二方阵,总影响力位于中上等。而昆山杜克大学位于第四方阵,总影响力位于中等偏后的位置,但篇均影响力排序却位列前茅,其总影响力排序中第30位上升至篇均被引排序的第1位。

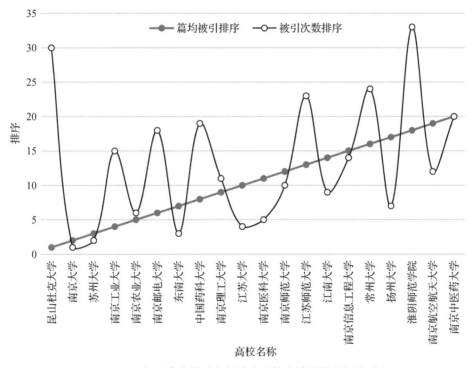

图2-17 部分高校被引次数排序和篇均被引排序位置对比

(3) 江苏高校科研创新力排行

江苏高校共有热点论文284篇,近89%的热点论文出自生产力第一、二方阵的高校。第一方阵的4所高校共有热点论文101篇,占所有热点论文的35.56%;第二方阵15所高校共有热点论文151篇,占所有热点论文的53.17%。两个方阵的热点论文数占总数的比例为88.73%。可见,江苏的科研创新力主要源自第一、二方阵的高校(表2-39)。

表 2-39 江苏高校热点论文数排行

排序	高校名称	热点论文数/篇	排序	高校名称	热点论文数/篇
1	南京大学	37		徐州医科大学	1
2	苏州大学	31		淮阴师范学院	1
3	东南大学	22		南京审计大学	1
4	江苏大学	21		常熟理工学院	1
5	南京林业大学	20	25	苏州科技大学	1
6	扬州大学	16		中国药科大学	1
6	南京航空航天大学	16		南通大学	1
8	南京工业大学	15		淮阴工学院	1
9	中国矿业大学	11		南京工程学院	1
9	南京医科大学	11		南京晓庄学院	0
11	南京理工大学	10		三江学院	0
12	南京信息工程大学	9		解放军陆军工程大学	0
12	南京师范大学	9		江苏海洋大学	0
14	南京农业大学	7		常州大学	0
15	河海大学	6		盐城师范学院	0
16	江南大学	5		江苏理工学院	0
16	南京中医药大学	5		常州工学院	0
18	江苏科技大学	4	36	江苏第二师范学院	0
18	南京邮电大学	4		南京体育学院	0
18	徐州工程学院	4		南京艺术学院	0
21	昆山杜克大学	3		泰州学院	0
21	西交利物浦大学	3		宿迁学院	0
23	南京财经大学	2		南京森林警察学院	0
23	金陵科技学院	2		江苏警官学院	0
25	江苏师范大学	1		南通理工学院	0
25	盐城工学院	1		无锡太湖学院	0

(4) 江苏高校科研发展力排行

从高被引论文占有率来看,昆山杜克大学最高,为 5.02%;其次是徐州工程学院,为 3.02%。其他高校的高被引论文占有率均低于 3%,江苏高校的科研可持续发展的能力普遍有待提高。另外,各方阵高校的高被引论文绝对数量相差悬殊,但高被引论文占有率差距不大,科研发展力的势头相当(表2-40)。

表2-40 江苏高校高被引论文占有率排行

排序	高校名称	高被引论文数/篇	高被引论文占有率/%	排序	高校名称	高被引论文数/篇	高被引论文占有率/%
1	昆山杜克大学	33	5.02	27	南京审计大学	15	1.06
2	徐州工程学院	33	3.02	28	江南大学	239	1.02
3	淮阴师范学院	59	2.44	29	南京晓庄学院	12	0.95
4	三江学院	3	2.19	30	南京医科大学	305	0.93
5	南京信息工程大学	335	2.06	31	盐城工学院	28	0.92
6	苏州大学	776	1.87	32	泰州学院	3	0.82
7	南京大学	1 136	1.85	33	常州大学	54	0.74
8	西交利物浦大学	49	1.83	33	江苏第二师范学院	3	0.74
9	江苏大学	464	1.76	35	盐城师范学院	12	0.73
10	江苏科技大学	117	1.74	36	南通大学	84	0.71
11	南京财经大学	37	1.70	37	解放军陆军工程大学	36	0.70
11	南京邮电大学	184	1.70	38	中国药科大学	82	0.68
13	南京工业大学	297	1.65	38	南京中医药大学	60	0.68
14	东南大学	802	1.60	40	徐州医科大学	40	0.56
15	扬州大学	261	1.52	40	江苏理工学院	10	0.56
16	江苏师范大学	92	1.50	42	金陵科技学院	6	0.55
17	南京理工大学	342	1.48	43	常州工学院	5	0.54
18	南京师范大学	209	1.45	44	江苏海洋大学	9	0.48
19	苏州科技大学	48	1.44	45	南京工程学院	10	0.41
20	南京林业大学	170	1.43	46	宿迁学院	0	0.00
21	中国矿业大学	355	1.37	46	南京体育学院	0	0.00
22	南京农业大学	273	1.29	46	南京艺术学院	0	0.00
23	常熟理工学院	27	1.27	46	南京森林警察学院	0	0.00
24	淮阴工学院	33	1.25	46	江苏警官学院	0	0.00
25	南京航空航天大学	300	1.22	46	南通理工学院	0	0.00
26	河海大学	210	1.15	46	无锡太湖学院	0	0.00

(5) 江苏高校科研综合实力排行

2015年6月,时任教育部科技发展中心主任李志民在昆明"基于多源数据的科研管理工具和科研决策方法暨第八届科研管理与评价高级研修班"上作了《中国大学的国际学术影响力》报告,运用ESI数据生产力、影响力、发展力、创新力4个方面分析高校科研国际竞争力,其中影响力又分解成被引次数、高被引论文数、ESI学科数3个指标(表2-41)。

表2-41 高校科研综合实力指标及其权重表

主指标	生产力	影响力			发展力	创新力
权重	0.3	0.4			0.15	0.15
分指标		被引次数	高被引论文数	ESI学科数		
权重		0.3	0.3	0.4		

在充分借鉴国内外同行开展高校科研能力评价相关理论和实践的基础上,笔者根据多年来江苏开展教育评价的实际情况,结合课题组多年以来对ESI数据持续的监测和分析,初步构建了基于ESI数据分析的高校科研综合实力评价指标体系,同时按照层次分析法等科学方法对各个指标内容权重设置进行研究,形成了江苏高校科研综合实力评价指标。

在此基础上,分别录入江苏各高校11年来的SCIE和SSCI数据信息,经过系统计算,形成江苏高校科研综合实力排行榜。南京大学、苏州大学、东南大学分别以100、87.05、86.05的得分占据江苏高校科研综合实力排行榜前三甲,4～10名分别是江苏大学、南京医科大学、中国矿业大学、南京航空航天大学、扬州大学、南京理工大学、南京农业大学(表2-42)。

表2-42 江苏高校科研综合实力排行(2011—2021)

高校名称	综合实力	总序	科研生产力	序1	科研影响力	序2	科研发展力	序3	科研创新力	序4
南京大学	100.00	1	100.00	1	100.00	1	58.73	7	100.00	1
苏州大学	87.05	2	83.33	3	84.92	2	58.94	6	91.93	2
东南大学	86.05	3	90.61	2	82.78	3	55.43	14	79.83	3
江苏大学	73.89	4	70.59	5	68.95	5	57.51	9	78.48	4
南京医科大学	70.84	5	76.06	4	66.82	4	46.71	30	65.03	9

续表

高校名称	综合实力	总序	科研生产力	序1	科研影响力	序2	科研发展力	序3	科研创新力	序4
中国矿业大学	68.79	6	70.20	6	64.07	8	52.45	21	65.03	9
南京航空航天大学	68.28	7	69.03	7	62.18	12	50.55	25	71.76	6
扬州大学	68.08	8	62.85	13	64.78	7	54.39	15	71.76	6
南京理工大学	67.28	9	67.79	9	62.21	11	53.93	17	63.69	11
南京农业大学	67.15	10	66.16	10	65.57	6	51.45	22	59.65	14
南京工业大学	66.45	11	63.47	12	60.22	15	56.18	13	70.41	8
南京信息工程大学	66.23	12	62.04	14	61.45	14	61.47	5	62.34	12
江南大学	65.90	13	67.98	8	63.65	9	48.00	28	56.96	16
南京师范大学	64.89	14	60.53	15	62.72	10	53.47	18	62.34	12
南京林业大学	64.25	15	58.40	17	57.74	16	53.22	20	77.14	5
河海大学	64.10	16	63.69	11	61.49	13	49.67	26	58.31	15
昆山杜克大学	61.82	17	48.93	42	47.90	30	100.00	1	54.27	21
南京邮电大学	60.78	18	57.49	19	56.40	18	56.75	12	55.62	18
南通大学	58.27	19	58.35	18	56.57	17	43.88	36	51.58	25
中国药科大学	58.08	20	58.51	16	56.17	19	43.51	38	51.58	25
江苏科技大学	57.89	21	54.04	23	51.99	21	57.26	10	55.62	18
南京中医药大学	56.52	22	55.81	20	52.64	20	43.50	39	56.96	16
江苏师范大学	56.46	23	53.53	24	51.71	23	54.21	16	51.58	25
宿迁学院	56.09	24	48.52	46	50.31	25	0.00	46	0.00	36
南京财经大学	54.87	25	50.21	32	48.92	29	56.83	11	52.93	23
徐州医科大学	54.70	26	54.37	22	51.98	22	41.97	40	51.58	25
苏州科技大学	54.51	27	51.18	26	49.22	28	53.39	19	51.58	25
盐城工学院	53.59	28	50.93	27	50.03	26	46.68	31	51.58	25
淮阴工学院	53.28	29	50.60	29	47.78	31	50.93	24	51.58	25
南京工程学院	51.12	30	50.43	30	47.35	32	40.01	45	51.58	25
徐州工程学院	50.13	31	49.30	39	30.46	35	73.90	2	55.62	18
淮阴师范学院	48.84	32	50.41	31	31.10	33	66.42	3	51.58	25

续表

高校名称	综合实力	总序	科研生产力	序1	科研影响力	序2	科研发展力	序3	科研创新力	序4
常州大学	47.12	33	54.52	21	51.27	24	44.29	33	0.00	36
常熟理工学院	45.82	34	50.17	33	30.50	34	51.13	23	51.58	25
解放军陆军工程大学	45.59	35	52.68	25	49.25	27	43.82	37	0.00	36
南京审计大学	45.02	36	49.57	37	30.19	37	48.43	27	51.58	25
金陵科技学院	43.90	37	49.29	40	30.01	41	41.85	42	52.93	23
三江学院	39.39	38	48.50	47	29.87	45	63.15	4	0.00	36
南京晓庄学院	37.00	39	49.44	38	30.18	39	47.05	29	0.00	36
盐城师范学院	36.59	40	49.77	36	30.19	37	44.13	35	0.00	36
无锡太湖学院	36.35	41	48.41	51	29.90	44	0.00	46	0.00	36
江苏理工学院	36.23	42	49.89	35	30.17	40	41.92	41	0.00	36
江苏第二师范学院	36.17	43	48.72	43	29.91	43	44.28	34	0.00	36
江苏海洋大学	36.10	44	49.95	34	30.21	36	40.95	44	0.00	36
常州工学院	35.87	45	49.16	41	29.96	42	41.71	43	0.00	36
南京森林警察学院	22.00	46	48.53	45	15.06	46	0.00	46	0.00	36
泰州学院	22.00	46	48.69	44	15.06	46	45.39	32	0.00	36
南京体育学院	21.98	48	48.46	48	15.06	46	0.00	46	0.00	36
江苏警官学院	21.98	48	48.45	49	15.06	46	0.00	46	0.00	36
南通理工学院	21.97	50	48.44	50	15.05	50	0.00	46	0.00	36
西交利物浦大学	21.96	51	50.63	28	15.05	50	58.51	8	54.27	21
南京艺术学院	21.95	52	48.38	52	15.05	50	0.00	46	0.00	36

3) 江苏高校 ESI 学科情况

根据 2022 年 3 月 10 日更新的 ESI 数据,论文涵盖时间为 2011 年 1 月 1 日—2021 年 12 月 31 日,江苏高校共有 19 个学科门类进入 ESI 前 1‰,分别是工程学、化学、材料科学、临床医学、生物学与生物化学、农业科学、植物学与动物学、药理学与毒理学、物理学、计算机科学、数学、环境科学与生态学、地球科学、神经科学与行为学、社会科学总论、分子生物学与遗传学、免疫学、微生物学、经济学与商学,尚未进入 ESI 前 1‰ 的 3 个学科门类是精神病学与心理学、综合交叉学科、空间科学(表 2-43)。

表 2-43 2011—2021 年江苏高校 ESI 论文数及其占比情况

序号	学科	论文数/篇	所占比例/%
1	工程学	86 315	15.36
2	化学	83 490	14.85
3	材料科学	61 637	10.97
4	临床医学	46 390	8.25
5	物理学	42 102	7.49
6	计算机科学	26 182	4.66
7	环境科学与生态学	25 622	4.56
8	地球科学	23 903	4.25
9	生物学与生物化学	23 805	4.24
10	数学	17 857	3.18
11	药理学与毒理学	17 087	3.04
12	农业科学	17 064	3.04
13	植物学与动物学	16 024	2.85
14	综合交叉学科	15 582	2.77
15	分子生物学与遗传学	15 293	2.72
16	神经科学与行为学	10 386	1.85
17	空间科学	6 417	1.14
18	微生物学	6 304	1.12
19	免疫学	5 866	1.04
20	经济学与商学	5 743	1.02
21	社会科学总论	5 628	1.00
22	精神病学与心理学	3 400	0.60

(1) 江苏高校 ESI 学科分布(表 2-44)

表 2-44 中国及江苏高校 ESI 学科数变动表(2013.11—2022.03)

日期	全国		江苏		江苏学科数占全国比例/%
	高校数/所	学科数/个	高校数/所	学科数/个	
2013.11	147	556	17	60	10.79
2014.02	141	520	17	62	11.92

续表

日期	全国		江苏		江苏学科数占全国比例/%
	高校数/所	学科数/个	高校数/所	学科数/个	
2014.03	143	528	17	63	11.93
2014.05	139	499	17	59	11.82
2014.07	140	520	17	61	11.73
2014.09	147	535	18	63	11.78
2014.11	149	549	18	68	12.39
2015.01	150	555	18	69	12.43
2015.03	152	564	18	69	12.23
2015.05	153	581	19	70	12.05
2015.07	160	610	21	74	12.13
2015.09	163	622	21	76	12.22
2015.11	168	636	21	77	12.11
2016.01	169	651	21	79	12.14
2016.03	174	675	21	81	12.00
2016.05	179	704	22	85	12.07
2016.07	184	721	23	88	12.21
2016.09	187	740	23	90	12.16
2016.11	192	764	23	92	12.04
2017.01	196	789	23	97	12.29
2017.03	200	807	23	99	12.27
2017.05	209	841	23	104	12.37
2017.07	211	855	23	104	12.16
2017.09	212	860	23	105	12.21
2017.11	216	878	23	108	12.30
2018.01	222	900	23	109	12.11
2018.03	227	922	23	111	12.04
2018.05	231	937	26	116	12.38
2018.07	235	946	26	117	12.37

续表

日期	全国		江苏		江苏学科数占全国比例/%
	高校数/所	学科数/个	高校数/所	学科数/个	
2018.09	243	977	26	120	12.28
2018.11	247	1 005	26	123	12.24
2019.01	251	1 026	26	124	12.09
2019.03	260	1 068	26	133	12.45
2019.05	262	1 085	26	134	12.35
2019.07	267	1 112	26	135	12.14
2019.09	272	1 145	26	138	12.05
2019.11	278	1 177	27	141	11.98
2020.01	286	1 214	27	146	12.03
2020.03	291	1 257	27	149	11.85
2020.05	297	1 287	27	150	11.66
2020.07	305	1 329	28	152	11.44
2020.09	314	1 365	30	156	11.43
2020.11	319	1 408	30	159	11.29
2021.01	326	1 461	30	165	11.29
2021.03	334	1 510	30	169	11.19
2021.05	340	1 567	31	178	11.36
2021.07	343	1 612	31	184	11.41
2021.09	348	1 647	31	192	11.66
2021.11	356	1 698	32	196	11.54
2022.01	363	1 745	32	200	11.46
2022.03	373	1 805	32	204	11.30

工程学、化学、材料科学和临床医学是江苏高校数量最多的4个学科门类。排名成绩最好的是东南大学的计算机科学，全球排名第9，全国高校排名第2，江苏高校排名第1。此外，江南大学的农业科学、南京农业大学的农业科学、东南大学的工程学、南京大学的化学、苏州大学的材料科学、中国药科大学的药理学与毒理学、南京农业大学的植物学与动物学、南京信息工程大学的计算机科学、南京大学的材料科学、东南大学的数学、苏州大学的化学、南京大学的地球科学、南京航空航天大

学的工程学、中国矿业大学的工程学、南京大学的环境科学与生态学、南京大学的物理学、南京医科大学的药理学与毒理学、南京信息工程大学的地球科学、南京理工大学的工程学、南京大学的数学、东南大学的材料科学均进入全球前100位。

江苏高校进入全球前101—200名的22个学科分别是：南京工业大学的材料科学（105位）、南京工业大学的化学（108位）、南京大学的计算机科学（108位）、中国矿业大学的数学（108位）、南京理工大学的计算机科学（110位）、南京邮电大学的计算机科学（115位）、江苏大学的工程学（121位）、南京航空航天大学的计算机科学（136位）、江苏大学的农业科学（136位）、南京大学的工程学（139位）、南京理工大学的材料科学（139位）、中国矿业大学的地球科学（140位）、南京航空航天大学的材料科学（144位）、苏州大学的药理学与毒理学（144位）、南京中医药大学的药理学与毒理学（152位）、河海大学的工程学（159位）、东南大学的化学（159位）、江苏大学的化学（169位）、江苏大学的材料科学（182位）、南京农业大学的微生物学（185位）、南京大学的药理学与毒理学（191位）、南京医科大学的分子生物学与遗传学（198位）。

江苏高校进入全球前200名的44个学科的高校分布：南京大学9个，东南大学5个，江苏大学4个，苏州大学、南京农业大学、中国矿业大学、南京航空航天大学、南京理工大学各3个，南京工业大学、南京信息工程大学、南京医科大学各2个，中国药科大学、江南大学、南京邮电大学、南京中医药大学、河海大学各1个（表2-45）。

表2-45 江苏高校ESI学科情况

学科（高校数/进入ESI前1%全球机构数/所）	高校名称	全球排名	全国高校排名	江苏高校排序
工程学（27/1 953）	东南大学	16	7	1
	南京航空航天大学	68	23	2
	中国矿业大学	74	24	3
	南京理工大学	96	31	4
	江苏大学	121	34	5
	南京大学	139	37	6
	河海大学	159	41	7
	苏州大学	313	59	8
	江南大学	316	60	9
	南京工业大学	356	61	10

续表

学科(高校数/进入ESI前1%全球机构数/所)	高校名称	全球排名	全国高校排名	江苏高校排序
工程学(27/1 953)	南京邮电大学	395	70	11
	南京信息工程大学	412	71	12
	南京师范大学	520	85	13
	解放军陆军工程大学	579	93	14
	扬州大学	592	95	15
	南京林业大学	617	99	16
	江苏科技大学	666	105	17
	南京农业大学	752	114	18
	南通大学	853	126	19
	常州大学	890	130	20
	江苏师范大学	1 031	145	21
	苏州科技大学	1 253	176	22
	西交利物浦大学	1 305	181	23
	南京工程学院	1 436	199	24
	盐城工学院	1 606	220	25
	南京财经大学	1 653	226	26
	淮阴工学院	1 724	234	27
化学(25/1 577)	南京大学	25	6	1
	苏州大学	60	16	2
	南京工业大学	108	27	3
	东南大学	159	34	4
	江苏大学	169	35	5
	南京理工大学	238	45	6
	江南大学	254	47	7
	扬州大学	364	55	8
	中国药科大学	379	57	9
	南京师范大学	406	61	10

续表

学科(高校数/进入ESI前1%全球机构数/所)	高校名称	全球排名	全国高校排名	江苏高校排序
化学(25/1 577)	常州大学	488	73	11
	南京邮电大学	523	80	12
	中国矿业大学	580	87	13
	南京林业大学	670	97	14
	南京航空航天大学	682	99	15
	江苏师范大学	692	100	16
	南京农业大学	933	135	17
	江苏科技大学	935	136	18
	南京医科大学	1 040	150	19
	南京中医药大学	1 195	179	20
	南京信息工程大学	1 251	184	21
	河海大学	1 355	197	22
	南通大学	1 415	205	23
	盐城工学院	1 437	209	24
	苏州科技大学	1 566	225	25
材料科学(22/1 132)	苏州大学	25	9	1
	南京大学	49	18	2
	东南大学	100	32	3
	南京工业大学	105	34	4
	南京理工大学	139	40	5
	南京航空航天大学	144	41	6
	江苏大学	182	44	7
	南京邮电大学	278	60	8
	中国矿业大学	353	68	9
	扬州大学	375	71	10
	江苏科技大学	394	76	11
	江南大学	399	77	12

续表

学科(高校数/进入ESI前1%全球机构数/所)	高校名称	全球排名	全国高校排名	江苏高校排序
材料科学(22/1 132)	南京师范大学	492	93	13
	南京林业大学	498	96	14
	常州大学	500	97	15
	河海大学	515	101	16
	中国药科大学	703	127	17
	南京医科大学	853	151	18
	南京信息工程大学	915	162	19
	江苏师范大学	963	168	20
	盐城工学院	1 004	170	21
	南通大学	1 086	181	22
临床医学(12/5 426)	南京医科大学	287	10	1
	南京大学	462	16	2
	苏州大学	600	28	3
	东南大学	935	35	4
	南京中医药大学	1 321	44	5
	南通大学	1 429	45	6
	昆山杜克大学	1 581	50	7
	徐州医科大学	1 669	54	8
	江苏大学	1 705	57	9
	中国药科大学	2 192	66	10
	江南大学	2 261	71	11
	扬州大学	2 411	74	12
计算机科学(15/626)	东南大学	9	2	1
	南京信息工程大学	47	14	2
	南京大学	108	31	3
	南京理工大学	110	32	4
	南京邮电大学	115	33	5

续表

学科(高校数/进入 ESI 前1%全球机构数/所)	高校名称	全球排名	全国高校排名	江苏高校排序
计算机科学(15/626)	南京航空航天大学	136	35	6
	河海大学	203	46	7
	中国矿业大学	229	48	8
	解放军陆军工程大学	242	50	9
	扬州大学	287	55	10
	苏州大学	388	71	11
	江南大学	494	83	12
	西交利物浦大学	533	86	13
	南京师范大学	583	93	14
	江苏大学	614	97	15
生物学与生物化学(13/1 307)	江南大学	296	13	1
	南京医科大学	321	18	2
	苏州大学	394	23	3
	南京农业大学	405	24	4
	南京大学	410	25	5
	东南大学	471	36	6
	江苏大学	754	56	7
	中国药科大学	787	60	8
	南京工业大学	809	62	9
	南京中医药大学	1 016	77	10
	南京林业大学	1 018	78	11
	扬州大学	1 040	79	12
	南通大学	1 133	82	13
农业科学(12/1 051)	江南大学	13	3	1
	南京农业大学	14	4	2
	江苏大学	136	10	3
	扬州大学	216	18	4
	南京师范大学	443	39	5

续表

学科(高校数/进入 ESI 前 1%全球机构数/所)	高校名称	全球排名	全国高校排名	江苏高校排序
农业科学(12/1 051)	南京林业大学	500	44	6
	南京大学	542	46	7
	南京财经大学	589	51	8
	苏州大学	696	68	9
	河海大学	771	75	10
	南京信息工程大学	893	83	11
	中国药科大学	1 033	92	12
药理学与毒理学(12/1 097)	中国药科大学	26	1	1
	南京医科大学	88	12	2
	苏州大学	144	16	3
	南京中医药大学	152	17	4
	南京大学	191	25	5
	东南大学	339	37	6
	江苏大学	514	50	7
	南通大学	547	53	8
	徐州医科大学	603	55	9
	南京农业大学	865	72	10
	江南大学	875	74	11
	扬州大学	919	78	12
环境科学与生态学(14/1 462)	南京大学	79	5	1
	河海大学	296	18	2
	南京农业大学	306	19	3
	南京信息工程大学	416	32	4
	中国矿业大学	503	37	5
	南京师范大学	679	43	6
	东南大学	687	45	7
	苏州大学	720	48	8

续表

学科(高校数/进入 ESI 前 1%全球机构数/所)	高校名称	全球排名	全国高校排名	江苏高校排序
环境科学与生态学 (14/1 462)	江苏大学	919	63	9
	南京林业大学	982	71	10
	南京理工大学	1 216	88	11
	扬州大学	1 262	92	12
	江南大学	1 277	93	13
	南京工业大学	1 301	95	14
神经科学与行为学 (6/1 064)	南京医科大学	346	10	1
	南京大学	451	15	2
	苏州大学	533	22	3
	南通大学	567	25	4
	东南大学	706	34	5
	徐州医科大学	887	44	6
植物学与动物学 (5/1 551)	南京农业大学	30	2	1
	扬州大学	404	17	2
	南京林业大学	610	31	3
	南京大学	716	36	4
	南京师范大学	885	49	5
地球科学(5/900)	南京大学	60	4	1
	南京信息工程大学	92	7	2
	中国矿业大学	140	10	3
	河海大学	364	21	4
	南京师范大学	569	29	5
分子生物学与遗传学 (7/980)	南京医科大学	198	8	1
	苏州大学	411	21	2
	南京大学	469	30	3
	南京农业大学	567	35	4
	东南大学	703	42	5

续表

学科(高校数/进入 ESI 前1%全球机构数/所)	高校名称	全球排名	全国高校排名	江苏高校排序
分子生物学与遗传学(7/980)	江苏大学	864	47	6
	徐州医科大学	953	50	7
社会科学总论(10/1 897)	南京大学	489	11	1
	东南大学	656	17	2
	南京航空航天大学	1 288	41	3
	南京医科大学	1 362	44	4
	中国矿业大学	1 386	47	5
	南京师范大学	1 473	49	6
	苏州大学	1 599	56	7
	西交利物浦大学	1 636	60	8
	河海大学	1 675	66	9
	南京农业大学	1 792	72	10
数学(7/319)	东南大学	57	5	1
	南京大学	98	15	2
	中国矿业大学	108	19	3
	苏州大学	216	38	4
	南京师范大学	225	41	5
	南京航空航天大学	252	43	6
	河海大学	310	52	7
物理学(6/830)	南京大学	82	5	1
	东南大学	376	15	2
	苏州大学	432	19	3
	南京航空航天大学	771	44	4
	南京理工大学	776	45	5
	南京邮电大学	813	46	6
免疫学(3/934)	南京医科大学	479	16	1
	苏州大学	557	22	2
	南京大学	565	25	3

续表

学科(高校数/进入 ESI 前 1%全球机构数/所)	高校名称	全球排名	全国高校排名	江苏高校排序
微生物学(2/598)	南京农业大学	185	9	1
	扬州大学	549	26	2
经济学与商学(1/428)	南京大学	400	17	1

(2) 江苏高校 ESI 学科基础数据

江苏省共 32 所院校 204 个学科进入了 ESI 学科排行。从学科分布来看,南京大学(18 个)、苏州大学(15 个)和东南大学(13 个)是学科数量最多的 3 所院校。其余分布是:扬州大学 11 个;南京师范大学、南京农业大学、江苏大学各 10 个;南京医科大学、江南大学、河海大学各 9 个;中国矿业大学 8 个;南京林业大学、南京航空航天大学、南京信息工程大学、南通大学各 7 个;南京理工大学、中国药科大学各 6 个;南京工业大学、南京邮电大学各 5 个;南京中医药大学、徐州医科大学各 4 个;常州大学、江苏科技大学、江苏师范大学、盐城工学院、西交利物浦大学各 3 个;南京财经大学、解放军陆军工程大学、苏州科技大学各 2 个;昆山杜克大学、淮阴工学院、南京工程学院各 1 个(表 2-46)。

表 2-46 江苏高校 ESI 学科基础数据

高校名称(进入 ESI 前 1%学科数/个)	学科	论文数/篇	被引次数/次	篇均被引/(次/篇)	热点论文数/篇	高被引论文数/篇	Top 论文数/篇
南京大学(18)	化学	11 372	275 725	24.25	7	216	217
	物理学	9 775	179 047	18.32	3	213	213
	材料科学	5 614	164 383	29.28	2	159	159
	临床医学	6 519	131 526	20.18	3	106	106
	地球科学	5 324	99 312	18.65	4	91	91
	环境科学与生态学	4 088	87 010	21.28	2	78	79
	工程学	3 341	58 053	17.38	3	99	99
	分子生物学与遗传学	1 669	40 350	24.18	1	13	13
	生物学与生物化学	1 940	30 691	15.82	1	11	11
	神经科学与行为学	1 281	23 380	18.25	1	12	12
	计算机科学	1 954	21 829	11.17	0	32	32

续表

高校名称(进入ESI前1%学科数/个)	学科	论文数/篇	被引次数/次	篇均被引/(次/篇)	热点论文数/篇	高被引论文数/篇	Top论文数/篇
南京大学(18)	药理学与毒理学	1 246	20 212	16.22	1	15	15
	社会科学总论	1 099	12 050	10.96	3	25	25
	免疫学	536	11 022	20.56	0	4	4
	数学	1 512	10 787	7.13	0	23	23
	植物学与动物学	588	9 882	16.81	1	16	16
	农业科学	431	6 513	15.11	1	4	4
	经济学与商学	697	6 268	8.99	0	8	8
苏州大学(15)	材料科学	6 777	230 011	33.94	7	233	234
	化学	8 131	186 918	22.99	8	215	215
	临床医学	8 088	95 536	11.81	0	70	70
	物理学	3 706	61 062	16.48	2	75	75
	分子生物学与遗传学	2 205	46 840	21.24	1	13	13
	生物学与生物化学	2 369	32 645	13.78	0	8	8
	工程学	2 369	32 030	13.52	5	72	72
	药理学与毒理学	1 571	24 656	15.69	0	20	20
	神经科学与行为学	1 310	19 312	14.74	1	7	7
	环境科学与生态学	478	13 564	28.38	1	30	30
	免疫学	702	10 847	15.45	0	5	5
	计算机科学	925	7 634	8.25	0	6	6
	数学	1 099	6 919	6.30	3	30	30
	农业科学	386	4 937	12.79	0	4	4
	社会科学总论	280	2 340	8.36	0	6	6
东南大学(13)	工程学	15 762	189 667	12.03	9	237	238
	材料科学	6 288	114 445	18.20	3	56	57
	化学	5 863	101 231	17.27	0	91	91
	物理学	4 772	70 678	14.81	2	81	81
	计算机科学	4 023	63 866	15.88	3	124	124

续表

高校名称(进入ESI前1%学科数/个)	学科	论文数/篇	被引次数/次	篇均被引/(次/篇)	热点论文数/篇	高被引论文数/篇	Top论文数/篇
东南大学(13)	临床医学	3 648	56 240	15.42	2	60	60
	生物学与生物化学	1 355	26 647	19.67	0	21	21
	分子生物学与遗传学	1 211	24 837	20.51	1	12	12
	环境科学与生态学	1 436	14 145	9.85	0	9	9
	数学	1 569	13 833	8.82	2	70	70
	药理学与毒理学	915	13 450	14.70	0	7	7
	神经科学与行为学	871	13 026	14.96	0	6	6
	社会科学总论	766	8 433	11.01	1	22	22
扬州大学(11)	化学	3 103	53 355	17.19	6	57	57
	材料科学	1 498	31 763	21.20	1	39	39
	植物学与动物学	1 885	17 629	9.35	0	26	26
	工程学	1 455	16 883	11.60	5	64	66
	农业科学	1 376	14 829	10.78	0	20	20
	临床医学	1 392	14 221	10.22	1	9	9
	计算机科学	508	10 175	20.03	0	29	29
	生物学与生物化学	890	9 650	10.84	0	2	2
	微生物学	758	6 647	8.77	0	1	1
	环境科学与生态学	532	6 160	11.58	0	6	6
	药理学与毒理学	454	4 885	10.76	0	3	3
南京师范大学(10)	化学	2 199	48 744	22.17	3	57	57
	材料科学	884	23 865	27.00	1	21	21
	工程学	1 518	19 315	12.72	0	32	32
	环境科学与生态学	1 214	14 290	11.77	0	13	13
	地球科学	912	13 411	14.71	1	22	22
	农业科学	521	7 921	15.20	0	4	4
	植物学与动物学	734	7 490	10.20	0	6	6
	数学	1 431	6 782	4.74	1	24	24

续表

高校名称(进入ESI前1%学科数/个)	学科	论文数/篇	被引次数/次	篇均被引/(次/篇)	热点论文数/篇	高被引论文数/篇	Top论文数/篇
南京师范大学(10)	计算机科学	426	5 026	11.80	0	8	8
	社会科学总论	437	2 619	5.99	1	5	6
南京农业大学(10)	植物学与动物学	6 132	92 980	15.16	8	117	117
	农业科学	4 253	67 573	15.89	2	60	60
	环境科学与生态学	1 799	33 296	18.51	1	22	23
	分子生物学与遗传学	1 669	31 373	18.80	1	8	8
	生物学与生物化学	1 793	31 089	17.34	1	11	11
	微生物学	1 226	18 909	15.42	0	12	12
	化学	1 324	18 899	14.27	0	9	9
	工程学	671	12 356	18.41	0	27	27
	药理学与毒理学	384	5 270	13.72	0	3	3
	社会科学总论	185	1 967	10.63	0	2	2
江苏大学(10)	化学	5 250	98 337	18.73	5	94	95
	材料科学	3 915	66 332	16.94	0	54	54
	工程学	4 957	62 925	12.69	10	146	149
	临床医学	1 996	24 893	12.47	0	16	16
	农业科学	1 835	21 157	11.53	1	52	52
	分子生物学与遗传学	816	18 865	23.12	1	7	7
	生物学与生物化学	1 152	14 642	12.71	0	8	8
	环境科学与生态学	905	9 867	10.90	6	28	28
	药理学与毒理学	727	9 489	13.05	0	7	7
	计算机科学	583	4 845	8.31	0	2	2
南京医科大学(9)	临床医学	15 605	207 646	13.31	2	169	169
	分子生物学与遗传学	4 676	96 716	20.68	1	33	33
	生物学与生物化学	3 213	39 539	12.31	1	19	19
	药理学与毒理学	2 482	31 630	12.74	0	17	17
	神经科学与行为学	1 991	30 989	15.56	3	17	17

续表

高校名称(进入 ESI 前1%学科数/个)	学科	论文数/篇	被引次数/次	篇均被引/(次/篇)	热点论文数/篇	高被引论文数/篇	Top论文数/篇
南京医科大学(9)	化学	1 153	16 122	13.98	0	7	7
	免疫学	1 056	13 261	12.56	0	5	5
	材料科学	635	11 707	18.44	0	3	3
	社会科学总论	293	2 923	9.98	0	8	8
江南大学(9)	化学	4 775	71 346	14.94	0	25	25
	农业科学	4 534	68 787	15.17	2	80	80
	生物学与生物化学	2 995	42 503	14.19	0	7	7
	工程学	2 516	31 221	12.41	1	61	62
	材料科学	2 542	29 694	11.68	1	10	10
	临床医学	1 372	15 900	11.59	0	16	16
	环境科学与生态学	537	6 012	11.20	0	3	3
	计算机科学	660	5 943	9.00	0	10	10
	药理学与毒理学	448	5 186	11.58	0	5	5
河海大学(9)	工程学	5 837	54 821	9.39	2	60	60
	环境科学与生态学	3 447	33 793	9.80	0	15	15
	地球科学	2 259	24 685	10.93	1	26	26
	材料科学	1 841	22 775	12.37	0	8	8
	计算机科学	1 124	14 014	12.47	0	27	27
	化学	848	11 073	13.06	1	11	11
	数学	774	5 250	6.78	0	36	36
	农业科学	447	4 332	9.69	0	6	6
	社会科学总论	192	2 181	11.36	0	10	10
中国矿业大学(8)	工程学	8 596	92 077	10.71	1	111	111
	地球科学	4 242	56 734	13.37	6	82	84
	化学	3 153	35 575	11.28	1	15	16
	材料科学	2 866	34 504	12.04	0	23	23
	环境科学与生态学	2 048	20 870	10.19	1	18	18

续表

高校名称(进入ESI前1%学科数/个)	学科	论文数/篇	被引次数/次	篇均被引/(次/篇)	热点论文数/篇	高被引论文数/篇	Top论文数/篇
中国矿业大学(8)	计算机科学	1 168	12 847	11.00	0	24	24
	数学	1 239	9 962	8.04	0	54	54
	社会科学总论	262	2 841	10.84	1	11	12
南京林业大学(7)	化学	2 398	29 831	12.44	8	48	49
	材料科学	2 063	23 662	11.47	2	38	38
	工程学	1 406	15 811	11.25	7	40	42
	植物学与动物学	1 601	11 808	7.38	0	20	20
	生物学与生物化学	709	9 880	13.94	2	12	12
	环境科学与生态学	1 006	9 044	8.99	1	9	9
	农业科学	809	6 943	8.58	0	8	8
南京航空航天大学(7)	工程学	10 739	95 590	8.90	4	117	117
	材料科学	4 695	87 251	18.58	0	77	77
	化学	1 707	29 168	17.09	0	27	27
	物理学	2 593	26 393	10.18	2	17	17
	计算机科学	2 070	18 341	8.86	0	23	23
	数学	1 185	6 362	5.37	0	16	16
	社会科学总论	189	3 144	16.63	0	14	14
南京信息工程大学(7)	地球科学	6 051	78 135	12.91	5	128	128
	计算机科学	1 753	33 496	19.11	0	70	70
	环境科学与生态学	1 863	24 379	13.09	2	27	27
	工程学	2 062	24 281	11.78	1	36	36
	化学	979	12 613	12.88	0	18	18
	材料科学	577	10 505	18.21	1	11	11
	农业科学	298	3 609	12.11	0	2	2
南通大学(7)	临床医学	3 232	32 223	9.97	0	7	7
	神经科学与行为学	1 176	17 664	15.02	1	9	9
	化学	922	10 458	11.34	0	7	7
	工程学	1 063	10 346	9.73	2	16	17
	药理学与毒理学	694	8 959	12.91	0	4	4

续表

高校名称(进入 ESI 前 1% 学科数/个)	学科	论文数/篇	被引次数/次	篇均被引/(次/篇)	热点论文数/篇	高被引论文数/篇	Top 论文数/篇
南通大学(7)	生物学与生物化学	886	8 615	9.72	0	5	5
	材料科学	684	8 396	12.27	0	7	7
南京理工大学(6)	材料科学	4 119	91 085	22.11	3	82	82
	工程学	7 217	77 198	10.70	2	113	113
	化学	4 520	74 667	16.52	2	59	59
	物理学	2 756	26 008	9.44	0	21	21
	计算机科学	1 870	21 499	11.50	1	30	30
	环境科学与生态学	434	6 461	14.89	1	9	9
中国药科大学(6)	化学	3 727	51 863	13.92	0	12	12
	药理学与毒理学	3 613	50 773	14.05	0	19	19
	临床医学	1 038	16 586	15.98	0	15	15
	材料科学	562	15 205	27.06	0	10	10
	生物学与生物化学	1 110	13 700	12.34	0	6	6
	农业科学	215	3 082	14.33	0	1	1
南京工业大学(5)	化学	7 012	128 360	18.31	3	136	136
	材料科学	5 163	110 209	21.35	4	93	94
	工程学	2 513	27 570	10.97	2	26	27
	生物学与生物化学	846	13 355	15.79	0	4	4
	环境科学与生态学	421	5 812	13.81	0	9	9
南京邮电大学(5)	材料科学	1 460	43 635	29.89	1	33	33
	化学	1 616	39 575	24.49	0	47	47
	工程学	2 788	24 954	8.95	2	43	43
	物理学	2 079	24 101	11.59	3	31	31
	计算机科学	2 117	20 825	9.84	2	37	37
南京中医药大学(4)	临床医学	2 787	35 896	12.88	2	29	29
	药理学与毒理学	1 950	24 002	12.31	0	5	5
	化学	1 286	13 304	10.35	0	2	2
	生物学与生物化学	918	9 893	10.78	1	6	6

续表

高校名称(进入ESI前1%学科数/个)	学科	论文次数/篇	被引次数/次	篇均被引/(次/篇)	热点论文数/篇	高被引论文数/篇	Top论文数/篇
徐州医科大学(4)	临床医学	2 639	25 681	9.73	0	19	19
	分子生物学与遗传学	893	15 941	17.85	1	3	3
	神经科学与行为学	737	9 463	12.84	1	1	1
	药理学与毒理学	794	8 122	10.23	0	2	2
常州大学(3)	化学	2 802	41 638	14.86	0	18	18
	材料科学	1 839	23 496	12.78	0	4	4
	工程学	896	9 771	10.91	0	14	14
江苏科技大学(3)	材料科学	1 874	30 082	16.05	2	42	42
	化学	1 387	18 866	13.60	4	30	31
	工程学	1 577	14 329	9.09	4	29	30
江苏师范大学(3)	化学	1 577	28 705	18.20	1	26	26
	材料科学	586	9 891	16.88	0	4	4
	工程学	623	8 394	13.47	0	13	13
盐城工学院(3)	化学	884	10 230	11.57	0	7	7
	材料科学	696	9 367	13.46	0	6	6
	工程学	458	4 422	9.66	1	7	7
西交利物浦大学(3)	工程学	559	6 110	10.93	0	9	9
	计算机科学	350	5 551	15.86	0	9	9
	社会科学总论	251	2 251	8.97	0	6	6
解放军陆军工程大学(2)	工程学	2 299	17 349	7.55	0	13	13
	计算机科学	1 111	11 825	10.64	0	15	15
南京财经大学(2)	农业科学	405	6 070	14.99	0	11	11
	工程学	326	4 184	12.83	0	10	10
苏州科技大学(2)	化学	731	8 967	12.27	1	14	14
	工程学	654	6 483	9.91	0	16	16
昆山杜克大学(1)	临床医学	203	28 031	138.08	3	28	28

续表

高校名称(进入ESI前1%学科数/个)	学科	论文次数/篇	被引次数/次	篇均被引/(次/篇)	热点论文数/篇	高被引论文数/篇	Top论文数/篇
南京工程学院(1)	工程学	872	5 319	6.10	0	5	5
淮阴工学院(1)	工程学	526	3 960	7.53	0	7	7

4) 江苏高校 Top 论文情况

Top 论文由高被引论文和热点论文组成。由于 ESI 系统和 WOS 数据库都会在一段时期内更新，高被引论文和热点论文也随之发生细微变化，本书采用的 Top 论文来自 ESI 2022 年 3 月 10 日更新的数据。

另外，本书统计了近 11 年来江苏高校在 Nature 和 Science 上的发文情况，从而分析江苏高校高水平论文的科研产出。

(1) 江苏高校高被引论文在各学科领域的分布

江苏高校高被引论文分布在 22 个 ESI 学科，各学科的高被引论文分布如图 2-18 所示。值得关注的是，江苏高校高被引论文在学科的分布上过于集中，超过一半

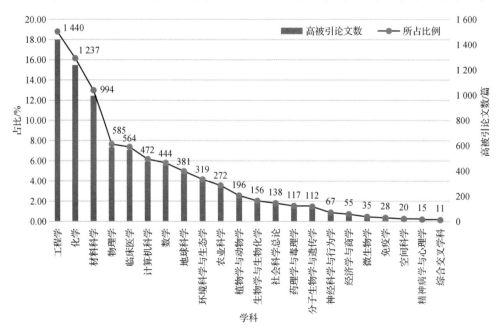

图 2-18 江苏高校高被引论文在各学科领域的分布

(55.58%)的高被引论文集中在工程学、化学、材料科学和物理学4个学科领域,而在社会科学总论、药理学与毒理学、分子生物学与遗传学、神经科学与行为学、经济学与商学、微生物学、免疫学、空间科学、精神病学与心理学、综合交叉学科10个学科发表的高被引论文不足一成(7.81%)。

(2) 江苏高校高被引论文排行

江苏高校共有高被引论文7 658篇,其中,南京大学发表高被引论文数最强,共1 136篇,将近全省高被引总数的六分之一(14.83%)。第二至第五位的高校是东南大学、苏州大学、江苏大学和中国矿业大学,前5所高校的高被引论文数量之和将近全省高被引论文总数的一半(46.13%)。排行榜前10位高校的高被引论文数量占了全省高被引论文总数的近七成(66.75%)。另外,还有7所高校的高被引论文数量为0。

表2-47 江苏高校高被引论文数排名

排序	高校名称	高被引论文数/篇	所占比例/%
1	南京大学	1 136	14.83
2	东南大学	802	10.47
3	苏州大学	776	10.13
4	江苏大学	464	6.06
5	中国矿业大学	355	4.64
6	南京理工大学	342	4.47
7	南京信息工程大学	335	4.37
8	南京医科大学	305	3.98
9	南京航空航天大学	300	3.92
10	南京工业大学	297	3.88
11	南京农业大学	273	3.56
12	扬州大学	261	3.41
13	江南大学	239	3.12
14	河海大学	210	2.74
15	南京师范大学	209	2.73
16	南京邮电大学	184	2.40
17	南京林业大学	170	2.22

续表

排序	高校名称	高被引论文数/篇	所占比例/%
18	江苏科技大学	117	1.53
19	江苏师范大学	92	1.20
20	南通大学	84	1.10
21	中国药科大学	82	1.07
22	南京中医药大学	60	0.78
23	淮阴师范学院	59	0.77
24	常州大学	54	0.71
25	西交利物浦大学	49	0.64
26	苏州科技大学	48	0.63
27	徐州医科大学	40	0.52
28	南京财经大学	37	0.48
29	解放军陆军工程大学	36	0.47
30	昆山杜克大学	33	0.43
30	淮阴工学院	33	0.43
30	徐州工程学院	33	0.43
33	盐城工学院	28	0.37
34	常熟理工学院	27	0.35
35	南京审计大学	15	0.20
36	盐城师范学院	12	0.16
36	南京晓庄学院	12	0.16
38	南京工程学院	10	0.13
38	江苏理工学院	10	0.13
40	江苏海洋大学	9	0.12
41	金陵科技学院	6	0.08
42	常州工学院	5	0.07
43	江苏第二师范学院	3	0.04
43	泰州学院	3	0.04
43	三江学院	3	0.04
46	南京森林警察学院	0	0.00
46	宿迁学院	0	0.00

续表

排序	高校名称	高被引论文数/篇	所占比例/%
46	南京体育学院	0	0.00
46	南京艺术学院	0	0.00
46	江苏警官学院	0	0.00
46	南通理工学院	0	0.00
46	无锡太湖学院	0	0.00
合计		7 658	100.00

(3) 江苏高校热点论文在各学科领域分布

江苏高校热点论文分布在 22 个 ESI 学科，各学科的热点论文分布如图 2-19 所示。江苏高校热点论文与高被引论文分布情况类似，超过一半(63.38%)的热点论文集中在化学、工程学、材料科学、地球科学、环境科学与生态学 5 个学科领域，而在植物学与动物学、计算机科学、神经科学与行为学、药理学与毒理学、经济学与商学、空间科学、综合交叉学科、精神病学与心理学、微生物学、免疫学 10 个学科发表的热点论文不足一成(7.75%)。

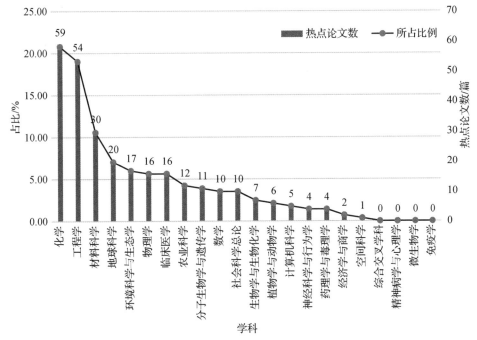

图 2-19 江苏高校热点论文在各学科领域的分布

(4) 江苏高校在 Nature 和 Science 发表论文情况

2011—2021年间,江苏高校共发表 Nature 和 Science 两刊论文204篇(只统计 article/review 论文),其中第一机构为江苏高校的论文有34篇,占论文总数的16.67%(图2-20)。

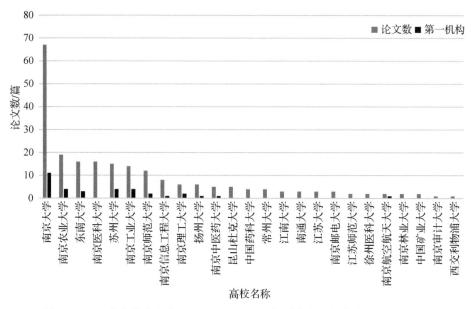

图2-20 江苏高校发表在 Nature 和 Science 期刊的论文数统计(2011—2021)

(5) 江苏高校进入全国高校高被引论文149强情况

全国高校中,拥有超过100篇高被引论文的高校共有149所,江苏高校有18所:南京大学、东南大学、苏州大学、江苏大学、南京理工大学、中国矿业大学、南京信息工程大学、南京工业大学、南京航空航天大学、南京医科大学、南京农业大学、扬州大学、江南大学、河海大学、南京师范大学、南京邮电大学、南京林业大学、江苏科技大学,分别位列第10、21、22、35、50、51、53、55、56、58、61、64、71、78、80、83、91、126(表2-48)。

表2-48 全国高校高被引论文149强

排序	高校名称	地区	高被引论文数/篇	排序	高校名称	地区	高被引论文数/篇
1	清华大学	北京	2 517	4	浙江大学	浙江	1 758
2	中国科学院大学	北京	2 396	5	上海交通大学	上海	1 703
3	北京大学	北京	1 978	6	中国科学技术大学	安徽	1 471

续表

排序	高校名称	地区	高被引论文数/篇	排序	高校名称	地区	高被引论文数/篇
7	华中科技大学	湖北	1 408	34	武汉理工大学	湖北	510
8	复旦大学	上海	1 385	35	江苏大学	江苏	487
9	中山大学	广东	1 357	36	青岛大学	山东	474
10	南京大学	江苏	1 152	37	北京师范大学	北京	472
11	武汉大学	湖北	1 128	38	中国地质大学	湖北	467
12	中南大学	湖南	1 087	39	山东科技大学	山东	466
13	湖南大学	湖南	946	40	北京化工大学	北京	426
14	哈尔滨工业大学	黑龙江	926	41	华东师范大学	上海	419
15	西安交通大学	陕西	893	42	中国农业大学	北京	418
16	华南理工大学	广东	876	43	兰州大学	甘肃	399
17	郑州大学	河南	868	44	福州大学	福建	391
18	四川大学	四川	866	45	北京科技大学	北京	390
19	天津大学	天津	826	46	上海大学	上海	381
20	电子科技大学	四川	816	47	北京协和医学院	北京	375
21	东南大学	江苏	806	48	华东理工大学	上海	362
22	苏州大学	江苏	804	49	首都医科大学	北京	361
23	山东大学	山东	733	50	南京理工大学	江苏	360
24	北京理工大学	北京	731	51	中国矿业大学	江苏	356
25	同济大学	上海	708	52	南方科技大学	广东	351
26	南开大学	天津	705	53	南京信息工程大学	江苏	335
27	吉林大学	吉林	663	54	中国石油大学	山东	315
28	厦门大学	福建	633	55	南京工业大学	江苏	313
29	北京航空航天大学	北京	624	56	南京航空航天大学	江苏	312
30	西北工业大学	陕西	602	57	广东工业大学	广东	307
31	深圳大学	广东	573	58	南京医科大学	江苏	303
32	重庆大学	重庆	555	59	暨南大学	广东	299
33	大连理工大学	辽宁	534	60	华中农业大学	湖北	295

续表

排序	高校名称	地区	高被引论文数/篇	排序	高校名称	地区	高被引论文数/篇
61	南京农业大学	江苏	291	88	河南大学	河南	191
62	长沙理工大学	湖南	289	89	合肥工业大学	安徽	190
63	东北大学	辽宁	285	90	青岛科技大学	山东	189
64	扬州大学	江苏	277	91	南京林业大学	江苏	188
65	浙江工业大学	浙江	270	92	北京邮电大学	北京	185
66	西北农林科技大学	陕西	266	93	湖州师范学院	浙江	183
67	华北电力大学	北京	262	94	北京工业大学	北京	181
68	华中师范大学	湖北	260	95	上海理工大学	上海	180
69	西安电子科技大学	陕西	252	96	第二军医大学	上海	172
70	浙江师范大学	浙江	250	97	陕西师范大学	陕西	171
71	江南大学	江苏	246	98	华南师范大学	广东	164
72	广州大学	广东	242	99	哈尔滨工程大学	黑龙江	157
73	南昌大学	江西	237	100	天津医科大学	天津	156
74	东华大学	上海	233	101	西北大学	陕西	156
75	曲阜师范大学	山东	228	102	宁波大学	浙江	154
76	西南大学	重庆	224	103	陆军军医大学	重庆	153
77	中国海洋大学	山东	223	104	渤海大学	辽宁	153
78	河海大学	江苏	218	105	温州医科大学	浙江	150
79	南方医科大学	广东	216	106	安徽大学	安徽	149
80	南京师范大学	江苏	216	107	哈尔滨医科大学	黑龙江	148
81	山东师范大学	山东	204	108	广西大学	广西	144
82	西南交通大学	四川	202	109	温州大学	浙江	144
83	南京邮电大学	江苏	202	110	东北师范大学	吉林	143
84	华南农业大学	广东	198	111	东北农业大学	黑龙江	140
85	北京交通大学	北京	198	112	济南大学	山东	138
86	广州医科大学	广东	197	113	西南财经大学	四川	137
87	上海科技大学	上海	195	114	中国人民大学	北京	135

排序	高校名称	地区	高被引论文数/篇	排序	高校名称	地区	高被引论文数/篇
115	国防科技大学	湖南	134	133	河南师范大学	河南	114
116	燕山大学	河北	132	134	武汉工程大学	湖北	109
117	河南理工大学	河南	131	135	青岛理工大学	山东	109
118	西南科技大学	四川	130	136	湖南农业大学	湖南	108
119	中国医科大学	辽宁	126	137	西安理工大学	陕西	108
120	长安大学	陕西	126	138	安徽工业大学	安徽	108
121	福建农林大学	福建	125	139	武汉科技大学	湖北	107
122	杭州电子科技大学	浙江	125	140	第四军医大学	陕西	105
123	北京林业大学	北京	124	141	山东第一医科大学	山东	104
124	杭州师范大学	浙江	124	142	西安科技大学	陕西	104
125	西安建筑科技大学	陕西	122	143	湘潭大学	湖南	103
126	江苏科技大学	江苏	118	144	太原理工大学	山西	102
127	浙江农林大学	浙江	118	145	上海师范大学	上海	102
128	昆明理工大学	云南	116	146	天津理工大学	天津	102
129	大连海事大学	辽宁	116	147	安徽医科大学	安徽	101
130	重庆医科大学	重庆	115	148	贵州大学	贵州	101
131	聊城大学	山东	115	149	西南石油大学	四川	100
132	山西大学	山西	114				

(6) 江苏高校进入全国高校热点论文152强情况

筛选热点论文数大于5的高校，全国共有152所高校，其中江苏有18所高校进入，分别是南京大学、江苏大学、苏州大学、东南大学、南京林业大学、扬州大学、南京农业大学、南京工业大学、南京信息工程大学、中国矿业大学、江苏科技大学、南京理工大学、南京航空航天大学、南京师范大学、南京医科大学、南京邮电大学、河海大学、南京中医药大学(表2-49)。

表 2-49　全国高校热点论文 152 强

排序	高校名称	地区	热点论文数/篇	排序	高校名称	地区	热点论文数/篇
1	清华大学	北京	117	28	北京协和医学院	北京	27
2	郑州大学	河南	81	29	大连理工大学	辽宁	26
3	中国科学院大学	北京	77	30	同济大学	上海	25
4	华中科技大学	湖北	66	31	东南大学	江苏	25
5	上海交通大学	上海	64	32	重庆大学	重庆	25
6	北京大学	北京	62	33	北京师范大学	北京	24
7	中国科学技术大学	安徽	57	34	西北工业大学	陕西	24
8	浙江大学	浙江	56	35	武汉理工大学	湖北	24
9	武汉大学	湖北	51	36	南方科技大学	广东	24
10	电子科技大学	四川	47	37	南开大学	天津	23
11	复旦大学	上海	46	38	吉林大学	吉林	22
12	中山大学	广东	46	39	北京邮电大学	北京	22
13	西安交通大学	陕西	46	40	温州大学	浙江	21
14	深圳大学	广东	46	41	南京林业大学	江苏	20
15	青岛大学	山东	45	42	福州大学	福建	19
16	北京理工大学	北京	37	43	北京航空航天大学	北京	18
17	中南大学	湖南	35	44	广州医科大学	广东	17
18	南京大学	江苏	34	45	浙江师范大学	浙江	17
19	江苏大学	江苏	34	46	扬州大学	江苏	16
20	天津大学	天津	33	47	长沙理工大学	湖南	16
21	山东大学	山东	31	48	北京科技大学	北京	15
22	华南理工大学	广东	31	49	北京化工大学	北京	15
23	哈尔滨工业大学	黑龙江	30	50	上海大学	上海	15
24	苏州大学	江苏	29	51	中国石油大学	山东	14
25	四川大学	四川	27	52	南京农业大学	江苏	14
26	湖南大学	湖南	27	53	温州医科大学	浙江	14
27	首都医科大学	北京	27	54	西安建筑科技大学	陕西	14

续表

排序	高校名称	地区	热点论文数/篇	排序	高校名称	地区	热点论文数/篇
55	厦门大学	福建	13	82	江苏科技大学	江苏	10
56	兰州大学	甘肃	13	83	陕西科技大学	陕西	10
57	中国地质大学	湖北	13	84	西北农林科技大学	陕西	9
58	华北电力大学	北京	13	85	南方医科大学	广东	9
59	河南大学	河南	13	86	南京理工大学	江苏	9
60	暨南大学	广东	12	87	南京航空航天大学	江苏	9
61	南昌大学	江西	12	88	南京师范大学	江苏	9
62	湖州师范学院	浙江	12	89	华南农业大学	广东	9
63	绍兴文理学院	浙江	12	90	安徽大学	安徽	9
64	成都大学	四川	12	91	山东师范大学	山东	9
65	对外经济贸易大学	北京	12	92	杭州电子科技大学	浙江	9
66	南京工业大学	江苏	11	93	浙江农林大学	浙江	9
67	华中农业大学	湖北	11	94	聊城大学	山东	9
68	南京信息工程大学	江苏	11	95	西安工业大学	陕西	9
69	西南交通大学	四川	11	96	南京医科大学	江苏	8
70	广西大学	广西	11	97	陆军军医大学	重庆	8
71	杭州师范大学	浙江	11	98	浙江工业大学	浙江	8
72	上海科技大学	上海	11	99	北京交通大学	北京	8
73	河南科技大学	河南	11	100	南京邮电大学	江苏	8
74	中国农业大学	北京	10	101	武汉科技大学	湖北	8
75	华东师范大学	上海	10	102	河南理工大学	河南	8
76	中国矿业大学	江苏	10	103	大连海事大学	辽宁	8
77	东北大学	辽宁	10	104	渤海大学	辽宁	8
78	广东工业大学	广东	10	105	东北电力大学	吉林	8
79	山东科技大学	山东	10	106	天津医科大学	天津	7
80	广州大学	广东	10	107	东华大学	上海	7
81	西南石油大学	四川	10	108	哈尔滨医科大学	黑龙江	7

续表

排序	高校名称	地区	热点论文数/篇	排序	高校名称	地区	热点论文数/篇
109	华中师范大学	湖北	7	131	东北农业大学	黑龙江	6
110	西北大学	陕西	7	132	西南科技大学	四川	6
111	山东第一医科大学	山东	7	133	新疆大学	新疆	6
112	华南师范大学	广东	7	134	河南农业大学	河南	6
113	东北师范大学	吉林	7	135	四川师范大学	四川	6
114	青岛科技大学	山东	7	136	江西理工大学	江西	6
115	昆明理工大学	云南	7	137	大连工业大学	辽宁	6
116	中国人民大学	北京	7	138	华东交通大学	江西	6
117	曲阜师范大学	山东	7	139	河海大学	江苏	5
118	南华大学	湖南	7	140	国防科技大学	湖南	5
119	桂林电子科技大学	广西	7	141	陕西师范大学	陕西	5
120	郑州轻工业大学	河南	7	142	山西大学	山西	5
121	淮北师范大学	安徽	7	143	南京中医药大学	江苏	5
122	青岛理工大学	山东	7	144	贵州大学	贵州	5
123	西南大学	重庆	6	145	广东医科大学	广东	5
124	中国医科大学	辽宁	6	146	安徽工业大学	安徽	5
125	重庆医科大学	重庆	6	147	兰州理工大学	甘肃	5
126	北京工业大学	北京	6	148	烟台大学	山东	5
127	安徽医科大学	安徽	6	149	南昌航空大学	江西	5
128	宁波大学	浙江	6	150	湖北医药学院	湖北	5
129	北京林业大学	北京	6	151	香港中文大学(深圳)	广东	5
130	上海理工大学	上海	6	152	太原科技大学	山西	5

5) 江苏高校进入 ESI 前 1%学科分析

学科是高校建设的核心,学科建设的水平也是展现大学综合实力的关键因素,更是社会需求状况和所存在问题的体现。高校之间的竞争主要以学科竞争为基础。创建具有一批核心竞争力的优势学科,从而服务于高校的高质量发展;再把高校自身的学科优势转化成培养人才的优势,服务于当前社会发展的人才需求和创新需求。世界一流大学之所以著名,在很大程度上在于拥有一流的学科。在江苏创建一流大学和一流学科的进程中,以ESI论文为视角,用全球公认的数据统计口径,对各高校的学科进行综合的分析和比较,有利于各个高校进一步明确自身和学科的定位,加强对学科发展趋势的研究分析,科学制定和实施发展规划,采取积极有效的措施,切实提高学科竞争力,提升学校综合实力。

(1) 江苏高校和高校学科的整体实力在全国名列前茅

2022年3月10日发布的ESI数据涵盖2011年1月1日至2021年12月31日期间的SCI/SSCI论文信息。江苏在这期间有32所高校的204个学科进入ESI前1%,学科分布涵盖了ESI 22个学科大类中的19个,高校数和学科数分别占全国的8.58%和11.30%。江苏有10个学科进入全球前50位,22个学科进入全球前100位。截至本期,江苏高校进入全球学科排名最前的就是东南大学的计算机科学,排名第9位。江苏另有22个学科进入全球101—200位。江苏学科在中国大陆高校进入前10位的学科有19个。江苏有26个学科进入ESI世界千分之一,这些数据表明,江苏高校和高校学科的整体实力在全国名列前茅(表2-50)。

表2-50 全国各地区高校进入ESI前1%学科数比较

序号	地区	进入ESI前1%高校数/所	进入ESI前1%学科数/个	各地区学科数占全国比例/%	进入ESI前1%学科门类数/个
1	北京	27	213	11.80	22
2	江苏	32	204	11.30	19
3	上海	20	144	7.98	21
4	广东	22	138	7.65	20
5	山东	25	113	6.26	19
6	湖北	21	103	5.71	20
7	浙江	22	97	5.37	21
8	陕西	17	84	4.65	19
9	四川	16	69	3.82	20
10	湖南	12	66	3.66	19
11	天津	10	53	2.94	18
12	重庆	9	51	2.83	18
13	辽宁	22	63	3.49	17
14	安徽	13	50	2.77	18

续表

序号	地区	进入ESI前1%高校数/所	进入ESI前1%学科数/个	各地区学科数占全国比例/%	进入ESI前1%学科门类数/个
15	黑龙江	10	45	2.49	17
16	河南	17	53	2.94	16
17	福建	11	52	2.88	19
18	吉林	8	37	2.05	18
19	甘肃	5	24	1.33	14
20	河北	10	27	1.50	10
21	江西	11	30	1.66	12
22	广西	6	19	1.05	11
23	山西	7	20	1.11	10
24	云南	6	17	0.94	8
25	新疆	3	8	0.44	6
26	海南	2	6	0.33	6
27	贵州	3	8	0.44	6
28	内蒙古	4	7	0.39	6
29	宁夏	2	4	0.22	4
	合计	373	1 805	100.00	

(2) 江苏高校进入ESI前1%高校数和学科数均呈快速增长趋势

随着江苏各高校对学科建设的普遍重视和加强,尤其是启动"优势学科建设工程""江苏高水平大学建设"以来,江苏进入ESI前1%的高校数和学科数增速明显。2013年有16所高校进入ESI前1%,这一数字在2021年达到32所;学科数也由53个增加到204个,增幅达到285%(表2-51)。

表2-51 江苏高校进入ESI前1%学科数变化情况

序号	高校名称	2022.03	2021.03	2020.03	2019.03	2018.03	2017.03	2016.03	2015.03	2014.03	2013.03
1	南京大学	18	17	17	17	16	16	16	13	14	11
2	苏州大学	15	14	13	11	9	8	7	7	5	5
3	东南大学	13	13	12	11	11	10	8	7	7	7
4	扬州大学	11	8	7	7	6	5	4	4	4	4

续表

序号	高校名称	2022.03	2021.03	2020.03	2019.03	2018.03	2017.03	2016.03	2015.03	2014.03	2013.03
5	南京农业大学	10	9	8	8	7	7	4	4	4	3
6	江苏大学	10	8	7	6	5	5	5	4	4	2
7	南京师范大学	10	8	8	7	5	4	3	3	2	2
8	南京医科大学	9	9	8	7	7	5	5	4	4	2
9	江南大学	9	8	6	6	5	5	4	4	4	4
10	河海大学	9	6	5	5	4	2	2	1	1	1
11	中国矿业大学	8	8	7	6	4	4	2	1	1	1
12	南京林业大学	7	7	5	2	0	0	0	0	0	0
13	南京航空航天大学	7	6	5	4	4	4	3	3	2	2
14	南京信息工程大学	7	6	4	4	3	2	1	0	0	0
15	南通大学	7	4	4	3	2	2	1	1	1	0
16	中国药科大学	6	5	5	4	4	3	3	3	3	2
17	南京理工大学	6	4	4	4	4	4	4	3	3	3
18	南京工业大学	5	4	4	4	3	3	3	3	3	3
19	南京邮电大学	5	4	4	4	4	3	3	3	0	0
20	南京中医药大学	4	3	2	2	2	2	0	0	0	0
21	徐州医科大学	4	3	2	1	1	1	1	0	0	0
22	常州大学	3	3	3	3	2	2	0	0	0	0
23	江苏科技大学	3	3	3	2	0	0	0	0	0	0
24	江苏师范大学	3	2	2	2	1	1	1	1	1	1
25	西交利物浦大学	3	1	0	0	0	0	0	0	0	0
26	盐城工学院	3	0	0	0	0	0	0	0	0	0
27	解放军陆军工程大学	2	2	2	2	2	1	1	—	—	—
28	南京财经大学	2	1	1	0	0	0	0	0	0	0
29	苏州科技大学	2	1	0	0	0	0	0	0	0	0
30	昆山杜克大学	1	1	1	1	0	0	0	0	0	0
31	南京工程学院	1	1	0	0	0	0	0	0	0	0
32	淮阴工学院	1	0	0	0	0	0	0	0	0	0
	合计高校数	32	30	27	26	23	23	21	18	17	16
	合计学科数	204	169	149	133	99	99	81	69	63	53

（3）江苏建设世界一流大学和世界一流学科任重道远

江苏优势学科分布过于集中。在学科分布方面，出现了明显的领域聚集状况，江苏高校进入 ESI 前 1% 的学科分布在 19 个学科领域，占 ESI 全部 22 个学科领域的 86.36%。也就是说，在一成左右的学科领域中，江苏高校学科进入全球前 1% 的数量为零，江苏高校未能进入前 1% 的学科领域，如综合交叉学科、空间科学、精神病学与心理学，对江苏整体科学研究水平和经济社会发展也具有极为重要的意义。在高校分布方面，南京大学一所院校进入 ESI 前 1% 的学科数接近于江苏 52 所院校总数的 8.82%，排名前三位的高校进入 ESI 前 1% 的学科数接近江苏总数的三成（22.55%）（图 2-21）。

江苏缺少"绝对领先"的优势学科。现阶段江苏高等教育中客观存在的事实是具有绝对领先的优势学科匮乏，存在学科的"高原"，也缺乏学科的"高峰"；属于世界顶尖的高校较少，高校的学科构架亟待优化。江苏高校学科仅有东南大学计算机科学进入世界前 10。在标志着世界领先的优势学科 ESI 前 1‰ 学科方面，江苏为 26 个，比北京少 23 个。江苏 ESI 前 1‰ 学科分布在 14 所不同的高校，上海仅分布在 8 所高校。全国共有 19 个地区 79 所高校的 204 个学科进入 ESI 前 1‰，浙江大学和北京大

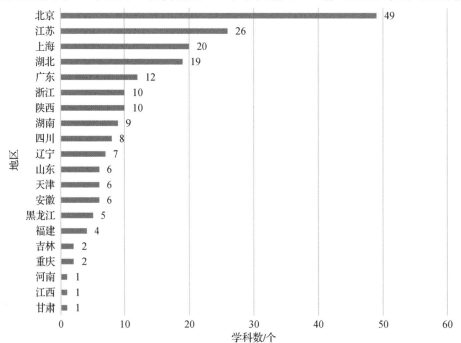

图 2-21　全国各地区高校进入 ESI 前 1‰ 学科数

学进入的学科数最多,均有 10 个学科;中国科学院大学有 9 个学科进入;上海交通大学有 8 个学科进入;清华大学、南京大学各有 7 个学科进入;华中科技大学、武汉大学有 6 个学科进入;中山大学、四川大学、山东大学、中国科学技术大学、中南大学各有 5 个学科进入;复旦大学、华南理工大学、西安交通大学、大连理工大学、哈尔滨工业大学各有 4 个学科进入;北京航空航天大学、北京理工大学、东南大学、湖南大学、厦门大学、天津大学、同济大学、武汉理工大学各有 3 个学科进入;2 个学科进入 ESI 前 1‰的高校有北京化工大学、北京科技大学、北京师范大学、北京协和医学院、电子科技大学、华中农业大学、吉林大学、南京工业大学、南京农业大学、南京医科大学、南开大学、苏州大学、西安电子科技大学、西北工业大学、西北农林科技大学、中国地质大学、中国农业大学、中国医学科学院北京协和医学院、重庆大学 19 所高校。从这些数据来看,江苏优势学科的整体"峰值"与北京相比仍然存在着不小的差距,江苏个体高校的学科"峰值"与其他院校相比也还存在较大的距离(表 2-52)。

表 2-52 全国各地区进入 ESI 前 1‰的高校和学科

地区	学科数/个	高校名称	学科	全球排名	全国高校排名
北京	49	北京大学	社会科学总论	186	1
		北京大学	环境科学与生态学	44	3
		北京大学	地球科学	45	3
		北京大学	物理学	43	3
		北京大学	生物学与生物化学	107	4
		北京大学	临床医学	183	5
		北京大学	材料科学	16	5
		北京大学	药理学与毒理学	50	6
		北京大学	化学	29	7
		北京大学	工程学	81	26
		中国科学院大学	化学	5	1
		中国科学院大学	环境科学与生态学	9	1
		中国科学院大学	材料科学	5	1
		中国科学院大学	植物学与动物学	19	1
		中国科学院大学	生物学与生物化学	75	2
		中国科学院大学	地球科学	18	2

续表

地区	学科数/个	高校名称	学科	全球排名	全国高校排名
北京	49	中国科学院大学	物理学	78	4
		中国科学院大学	农业科学	22	6
		中国科学院大学	工程学	31	12
		清华大学	计算机科学	5	1
		清华大学	工程学	4	1
		清华大学	物理学	28	1
		清华大学	化学	11	2
		清华大学	环境科学与生态学	36	2
		清华大学	材料科学	6	2
		清华大学	生物学与生物化学	128	5
		北京航空航天大学	工程学	23	9
		北京航空航天大学	计算机科学	36	11
		北京航空航天大学	材料科学	55	21
		北京理工大学	工程学	37	15
		北京理工大学	材料科学	78	27
		北京理工大学	化学	145	33
		北京化工大学	化学	64	18
		北京化工大学	材料科学	86	29
		北京科技大学	材料科学	35	15
		北京科技大学	工程学	126	35
		北京师范大学	环境科学与生态学	74	4
		北京师范大学	地球科学	85	6
		北京协和医学院	药理学与毒理学	62	8
		北京协和医学院	临床医学	254	8
		中国农业大学	农业科学	7	1
		中国农业大学	植物学与动物学	40	3
		中国医学科学院北京协和医学院	药理学与毒理学	42	4

续表

地区	学科数/个	高校名称	学科	全球排名	全国高校排名
北京	49	中国医学科学院北京协和医学院	临床医学	147	4
		首都医科大学	临床医学	185	6
		北京邮电大学	计算机科学	26	8
		华北电力大学	工程学	59	21
		北京交通大学	工程学	90	29
		北京工业大学	工程学	185	46
江苏	26	南京大学	地球科学	60	4
		南京大学	环境科学与生态学	79	5
		南京大学	物理学	82	5
		南京大学	化学	25	6
		南京大学	临床医学	462	16
		南京大学	材料科学	49	18
		南京大学	工程学	139	37
		东南大学	计算机科学	9	2
		东南大学	工程学	16	7
		东南大学	材料科学	100	32
		南京工业大学	化学	108	27
		南京工业大学	材料科学	105	34
		南京农业大学	植物学与动物学	30	2
		南京农业大学	农业科学	14	4
		南京医科大学	临床医学	287	10
		南京医科大学	药理学与毒理学	88	12
		苏州大学	材料科学	25	9
		苏州大学	化学	60	16
		中国药科大学	药理学与毒理学	26	1
		江南大学	农业科学	13	3
		南京信息工程大学	计算机科学	47	14

续表

地区	学科数/个	高校名称	学科	全球排名	全国高校排名
江苏	26	南京航空航天大学	工程学	68	23
		中国矿业大学	工程学	74	24
		南京理工大学	工程学	96	31
		江苏大学	工程学	121	34
		河海大学	工程学	159	41
上海	20	上海交通大学	生物学与生物化学	73	1
		上海交通大学	临床医学	92	1
		上海交通大学	分子生物学与遗传学	87	1
		上海交通大学	药理学与毒理学	29	2
		上海交通大学	工程学	8	3
		上海交通大学	材料科学	17	6
		上海交通大学	计算机科学	23	7
		上海交通大学	化学	67	19
		复旦大学	临床医学	137	2
		复旦大学	药理学与毒理学	45	5
		复旦大学	材料科学	26	10
		复旦大学	化学	44	13
		同济大学	工程学	25	10
		同济大学	临床医学	515	19
		同济大学	材料科学	89	30
		华东理工大学	化学	35	9
		第二军医大学	临床医学	464	17
		华东师范大学	化学	126	31
		东华大学	材料科学	110	35
		上海大学	工程学	157	40
湖北	19	华中科技大学	计算机科学	11	3
		华中科技大学	工程学	12	6
		华中科技大学	临床医学	230	7

续表

地区	学科数/个	高校名称	学科	全球排名	全国高校排名
湖北	19	华中科技大学	材料科学	23	8
		华中科技大学	药理学与毒理学	101	13
		华中科技大学	化学	99	26
		武汉大学	地球科学	75	5
		武汉大学	计算机科学	38	12
		武汉大学	临床医学	347	13
		武汉大学	化学	69	20
		武汉大学	材料科学	64	22
		武汉大学	工程学	91	30
		武汉理工大学	材料科学	51	20
		武汉理工大学	化学	120	29
		武汉理工大学	工程学	177	43
		华中农业大学	植物学与动物学	48	4
		华中农业大学	农业科学	45	8
		中国地质大学	地球科学	13	1
		中国地质大学	工程学	152	39
广东	12	中山大学	临床医学	140	3
		中山大学	药理学与毒理学	52	7
		中山大学	化学	62	17
		中山大学	材料科学	76	26
		中山大学	工程学	132	36
		华南理工大学	农业科学	25	7
		华南理工大学	化学	38	10
		华南理工大学	材料科学	28	11
		华南理工大学	工程学	32	13
		华南农业大学	植物学与动物学	142	7
		南方医科大学	临床医学	391	15
		广东工业大学	工程学	180	44

续表

地区	学科数/个	高校名称	学科	全球排名	全国高校排名
陕西	10	西安交通大学	工程学	9	4
		西安交通大学	计算机科学	55	16
		西安交通大学	材料科学	37	16
		西安交通大学	化学	124	30
		西安电子科技大学	计算机科学	12	4
		西安电子科技大学	工程学	87	28
		西北工业大学	材料科学	47	17
		西北工业大学	工程学	53	20
		西北农林科技大学	农业科学	12	2
		西北农林科技大学	植物学与动物学	79	6
浙江	10	浙江大学	生物学与生物化学	96	3
		浙江大学	药理学与毒理学	40	3
		浙江大学	化学	14	4
		浙江大学	材料科学	15	4
		浙江大学	农业科学	20	5
		浙江大学	工程学	11	5
		浙江大学	植物学与动物学	66	5
		浙江大学	计算机科学	22	6
		浙江大学	环境科学与生态学	82	6
		浙江大学	临床医学	255	9
湖南	9	中南大学	临床医学	299	12
		中南大学	材料科学	31	12
		中南大学	计算机科学	42	13
		中南大学	工程学	52	19
		中南大学	化学	135	32
		湖南大学	工程学	47	18
		湖南大学	化学	71	22
		湖南大学	材料科学	101	33
		国防科技大学	工程学	140	38

续表

地区	学科数/个	高校名称	学科	全球排名	全国高校排名
四川	8	四川大学	临床医学	289	11
		四川大学	药理学与毒理学	74	11
		四川大学	化学	42	12
		四川大学	材料科学	50	19
		四川大学	工程学	119	33
		电子科技大学	计算机科学	18	5
		电子科技大学	工程学	46	17
		西南交通大学	工程学	102	32
辽宁	7	大连理工大学	计算机科学	32	9
		大连理工大学	工程学	28	11
		大连理工大学	化学	56	14
		大连理工大学	材料科学	72	23
		沈阳药科大学	药理学与毒理学	64	9
		中国医科大学	临床医学	521	20
		东北大学	工程学	85	27
安徽	6	中国科学技术大学	物理学	42	2
		中国科学技术大学	化学	13	3
		中国科学技术大学	材料科学	12	3
		中国科学技术大学	计算机科学	54	15
		中国科学技术大学	工程学	39	16
		合肥工业大学	工程学	171	42
山东	6	山东大学	药理学与毒理学	70	10
		山东大学	临床医学	375	14
		山东大学	化学	70	21
		山东大学	材料科学	74	24
		山东大学	工程学	76	25
		中国石油大学	工程学	66	22

续表

地区	学科数/个	高校名称	学科	全球排名	全国高校排名
天津	6	天津大学	工程学	22	8
		天津大学	化学	39	11
		天津大学	材料科学	34	14
		南开大学	化学	32	8
		南开大学	材料科学	79	28
		天津医科大学	临床医学	478	18
黑龙江	5	哈尔滨工业大学	工程学	7	2
		哈尔滨工业大学	材料科学	22	7
		哈尔滨工业大学	计算机科学	33	10
		哈尔滨工业大学	化学	96	25
		哈尔滨工程大学	工程学	184	45
福建	4	厦门大学	化学	59	15
		厦门大学	材料科学	91	31
		厦门大学	工程学	186	47
		福州大学	化学	79	24
吉林	2	吉林大学	化学	23	5
		吉林大学	材料科学	33	13
重庆	2	重庆大学	工程学	33	14
		重庆大学	材料科学	75	25
江西	1	南昌大学	农业科学	99	9
甘肃	1	兰州大学	化学	78	23
河南	1	郑州大学	化学	114	28

6) 江苏高校未来 5 年 ESI 指标预测分析

本书分别对江苏高校 ESI 论文和进入前 1% 的学科进行了未来 5 年的分析预测，供有关高校和部门参考。

(1) 关于对 ESI 论文数的预测

通过对近 11 年来江苏高校发文量的统计，发现论文数呈指数级增长，故建立 2011—2021 年江苏高校论文增长数学模型：

$$y = 126\,211e^{0.162\,6x} \quad (R^2 = 0.994\,3)$$

以此公式推测未来几年江苏高校发表论文情况:2022年论文数将突破11万篇,2023年突破13万篇,2022—2027年论文总数将有可能达到106多万篇(图2-22)。

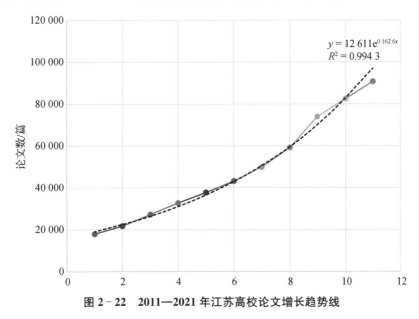

图2-22　2011—2021年江苏高校论文增长趋势线

(2) 对江苏高校进入ESI前1‰学科数的预测分析

为了预测今后有哪些新学科进入ESI前1‰,在此引入学科潜力值的算法,具体公式为:

$$潜力值 = \frac{某机构某学科所有论文的总被引次数}{该学科进入ESI排序的最后一个机构的总被引次数}$$

潜力值越大,表示该学科离进入ESI的差距越小,进入ESI的可能性越大。潜力值同样可用于对学科覆盖领域的预测。

根据全国各高校学科平均发展速度,选取潜力值大于或等于70%的学科作为分析对象,见表2-53。南通大学的"分子生物学与遗传学"、南京审计大学的"工程学"、南京师范大学的"生物学与生物化学"和"物理学"、江苏师范大学的"数学"、南京大学的"综合交叉学科",潜力值均达到0.85以上,距离ESI前1‰最为接近,最有可能在较短时间内进入ESI(表2-53)。

表 2-53　江苏高校潜力学科分析

序号	高校名称	学科	潜力值
1	南通大学	分子生物学与遗传学	0.875
2	南京审计大学	工程学	0.863
3	南京师范大学	生物学与生物化学	0.860
4	南京师范大学	物理学	0.859
5	江苏师范大学	数学	0.853
6	南京大学	综合交叉学科	0.852
7	淮阴师范学院	化学	0.848
8	徐州医科大学	生物学与生物化学	0.843
9	苏州科技大学	材料科学	0.838
10	江苏大学	植物学与动物学	0.812
11	南京师范大学	临床医学	0.802
12	南京信息工程大学	社会科学总论	0.800
13	南京医科大学	环境科学与生态学	0.798
14	淮阴师范学院	数学	0.788
15	南京医科大学	精神病学与心理学	0.785
16	南京工业大学	物理学	0.769
17	南京中医药大学	神经科学与行为学	0.768
18	南京理工大学	数学	0.767
19	中国药科大学	神经科学与行为学	0.752
20	南京航空航天大学	环境科学与生态学	0.750
21	淮阴师范学院	工程学	0.739
22	江苏大学	物理学	0.732
23	南京信息工程大学	数学	0.728
24	江苏师范大学	社会科学总论	0.716
25	南京大学	精神病学与心理学	0.711
26	扬州大学	分子生物学与遗传学	0.710
27	南京医科大学	农业科学	0.703
28	南京理工大学	生物学与生物化学	0.701
29	江苏大学	社会科学总论	0.700
30	江苏师范大学	计算机科学	0.700

（3）对江苏高校学科进入 ESI 前 1‰ 的预测分析

截至 2022 年 3 月，江苏高校进入 ESI 前 1‰ 的学科共有 26 个，分别是南京大学的化学、材料科学、环境科学与生态学、工程学、地球科学、临床医学、物理学（新晋），南京农业大学的农业科学、植物学与动物学，东南大学的工程学、计算机科学、材料科学，苏州大学的材料科学、化学，南京医科大学的临床医学、药理学与毒理学，南京工业大学的化学、材料科学，中国药科大学的药理学与毒理学，江南大学的农业科学，南京航空航天大学的工程学，南京理工大学的工程学，中国矿业大学的工程学，南京信息工程大学的计算机科学，江苏大学的工程学，河海大学的工程学。根据近 5 年来学科排名上升速度，估计未来 5 年江苏将有 7~8 个学科进入 ESI 前 1‰。

表 2-54 江苏高校进入 ESI 前 1‰ 的预测

排序	高校名称—学科	全球排名	1‰全球末位排名	2022.03 相差位	2021.03 相差位	2020.03 相差位	2019.03 相差位	2018.03 相差位	2017.03 相差位	上升均速	预测进入时间
1	东南大学—计算机科学	9	62	−53	−44	−33	−24	−9	24	15.4	已进
2	江南大学—农业科学	13	105	−92	−75	−65	−51	−38	−27	13.0	已进
3	南京农业大学—农业科学	14	105	−91	−77	−69	−61	−50	−35	11.2	已进
4	东南大学—工程学	16	195	−179	−160	−137	−121	−104	−89	18.0	已进
5	南京大学—化学	25	157	−132	−119	−107	−96	−90	−93	7.8	已进
6	苏州大学—材料科学	25	113	−88	−77	−58	−41	−12	9	19.4	已进
7	中国药科大学—药理学与毒理学	26	109	−83	−70	−50	−36	−16	12	19.0	已进
8	南京农业大学—植物学与动物学	30	155	−125	−96	−71	−43	−21	4	25.8	已进
9	南京信息工程大学—计算机科学	47	62	−15	−10	11	38	105	—	30.1	已进
10	南京大学—材料科学	49	113	−64	−46	−27	−13	−3	−2	12.4	已进
11	苏州大学—化学	60	157	−97	−80	−60	−35	−13	12	21.8	已进
12	南京大学—地球科学	60	90	−30	−12	15	32	54	64	18.8	已进
13	南京航空航天大学—工程学	68	195	−127	−100	−77	−50	−17	20	29.4	已进

续表

排序	高校名称—学科	全球排名	1‰全球末位排名	2022.03相差位	2021.03相差位	2020.03相差位	2019.03相差位	2018.03相差位	2017.03相差位	上升均速	预测进入时间
14	中国矿业大学—工程学	74	195	−121	−85	−29	57	147	282	80.6	已进
15	南京大学—环境科学与生态学	79	146	−67	−22	11	48	81	124	38.2	已进
16	南京大学—物理学	82	83	−1	17	41	50	73	79	16.0	已进
17	南京医科大学—药理学与毒理学	88	109	−21	15	60	101	152	227	49.6	已进
18	南京理工大学—工程学	96	195	−99	−70	−42	−13	24	70	33.8	已进
19	东南大学—材料科学	100	113	−13	3	28	51	51	64	15.4	已进
20	南京工业大学—材料科学	105	113	−8	22	47	86	99	162	34.0	已进
21	南京工业大学—化学	108	157	−49	−12	39	95	146	215	52.8	已进
22	江苏大学—工程学	121	195	−74	2	93	167	257	344	83.6	已进
23	南京大学—工程学	139	195	−56	−19	5	33	65	74	26.0	已进
24	河海大学—工程学	159	195	−36	18	82	134	199	293	65.8	已进
25	南京医科大学—临床医学	287	542	−255	−190	−121	−21	7	66	64.2	已进
26	南京大学—临床医学	462	542	−80	−17	60	128	172	233	62.6	已进
27	东南大学—数学	57	31	26	33	53	71	80	77	10.2	2—3年
28	南京信息工程大学—地球科学	92	90	2	50	101	183	260	338	67.2	2—3年
29	江苏大学—农业科学	136	105	31	97	195	290	406	467	87.2	3—5年
30	南京理工大学—材料科学	139	113	26	42	78	113	156	223	39.4	3—5年
31	南京航空航天大学—材料科学	144	113	31	47	65	83	94	121	18.0	3—5年
32	苏州大学—药理学与毒理学	144	109	35	63	97	147	232	317	56.4	3—5年
33	东南大学—化学	159	157	2	39	64	100	130	175	34.6	3—5年
34	江苏大学—化学	169	157	12	66	130	218	330	410	79.6	3—5年

2.3 基于第三方学科排行榜的分析研究

第三方评价即由第三方而开展的评估与评价工作。自我评价和他人评价是学科评价的两个不同评价主体,第三方评价属于他人评价。第三方评价的客体,可以是庞大教育体系中的任意一个要素,如地方政府、教育行政部门、高校、教师、学生等。第三方评价在内容上的关注点并不需要一个统一的答案,而应取决于大学教育与学科的发展阶段,以及当下社会所急切关注的方向、评价目标的定位。第三方评价应成为我国"双一流"建设的方向标与推动力,为高质量、高水平、高品质的"双一流"建设提供服务,应深化理论和实践相结合的研究,重视加强评价的实际效果。

本小节介绍各类第三方评价体系,对全球较为公认的世界大学排名进行跟踪监测和分析研究,对第三方评价体系的公信度设计指标体系进行实证研究,提出实质性的分析和建议,基于公共信用的视角,进一步发挥第三方评价体系在大学与学科建设、"双一流"建设中的积极作用与有效功能,挖掘第三方评价的优势,助力大学学科、科研评价的改革。

2.3.1 第三方学科排行榜简介

1) 第三方评价体系现状

世界大学排名可以追溯至美国教育部在1870年发布的《大学排名统计年度报告》,同时也在不断调整、不断完善的动态社会环境中发展与革新。国内外的大学排名很多,国际上最具影响力的大学排名包括THE、QS、USNews、ARWU等,国内的大学排名包括武书连、软科、校友会以及金平果等等。

2) 世界大学排名概览

本节选取THE、QS、USNews、ARWU、CWUR、CWTS、ESI、NI 8个世界大学排名,对全球较为公认的世界大学排名进行了监测与分析,以下数据跟踪分析截止时间是2017年8月31日。8个世界大学排名中,英国有3个,分别是THE、QS、NI;美国有2个,分别是USNews和ESI;中国有1个,为ARWU;荷兰有1个,为CWTS;沙特阿拉伯有1个,为CWUR(表2-55)。

表2-55 8个世界大学排名概览

世界大学排名	中文名称	发布国	发布机构	指标体系
THE	泰晤士高等教育世界大学排名	英国	《泰晤士高等教育》	综合指标

续表

世界大学排名	中文名称	发布国	发布机构	指标体系
QS	QS世界大学排名	英国	夸夸雷利·西蒙兹公司	综合指标
USNews	USNews世界大学排名	美国	《美国新闻和世界报道》	综合指标
ARWU	世界大学学术排名	中国	上海软科教育信息咨询有限公司	学术指标为主
CWUR	CWUR世界大学排名	沙特阿拉伯	世界大学排名中心	论文发表
CWTS	CWTS莱顿大学排名	荷兰	莱顿大学	高被引论文与合作论文的发表及占比
ESI	基本科学指标	美国	科睿唯安公司	论文引用
NI	自然指数	英国	Nature出版集团	论文发表

(1) 8个世界大学排名的指标体系。THE、QS、USNews均采用了综合指标体系进行分析,ARWU的学科指标体系以学术性指标为主,CWUR、CWTS、ESI、NI则以论文为单一学科评价指标体系。

各排名筛选机构的标准不一,例如CWUR仅选取全球前10的高校,NI则包括了全球2 000~5 000所机构,跨度较大,通过对已进入排名的机构重新设定比较标准,江苏占全国各地区的学科数和高校数的比例基本稳定在10%~20%之间。江苏与全国的学科平均占比为11.21%,与平均值最接近的排名是USNews,其次是ESI,而THE和NI的比值距离学科平均占比较远;江苏与全国的高校平均占比为13.13%,USNews的比值依旧最接近平均值,其次为THE,距离平均值最远的是CWUR。由于对ESI跟踪较为密切,ESI江苏学科、高校与全国的占比分别为12.16%、10.90%,学科占比高于平均值0.95%,高校占比低于平均值2.23%(表2-56)。

表2-56　8个世界大学排名中江苏与全国高校数、学科数及其比例

	地区	THE	QS	USNews	ARWU	CWUR	CWTS	ESI	NI(前100)
江苏	学科数/个	2	47	45	175	26	60	104	6
	高校数/所	1	9	13	23	11	18	23	3
	覆盖学科/个	2	28	14	38	23	5	18	3

续表

地区		THE	QS	USNews	ARWU	CWUR	CWTS	ESI	NI (前100)
全国	学科数/个	29	562	414	1 280	309	427	855	40
	高校数/所	8	74	100	162	64	129	211	27
	覆盖类别/个	8	43	21	48	76	5	21	4
江苏/全国学科占比/%		6.90	8.36	10.87	13.67	8.41	14.29	12.16	15.00
江苏/全国高校占比/%		12.50	12.16	13.00	14.20	17.19	13.95	10.90	11.11
全球发布机构数（各学科）/所		100	50—500不等	200—400不等	50—500不等	10	535—854不等	101—4 011不等	2 106—5 181不等

THE 共发布 8 个学科领域排行榜。南京大学进入工程与技术学、计算机科学 2 个领域的排行，并都进入全球前 100 位：南京大学的计算机科学（第 63 位，全国第 5 位）、工程与技术学（第 85 位，全国第 7 位）。

QS 共发布 5 个学科领域 46 个二级学科排行榜。江苏共 9 所高校 47 个学科入围，高校数和学科数占全国的 12.2% 和 8.4%，覆盖 QS 28 个二级学科。南京大学进榜的学科数最多，有 26 个，其次东南大学 8 个，苏州大学和南京理工大学各 3 个，南京农业大学和南京航空航天大学各 2 个，江南大学、中国药科大学和中国矿业大学各 1 个。全球排名最高的是中国矿业大学的采矿工程（第 27 位，全国第 1 位），其次是南京大学的采矿工程（第 42 位，全国第 4 位）。另有 5 个学科进入全球前 100 位，分别是：南京农业大学的农学和林学（第 51~100 位，全国第 2 位），南京大学的化学工程（第 51~100 位，全国第 3 位），南京大学的现代语言学（第 51~100 位，全国第 4 位），南京大学的化学（第 51~100 位，全国第 5 位），南京大学的材料科学（第 51~100 位，全国第 6 位）。

USNews 共有 3 个大类 22 个学科排行榜。江苏有 13 所高校 45 个学科进入排名，高校数与学科数分别占全国的 13.0% 和 10.9%，涵盖了 14 个学科领域。南京大学进榜的学科数最多，有 11 个，其次是苏州大学 8 个，东南大学 6 个，江苏大学、南京工业大学和南京理工大学各 3 个，江南大学、南京航空航天大学、南京农业大学和南京医科大学各 2 个，河海大学、中国矿业大学和中国药科大学各 1 个。江苏共有 14 个学科进入全球前 100：江南大学的农业学科（第 11 位，全国第 3 位）全球排名最高，其次是南京农业大学的农业学科（第 13 位，全国第 4 位），第三是南京大学的化学（第 16 位，全国第 4 位）。另外，东南大学的工程学、计算机科学、材料科学，南京大学的地球科学、材料科学、物理学、计算机科学、数学，南京农业大学的植物学与动物学，中国药科大学的药理学与毒理学，苏州大学的材料科学，均进入全球前100位。

ARWU共发布五大领域52个学科排行榜。江苏有23所高校175个学科入围,高校数和学科数占全国的14.2%和13.7%,覆盖ARWU 38个学科。江苏进榜学科数最多的高校是南京大学,29个;其次是东南大学,22个;苏州大学、江南大学、南京航空航天大学、南京理工大学4所高校的学科数介于10到20。全球前10位的江苏高校学科有:江南大学的食品科学与工程(第2位,全国第1位)、中国矿业大学的矿业工程(第5位,全国第4位)、河海大学的水资源工程(第7位,全国第2位)、南京农业大学的农学(第7位,全国第2位)、东南大学的仪器科学(第10位,全国第6位)。

CWUR共发布了227个学科排行榜,每个学科仅列全球前10位的机构。江苏有11所高校26个学科入围,高校数和学科数占全国的17.2%和8.4%,覆盖CWUR 23个学科。南京大学进榜学科数最多,有6个,其次是南京农业大学(5个)、东南大学和江南大学(各4个)、苏州大学等7所高校(各1个)。位列全球第1位的学科有:南京大学的分析化学、无机化学与核化学、晶体学,江南大学的应用化学,东南大学的建筑与建筑技术。进入全球前3位的江苏高校学科还包括:中国药科大学的药物化学(第3位,全国第1位)、江南大学的食品科学与技术(第3位,全国第2位)、南京医科大学的男科学(第3位,全国第3位)、南京林业大学的纸与木材(第3位,全国第3位)。

CWTS发布5个学科领域排行榜。江苏有18所高校60个学科进入该排名,南京大学和东南大学分别有5个学科进榜。江苏进入全球前50位的学科包括:东南大学的数学与计算机科学(第10位,全国第9位)、南京农业大学的生命与地球科学(第11位,全国第3位)、南京大学的物理科学与工程学(第19位,全国第13位)、东南大学的物理科学与工程学(第33位,全国第19位)、南京航空航天大学的数学与计算机科学(第39位,全国第18位)、苏州大学的物理科学与工程学(第45位,全国第23位)、南京大学的生命与地球科学(第50位,全国第6位)。

ESI将学科分成22个,每2个月动态发布排行数据。江苏有23所高校104个学科进入ESI前1%,学科数领先上海15个,列全国第2位,高校数和学科数分别占全国的10.90%和12.16%。江苏高校有8个学科进入全球前100名,13个学科进入全球前101~200名,9个学科进入全球前201~300名。进入全球前100名的学科有8个:南京大学化学(第28位)、东南大学工程学(第33位)、南京农业大学农业科学(第36位)、江南大学农业科学(第44位)、东南大学计算机科学(第57位)、苏州大学材料科学(第71位)、南京大学材料科学(第77位)、中国药科大学药理学与毒理学(第80位)。

NI的学科排行榜涉及四大领域。江苏有3所高校6个学科进入NI学科全球前100位,涉及3个学科领域,具体是:南京大学的化学(第5位,全国第2位)、物理学(第12位,全国第2位)、地球与环境科学(第68位,全国第5位);苏州大学的化学(第33位,全国第10位)、物理学(第81位,全国第8位);南京信息工程大学的地球与环境科学(第75位,全国第6位)。

(2) 8个世界大学排名各地区对比分析。通过对比8个世界大学排名中各地区入围的学科数、高校数和学科领域数,江苏在全国的学科建设中取得了一定的成绩,学科数、学科领域数基本维持全国第2、3位,高校数基本保持全国第1、2的位置。但未来仍需加强侧重性的引导,挖掘更多的潜力学科,鼓励发展特色学科,并拓展学科领域,平衡江苏的学科协调发展,全面加强高水平大学建设。

(3) 学科排行榜相似系数分析。将8个世界大学排名从评价指标的角度划分为THE、QS、USNews、CWUR综合组,ARWU、NI、ESI、CWTS学术组。通过综合组内部的学科排行榜相似性分析发现,学科评价指标体系的结构相同,但数据源不同时,学科排行榜间的相似性不高。通过学术组内部的学科排行榜相似性分析发现,在数据源和学科评价指标体系结构都相同的情况下,各学科排行榜间的相似系数普遍较高。其中,ARWU与ESI的相似性最高,因此将ESI作为我国学科建设的评价机制是合理、有效的。通过综合组与学术组间的学科排行榜相似性分析发现,数据源的差异对于学科排行的影响力高于学科评价指标体系的结构对于学科排行的影响力。另外,通过综合组与学术组间的一组数据和学术组结合比较分析发现,学科排行榜的数据源相同时,评价指标体系的结构对于学科排行存在产生影响,即当学科评价指标体系中除了科研,另包含声誉部分,能够更加全面地评价机构在某一学科的国际水平,从而更好地达到学科评价的目的。

2.3.2 第三方学科排行榜跟踪分析

1) 世界大学排名情况研究

(1) THE

泰晤士高等教育世界大学排名(Times Higher Education World University Rankings,简称THE),又译为THE世界大学排名,是由英国《泰晤士高等教育》(Times Higher Education)发布的世界大学排名。自2010年以来,每年发布自己的世界大学排行榜,并与软科世界大学学术排名、USNews世界大学排名、QS世界大学排名为目前世界四大最具影响力的全球大学排名。而THE发布的学科排行榜,关注的是各具体学科领域内世界大学的排名。THE学科排行榜,是将所有专业划分为8个学科大类,学科评价体系从教学、科研、论文引用、国际化程度及毕业后薪酬等多维角度进行学科质量评估和评价,但各个指标的权重因学科的差异而不同。THE学科评价数据来源于公开数据,学科评价体系涵盖了教学、科研和国际影响力3个方面,保证了THE能够较为客观、全面地评价机构的学科影响力。

2016年9月22日,THE 发布了2016—2017学科排名(全球百强),筛选出各学科全球前100 的机构。本次新增了2门学科:计算机科学、商学与经济学。参与排名的八大学科包括:艺术与人文学(Arts & Humanities),商学与经济学(Business & Economics),临床医学与健康(Clinical, Pre-clinical & Health),计算机科学(Computer Science),工程与技术学(Engineering & Technology),生命科学(Life Sciences),物理学(Physical Sciences),社会科学(Social Sciences)。

工程与技术学是国内进榜高校数最多的学科,共有7所;其次是计算机科学,有6所;商学与经济学、物理学各有4所;临床医学与健康有3所;艺术与人文学、社会科学各有2所;生命科学有1所。

全国有北京、上海、江苏、浙江、安徽共5个省市8所高校进入 THE 学科排行榜,进入的学科数为29个。北京有3所高校进入排行榜,上海有2所高校,安徽、江苏、浙江各有1所。北京大学进榜的学科最多,有8个;清华大学有7个;复旦大学有4个;中国科学技术大学有3个;上海交通大学、南京大学、浙江大学各有2个;中国人民大学有1个。南京大学的计算机科学(第63位,全国第5位)、工程与技术学(第85位,全国第7位)2个学科进入排名。

全国进入全球前50位的学科有北京大学的工程与技术学(第12位,全国第1位)、商学与经济学(第18位,全国第1位)、物理学(第19位,全国第1位)、生命科学(第26位,全国第1位)、艺术与人文学(第27位,全国第1位)、计算机科学(第27位,全国第2位)、社会科学(并列第35位,全国第1位);清华大学的计算机科学(第21位,全国第1位)、工程与技术学(第23位,全国第2位)、商学与经济学(第31位,全国第2位)、物理学(第34位,全国第2位);中国科学技术大学的工程与技术学(第38位,全国第3位);浙江大学的计算机科学(第39位,全国第3位)(表2-57~表2-59)。

表2-57 THE 学科排行榜指标体系　　　　　　　　　　单位:%

学科	教学	科研	论文引用	国际化程度	毕业后薪酬
艺术与人文学	37.50	37.50	15.00	7.50	2.50
商学与经济学	32.50	32.50	25.00	7.50	2.50
临床医学与健康	27.50	27.50	35.00	7.50	2.50
计算机科学	30.00	30.00	27.50	7.50	5.00
工程与技术学	30.00	30.00	27.50	7.50	5.00
生命科学	27.50	27.50	35.00	7.50	2.50
物理学	27.50	27.50	35.00	7.50	2.50
社会科学	27.50	27.50	35.00	7.50	2.50

表 2-58　全国与江苏高校进入 THE 学科排行榜的学科类别及数量

学科	全国高校数/所	江苏高校数/所	全球机构/所
工程与技术学	7	1	101
计算机科学	6	1	101
商学与经济学	4	0	99
物理学	4	0	101
临床医学与健康	3	0	100
艺术与人文学	2	0	102
社会科学	2	0	101
生命科学	1	0	100

表 2-59　全国各地区高校进入 THE 学科排行榜的学科分布情况

地区(学科数/个)	高校名称(学科数/个)	学科	全国排名	全球排名
北京(16)	北京大学(8)	艺术与人文学	1	27
		商学与经济学	1	18
		工程与技术学	1	12
		生命科学	1	26
		物理学	1	19
		社会科学	1	并列 35
		临床医学与健康	2	75
		计算机科学	2	27
	清华大学(7)	临床医学与健康	1	58
		计算机科学	1	21
		艺术与人文学	2	并列 66
		商学与经济学	2	31
		工程与技术学	2	23
		物理学	2	34
		社会科学	2	并列 71
	中国人民大学(1)	商学与经济学	4	87

续表

地区(学科数/个)	高校名称(学科数/个)	学科	全国排名	全球排名
上海(6)	复旦大学(4)	商学与经济学	3	65
		临床医学与健康	3	93
		物理学	3	70
		工程与技术学	6	72
	上海交通大学(2)	计算机科学	4	55
		工程与技术学	4	并列53
安徽(3)	中国科学技术大学(3)	工程与技术学	3	38
		物理学	4	并列87
		计算机科学	6	78
江苏(2)	南京大学(2)	计算机科学	5	63
		工程与技术学	7	85
浙江(2)	浙江大学(2)	计算机科学	3	49
		工程与技术学	5	67

(2) QS

QS世界大学排名由英国国际教育市场咨询公司夸夸雷利·西蒙兹公司(Quacquarelli Symonds,QS)发布,自2011年起,每年评选出学科领域内排名靠前的机构。QS世界大学排名将5个一级学科领域精细划分成46个二级学科。其学科评价体系由4个指标组成:学术声誉和雇主声誉通过进行全球问卷调查的形式评估机构在各学科领域的国际声誉,是一种主观评价方式;篇均被引和H指数基于发表文献的领域内研究能力进行衡量,是一种客观的评价方式。每个学科的指标因学科的不同而设置不同的权重,相较于自然科学、生命科学和工程技术领域,人文社科领域更侧重学术声誉的调研数据。QS通过对4个指标主客观评价的有效结合,评估全球大学在各学科领域的综合影响力。

2017年3月8日,最新QS世界大学排名发布。由于各学科的参选机构数不一致,最后筛选出各学科的全球排名靠前高校数在50~500所之间,此次QS排名总计评估了来自全世界74个国家的1 127所高校。本次排名比2016年新增4个学科,分别是解剖学、酒店管理与休闲管理、体育相关学科、神学。

全国共有73所高校562个学科进入QS学科排名,覆盖43个学科领域,未入围的 3 个学科分别是表演艺术、兽医学、酒店管理与休闲管理。江苏共有 9 所高校 47 个学科入围,高校数和学科数占全国的 13.5% 和 8.4%,覆盖 QS 28 个二级学科领域。

从全国高校的学科来看,化学、材料科学、计算机科学与信息系统、机械工程、电子电气工程是学科数前 5 位的学科,均有 30 所及以上的高校入围;生物科学等 17 个学科的入围高校数在 10~30 所之间;另有地质学等 21 个学科的数量在 10 所以下。江苏高校进榜学科数最多的 5 个学科分别是计算机科学与信息系统、机械工程、生物科学、医学、农学和林学,另有 23 个学科的入围高校数分别为 2 和 1 所。江苏高校目前未进榜的学科包括:哲学、传播学与媒体研究、教育学、社会学、政治与国际研究、社会政策与行政管理、心理学、历史学、牙医学、发展研究、解剖生理学、护理学、人类学、神学、体育相关学科。

从全国高校来看,北京大学、清华大学、复旦大学和浙江大学进入学科排行榜的学科数最多,分别为 37、33、28、28 个。其次是南京大学、上海交通大学、北京师范大学、武汉大学和中山大学,学科数均在 20 个及以上。南开大学等 14 所高校进榜的学科数介于 10~20 个之间。北京航空航天大学等 50 所高校的学科数低于 10 个。江苏高校进榜学科数最多的是南京大学,有 26 个;其次是东南大学,有 8 个。苏州大学、南京理工大学、南京航空航天大学、南京农业大学、江南大学、中国矿业大学和中国药科大学进榜的学科数均低于 5 个。

江苏全球排名最高的是中国矿业大学的采矿工程(第 27 位,全国第 1 位),其次是南京大学的采矿工程(第 42 位,全国第 4 位)。另有 5 个学科进入全球前 100 位,分别是:南京农业大学的农学和林学(第 51~100 位,全国第 2 位),南京大学的化学工程(第 51~100 位,全国第 3 位),南京大学的现代语言学(第 51~100 位,全国第 4 位),南京大学的化学(第 51~100 位,全国第 5 位),南京大学的材料科学(第 51~100 位,全国第 6 位)(表 2-60~表 2-62)。

表 2-60　QS 学科排行榜指标体系　　　　　　　　　　　单位:%

学科领域	学科	学术声誉	雇主声誉	篇均被引	H 指数
人文艺术	考古学	70	10	10	10
	建筑学				
	艺术与设计	90	10	0	0
	英语语言与文学	80	10	10	0
	历史学	60	10	15	15

续表

学科领域	学科	学术声誉	雇主声誉	篇均被引	H指数
人文艺术	语言学	80	10	5	5
	现代语言	70	30	0	0
	表演艺术	90	10	0	0
	哲学	75	5	10	10
	神学	70	10	10	10
工程技术	化学工程	40	30	15	15
	土木工程				
	计算机科学与信息系统				
	电子电气工程				
	机械工程				
	采矿工程	50	20	15	15
生命科学	农学和林学	50	10	20	20
	解剖生理学	40	10	25	25
	生物科学				
	医学				
	药学与药理学				
	牙医学	30	10	30	30
	护理学				
	兽医学				
	心理学	40	20	20	20
理学	化学	40	20	20	20
	数学				
	物理学与天文学				
	地球与海洋科学	40	10	25	25
	环境科学				
	材料科学				
	地质学	60	10	15	15

续表

学科领域	学科	学术声誉	雇主声誉	篇均被引	H指数
社会科学	会计与金融	50	30	10	10
	商务与管理				
	人类学	70	10	10	10
	教育学	50	10	20	20
	传播学与媒体研究				
	统计学与运筹学				
	发展研究	60	10	15	1
	体育相关学科				
	经济学和计量经济学	40	20	20	20
	酒店管理与休闲管理	80	15	5	0
	法学	50	30	5	15
	政治与国际研究	50	30	10	10
	社会政策与行政管理	70	20	10	0
	社会学	70	10	5	15

表2-61 全国与江苏高校进入QS学科排行榜的学科类别及数量 单位:所

学科	全国高校数	江苏高校数	全球机构数	学科	全国高校数	江苏高校数	全球机构数
化学	37	2	502	地质学	9	1	201
材料科学	35	2	300	艺术与设计	9	1	200
计算机科学与信息系统	33	4	501	哲学	9	0	200
机械工程	32	3	400	会计与金融	8	1	200
电子电气工程	30	2	402	地球与海洋科学	6	1	201
生物科学	29	3	500	采矿工程	5	2	53
数学	29	2	402	传播学与媒体研究	5	0	200
化学工程	27	2	301	教育学	5	0	302
物理学与天文学	26	1	502	考古学	5	1	200

学科	全国高校数	江苏高校数	全球机构数	学科	全国高校数	江苏高校数	全球机构数
医学	21	3	501	社会学	5	0	301
农学和林学	18	3	300	政治与国际研究	5	0	201
现代语言学	17	1	300	社会政策与行政管理	4	0	100
环境科学	16	1	302	心理学	4	0	300
经济学和计量经济学	16	1	404	历史学	3	0	200
语言学	16	1	300	牙医学	3	0	51
土木工程	14	1	200	发展研究	2	0	100
药学与药理学	13	2	300	解剖生理学	2	0	100
法学	12	1	300	护理学	1	0	100
建筑学	12	2	201	人类学	1	0	100
统计学与运筹学	12	1	201	神学	1	0	100
商务与管理	11	1	302	体育相关学科	1	0	102
英语语言与文学	10	1	300				

表2-62 全国高校进入QS学科排行榜的学科分布情况　　单位:个

高校名称	学科数	地区	高校名称	学科数	地区
北京大学	37	北京	北京外国语大学	3	北京
清华大学	33	北京	兰州大学	3	甘肃
复旦大学	28	上海	南京理工大学	3	江苏
浙江大学	28	浙江	上海外国语大学	3	上海
南京大学	26	江苏	中国农业大学	3	北京
上海交通大学	26	上海	北京化工大学	2	北京
北京师范大学	24	北京	北京邮电大学	2	北京
武汉大学	20	湖北	东华大学	2	上海
中山大学	20	广东	南京航空航天大学	2	江苏

续表

高校名称	学科数	地区	高校名称	学科数	地区
南开大学	14	天津	南京农业大学	2	江苏
西安交通大学	14	陕西	上海财经大学	2	上海
中国科学技术大学	14	安徽	西安电子科技大学	2	陕西
中国人民大学	14	北京	西北工业大学	2	陕西
华中理工大学	13	湖北	中国科学院大学	2	北京
上海大学	13	上海	北京林业大学	1	北京
同济大学	13	上海	东北大学	1	辽宁
大连理工大学	12	辽宁	东北农业大学	1	黑龙江
哈尔滨工业大学	12	黑龙江	对外经济贸易大学	1	北京
华南理工大学	11	广东	哈尔滨工程大学	1	黑龙江
厦门大学	11	福建	合肥工业大学	1	安徽
山东大学	11	山东	湖南大学	1	湖南
北京理工大学	10	北京	华北电力大学	1	北京
吉林大学	10	吉林	华南农业大学	1	广东
北京航空航天大学	9	北京	华中农业大学	1	湖北
北京工业大学	8	北京	暨南大学	1	广东
北京科技大学	8	北京	江南大学	1	江苏
东南大学	8	江苏	山东农业大学	1	山东
华东师范大学	8	上海	西北农林科技大学	1	陕西
四川大学	8	四川	郑州大学	1	河南
天津大学	8	天津	中国地质大学	1	湖北
华东理工大学	7	上海	中国矿业大学	1	江苏
中南大学	6	湖南	中国石油大学	1	山东
北京交通大学	5	北京	中国药科大学	1	江苏

续表

高校名称	学科数	地区	高校名称	学科数	地区
电子科技大学	4	四川	中国政法大学	1	北京
武汉理工大学	4	武汉	中央财经大学	1	北京
重庆大学	4	重庆	中央美术学院	1	北京
苏州大学	3	江苏			

(3) USNews

USNews 世界大学排名（U. S. News & World Report Best Global Universities Rankings），又译 USNews 全球最佳大学排名，由美国《美国新闻与世界报道》（U. S. News & World Report）于 2014 年 10 月 28 日首次发布，根据大学的学术水平、国际声誉等 10 项指标得出全球最佳大学排名，以便为全世界的学生在全球范围选择理想的大学提供科学的参考依据。USNews 世界大学排名是美国最权威的大学排名之一，除了关注美国大学本科排名和美国大学研究生院排名，随着高等教育的全球化，也正式推出了世界大学排名。2016 年 10 月 24 日，USNews 发布 2017 年世界大学排名，共有来自 60 多个国家和地区的 1 000 所大学入围。同时，USNews 推出了学科排名，评选出各学科全球前 200 位或前 400 位的大学。

USNews 共分为 22 个学科，22 个学科归属为三大领域，分别是艺术与人文、社会科学和自然科学。22 个学科为农业学科、艺术与人文学、生物学与生物化学、化学、临床医学、计算机科学、经济学与商学、工程学、环境科学与生态学、地球科学、免疫学、材料科学、数学、微生物学、分子生物学与遗传学、神经科学与行为学、药理学与毒理学、物理学、植物学与动物学、精神病学与心理学、社会科学与公共卫生、空间科学。

USNews 学科排行榜指标体系因学科领域不同而不同，艺术与人文有 10 个指标，自然科学和社会科学有 8 个指标；指标权重也因学科类别不同而略有区别，相较于艺术与人文，自然科学和社会科学少了图书和会议论文两个指标；艺术与人文的指标权重稍微侧重声誉及图书和会议论文，自然科学和社会科学的指标权重更侧重于学术论文及其国际影响力。三大领域的指标体系均覆盖了声誉、科研和国际影响力方面，能够科学地评价各机构在不同学科领域的综合实力。

全国高校覆盖 USNews 的 21 个学科领域，艺术与人文学未进入排名。材料科学进榜高校数为 68 所，是进榜高校数最多的学科，其次是工程学 57 所，第三是化学48所,分别占全球机构数的17%、14%、12%。

全国有24个地区100所高校的414个学科进入了排名。从地区来看,北京、江苏、上海进入USNews学科排名的高校数位列前三,北京有15所高校,江苏有13所,上海11所;从学科数量来看,北京大学有20个学科进榜,浙江大学、复旦大学均有17个,上海交通大学有16个。

江苏有13所高校45个学科进入了排名,高校数与学科数分别占全国的13.0%和10.9%,涵盖了14个学科领域。从高校来看,南京大学进榜的学科数最多,有11个;其次苏州大学有8个;东南大学有6个;江苏大学、南京工业大学、南京理工大学各有3个;江南大学、南京航空航天大学、南京农业大学、南京医科大学各有2个;河海大学、中国矿业大学、中国药科大学各有1个。从学科来看,材料科学、工程学、化学进榜的高校数排在前三位。江南大学的农业学科(第11位,全国第3位)全球排名最高,其次是南京农业大学的农业学科(第13位,全国第4位),第三是南京大学的化学(第16位,全国第4位)。另外,东南大学的工程学、计算机科学、材料科学,南京大学的地球科学、材料科学、物理学、计算机科学、数学,南京农业大学的植物学与动物学,中国药科大学的药理学与毒理学,苏州大学的材料科学,均进入全球前100位。位于全球100~200位的10个学科有苏州大学的化学、药理学与毒理学、数学,南京大学的工程学、环境科学与生态学、空间科学,东南大学的数学,南京医科大学的药理学与毒理学,南京航空航天大学的工程学,江南大学的工程学。江苏高校排名全球200~300位的学科共有9个,进入全球300~400位的学科有12个。USNews学科排行榜中,江苏在艺术与人文学、经济学与商学、免疫学、微生物学、分子生物学与遗传学、神经科学与行为学、精神病学与心理学、社会科学与公共卫生8个学科亟待突破。

表2-63 USNews学科排行榜指标体系

学科	世界学术声誉	区域学术声誉	论文发表	图书	会议论文	规范化引文影响力	总引文	前10%高被引论文数	前10%高被引论文所占比例	国际合作研究
自然科学	12.5%	12.5%	15%	N/A	N/A	10%	15%	15%	10%	10%
社会科学	12.5%	12.5%	17.5%	N/A	N/A	7.5%	12.5%	17.5%	10%	10%
艺术与人文	20%	15%	10%	15%	5%	7.5%	7.5%	7.5%	7.5%	5%

表2-64 全国与江苏高校进入 USNews 学科排行榜的学科类别及数量　　单位:所

学科	全国与江苏高校数	江苏高校数	全球机构数
农业学科	11	2	200
艺术与人文学	0	0	200
生物学与生物化学	27	3	400
化学	48	6	400
临床医学	19	3	400
计算机科学	27	2	200
经济学与商学	7	0	200
工程学	57	10	400
环境科学与生态学	12	1	200
地球科学	11	1	200
免疫学	5	0	200
材料科学	68	7	400
数学	28	3	200
微生物学	5	0	200
分子生物学与遗传学	7	0	200
神经科学与行为学	5	0	200
药理学与毒理学	17	3	200
物理学	24	2	400
植物学与动物学	21	1	400
精神病学与心理学	2	0	200
社会科学与公共卫生	9	0	400
空间科学	4	1	200

表 2-65　全国各地区高校进入 USNews 学科排行榜的学科分布情况　　　单位:个

地区	高校名称	学科数	地区	高校名称	学科数
北京	北京大学	20	辽宁	大连理工大学	6
	清华大学	13		东北大学	3
	北京师范大学	10		天津医科大学	2
	中国农业大学	6		沈阳药科大学	1
	北京航空航天大学	5		中国医科大学	1
	北京理工大学	5	浙江	浙江大学	17
	北京化工大学	3		浙江工业大学	2
	北京交通大学	3		浙江师范大学	2
	北京科技大学	3		浙江理工大学	1
	首都医科大学	3	广东	中山大学	15
	北京工业大学	2		华南理工大学	6
	北京林业大学	2		华南师范大学	3
	北京邮电大学	2		华南农业大学	2
	中国人民大学	2	安徽	中国科学技术大学	9
	华北电力大学	1		合肥工业大学	3
江苏	南京大学	11		安徽大学	1
	苏州大学	8		安徽工业大学	1
	东南大学	6	湖南	中南大学	8
	江苏大学	3		湖南大学	3
	南京工业大学	3		国防科技大学	2
	南京理工大学	3		湘潭大学	1
	江南大学	2	山东	山东大学	8
	南京航空航天大学	2		中国海洋大学	3
	南京农业大学	2		中国石油大学	2
	南京医科大学	2		山东农业大学	1
	河海大学	1	四川	四川大学	7
	中国矿业大学	1		电子科技大学	4
	中国药科大学	1		西南交通大学	3
上海	复旦大学	17		四川农业大学	1

续表

地区	高校名称	学科数	地区	高校名称	学科数
上海	上海交通大学	16	黑龙江	哈尔滨工业大学	8
	同济大学	8		哈尔滨工程大学	2
	上海大学	6		东北林业大学	1
	华东理工大学	4	天津	南开大学	7
	华东师范大学	4		天津大学	3
	东华大学	3		天津工业大学	1
	第二军医大学	2	福建	厦门大学	6
	上海师范大学	2		福州大学	2
	上海财经大学	1		福建农林大学	1
	上海科技大学	1	武汉	武汉大学	11
陕西	西安交通大学	7		武汉理工大学	3
	第四军医大学	2	吉林	吉林大学	7
	西安电子科技大学	2		东北师范大学	2
	西北大学	2	重庆	西南大学	3
	西北工业大学	2		重庆大学	2
	西北农林科技大学	2	甘肃	兰州大学	7
湖北	华中科技大学	9	河南	郑州大学	2
	华中农业大学	3	河北	燕山大学	1
	中国地质大学	3	江西	南昌大学	1
	华中师范大学	2	山西	太原理工大学	1
	湖北大学	1	云南	昆明理工大学	1

（4）ARWU

世界大学学术排名（Academic Ranking of World Universities，简称 ARWU），于 2003 年由上海交通大学高等教育研究院（前身为高等教育研究所）世界一流大学研究中心首次发布，是世界范围内首个综合性的全球大学排名，ARWU 学科排行称为软科世界一流学科排名。该排行榜分理学、工学、生命科学、医学和社会科学五大领域，又下设 52 个学科。其评价指标体系偏重学术研究，涉及论文总数（PUB）、论文标准化影响力（CNCI）、国际合作论文比例（IC）、教师获权威奖项数（AWARD）和顶尖期刊论文数（TOP）5 方面，指标权重因学科而不同。

2017年6月28日,上海软科正式发布2017年世界大学学科领域排名,此次排名共有来自80个国家的1 400余所高校最终出现在各个学科的榜单上。排名分别展示了各学科全球前50、前100、前200、前300、前400或者前500位的大学。

全国共有162所高校1 280个学科进入ARWU学科排名,覆盖五大学科领域、48个学科,未入围的4个学科分别是法学、新闻传播学、公共管理、社会科学,均属于社会科学领域。江苏共有23所高校175个学科入围,高校数和学科数占全国的14.2%和13.7%,覆盖ARWU 38个学科。

从学科来看,材料科学与工程、化学、电力电子工程、数学、计算机科学与工程是学科数前5位的学科,均有60所及以上的高校入围;纳米科学与工程等27个学科的入围高校数在10~60所之间;另有地理学等16个学科的数量在10所以下。电力电子工程、计算机科学与工程、材料科学与工程、化学是江苏学科数最多的4个学科,均有10所及以上的高校入围;数学等15个学科的入围高校数介于5~10所之间;另有生物学等19个学科的入围高校数在5所以下。相较于全国,江苏目前未进榜的学科包括经济学、金融学、工商管理、心理学、政治学、教育学、旅游休闲管理、医学技术、护理学、生态学。

从高校来看,北京大学、清华大学、上海交通大学、浙江大学和中山大学进入学科排行榜的学科数最多,分别为42、37、34、33、31个;其次是南京大学等13所高校进榜学科数均在20个及以上;华南理工大学等29所高校进榜的学科数介于10~20个;南京工业大学等115所高校的学科数介于1~10。江苏进榜学科数最多的是南京大学,有29个;其次是东南大学22个;苏州大学、江南大学、南京航空航天大学、南京理工大学4所高校进榜的学科数介于10~20个;南京工业大学等17所高校进榜的学科数介于1~10个。

进入全球前10位的江苏高校学科有5个:江南大学的食品科学与工程(第2位,全国第1位),中国矿业大学的矿业工程(第5位,全国第4位),河海大学的水资源工程(第7位,全国第2位),南京农业大学的农学(第7位,全国第2位),东南大学的仪器科学(第10位,全国第6位)。进入全球前20位的江苏高校学科还包括:东南大学的通信工程(第11位,全国第5位),南京大学的矿业工程(第13位,全国第5位),南京农业大学的食品科学与工程(第15位,全国第5位)。另外,苏州大学的生物医学工程(第21位,全国第3位)等8个学科进入全球前30位,东南大学的土木工程(第31位,全国第5位)等6个学科进入全球前40位,南京大学的水资源工程(第43位,全国第7位)等2个学科进入全球前50位。

表 2-66　ARWU 学科排行榜指标体系　　　　　　　　　　单位:%

学科领域	学科	论文数	论文标准化影响力	国际合作论文比例	顶尖期刊论文数	教师获权威奖项数
工学	材料科学与工程	100	100	20	100	100
	电力电子工程					
	化学工程					
	环境科学与工程					
	机械工程					
	控制科学与工程					
	生物医学与工程					
	土木工程					
	矿业工程	100	100	20	100	0
	交通运输工程					
	船舶与海洋工程					
	纳米科学与技术					
	遥感技术					
	冶金工程					
	仪器科学					
	生物工程					
	食品科学与工程					
	水资源工程					
	通信工程					
	能源科学与工程	100	100	20	200	0
	航空航天工程					
	计算机科学与工程	100	100	20	20	180
理学	地球科学	100	100	20	100	100
	化学					
	数学					
	物理学					
	地球学	100	100	20	100	0
	生态学					

续表

学科领域	学科	论文数	论文标准化影响力	国际合作论文比例	顶尖期刊论文数	教师获权威奖项数
社会科学	法学	150	100	10	150	0
	工商管理					
	管理学					
	教育学					
	社会学					
	心理学					
	新闻传播学					
	政治学					
	公共管理	150	100	10	100	0
	金融学					
	旅游休闲管理					
	图书情报科学					
	统计学	150	100	10	100	100
	经济学					
生命科学	基础医学	100	100	20	100	0
	农学					
	生物学	100	100	20	100	100
	兽医学	100	100	20	200	0
医学	公共卫生	100	100	20	100	0
	医学技术					
	护理学	100	100	20	200	0
	口腔医学	100	100	20	100	100
	临床医学					
	药学					

表2-67　全国与江苏高校进入ARWU学科排行榜的学科类别及数量　　单位:所

学科	全国与江苏高校数	江苏高校数	全球机构数	学科	全国与江苏高校数	江苏高校数	全球机构数
材料科学与工程	81	10	500	公共卫生	18	2	500
化学	71	10	500	水资源工程	17	2	200
电力电子工程	63	11	500	临床医学	16	2	500
数学	63	9	500	统计学	16	1	200
计算机科学与工程	60	11	500	矿业工程	13	2	50
纳米科学与技术	57	9	300	兽医学	13	2	200
化学工程	54	9	300	地球科学	13	1	300
能源科学与工程	54	7	300	交通运输工程	12	1	100
环境科学与工程	50	8	500	地理学	9	1	200
农学	48	8	500	口腔医学	9	1	200
仪器科学	46	5	300	经济学	9	0	300
药学	44	6	500	船舶与海洋工程	8	1	50
食品科学与工程	40	6	300	金融学	8	0	200
冶金工程	40	6	200	航空航天工程	7	1	50
生物工程	38	5	300	遥感技术	7	1	50
生物医学工程	37	5	300	工商管理	7	0	200
机械工程	36	5	300	图书情报科学	6	1	100
土木工程	36	5	300	医学技术	6	0	200
生物学	33	4	500	生态学	3	0	300
基础医学	30	4	500	心理学	2	0	300
通信工程	28	5	200	政治学	2	0	200
管理学	27	2	400	护理学	1	0	100
物理学	22	3	500	教育学	1	0	300
控制科学与工程	18	3	100	旅游休闲管理	1	0	100

表 2-68 全国高校进入 ARWU 学科排行榜的学科分布情况　　单位:个

高校名称	学科数	地区	高校名称	学科数	地区
北京大学	42	北京	安徽大学	4	安徽
清华大学	37	北京	北京林业大学	4	北京
上海交通大学	34	上海	华南农业大学	4	广东
浙江大学	33	浙江	华南师范大学	4	广东
中山大学	31	广东	青岛科技大学	4	山东
南京大学	29	江苏	上海财经大学	4	上海
华中科技大学	28	湖北	深圳大学	4	广东
复旦大学	27	上海	太原理工大学	4	山西
武汉大学	27	湖北	天津医科大学	4	天津
山东大学	25	山东	浙江师范大学	4	浙江
同济大学	24	上海	中国人民大学	4	北京
四川大学	23	四川	第三军医大学	4	重庆
中国科学技术大学	23	安徽	中国石油大学(华东)	4	山东
东南大学	22	江苏	中国药科大学	4	江苏
哈尔滨工业大学	22	黑龙江	中国医科大学	4	辽宁
厦门大学	22	福建	扬州大学	3	江苏
北京师范大学	20	北京	安徽理工大学	3	安徽
中南大学	20	湖南	北京邮电大学	3	北京
华南理工大学	19	广东	大连海事大学	3	辽宁
南开大学	19	天津	东北农业大学	3	黑龙江
西安交通大学	19	陕西	哈尔滨医科大学	3	黑龙江
北京航空航天大学	18	北京	杭州师范大学	3	浙江
大连理工大学	18	辽宁	宁波大学	3	浙江
吉林大学	18	吉林	山东农业大学	3	山东
天津大学	18	天津	山西大学	3	山西
苏州大学	15	江苏	陕西师范大学	3	陕西
北京理工大学	15	北京	上海师范大学	3	上海

续表

高校名称	学科数	地区	高校名称	学科数	地区
重庆大学	15	重庆	西北大学(中国)	3	陕西
湖南大学	14	湖南	浙江理工大学	3	浙江
兰州大学	14	甘肃	解放军理工大学	3	江苏
东北大学	13	辽宁	中国石油大学(北京)	3	北京
华东理工大学	13	上海	重庆医科大学	3	重庆
上海大学	13	上海	南京中医药大学	2	江苏
华东师范大学	12	上海	南京林业大学	2	江苏
江南大学	12	江苏	安徽医科大学	2	安徽
南京航空航天大学	12	江苏	东北林业大学	2	黑龙江
北京科技大学	11	北京	广东工业大学	2	广东
电子科技大学	11	四川	黑龙江大学	2	黑龙江
东华大学	11	上海	昆明理工大学	2	云南
合肥工业大学	11	安徽	曲阜师范大学	2	山东
南京理工大学	11	江苏	首都师范大学	2	北京
西北工业大学	11	陕西	四川农业大学	2	四川
西南大学	11	重庆	天津工业大学	2	天津
中国海洋大学	11	山东	燕山大学	2	河北
北京交通大学	10	北京	中国矿业大学(北京)	2	北京
哈尔滨工程大学	10	黑龙江	中欧国际工商学院	2	上海
中国农业大学	10	北京	中央财经大学	2	北京
南京工业大学	9	江苏	江苏师范大学	1	江苏
北京化工大学	9	北京	常州大学	1	江苏
国防科技大学	9	湖南	南京财经大学	1	江苏
武汉理工大学	9	湖北	安徽师范大学	1	安徽
江苏大学	8	江苏	大连医科大学	1	辽宁
北京工业大学	8	北京	对外经济贸易大学	1	北京
福州大学	8	福建	福建农林大学	1	福建

续表

高校名称	学科数	地区	高校名称	学科数	地区
首都医科大学	8	北京	广西医科大学	1	广西
浙江工业大学	8	浙江	贵州大学	1	贵州
第四军医大学	7	陕西	河南理工大学	1	河南
河海大学	7	江苏	河南农业大学	1	河南
暨南大学	7	广东	河南师范大学	1	河南
西北农林科技大学	7	陕西	湖北大学	1	湖北
西南交通大学	7	四川	湖北工业大学	1	湖北
郑州大学	7	河南	湖南农业大学	1	湖南
南京师范大学	6	江苏	内蒙古农业大学	1	内蒙古
南京医科大学	6	江苏	山西师范大学	1	山西
南京邮电大学	6	江苏	上海海洋大学	1	上海
第二军医大学	6	上海	上海理工大学	1	上海
华北电力大学	6	北京	上海中医药大学	1	上海
华中农业大学	6	湖北	沈阳农业大学	1	辽宁
华中师范大学	6	湖北	沈阳药科大学	1	辽宁
南京农业大学	6	江苏	天津科技大学	1	天津
中国地质大学(武汉)	6	湖北	温州大学	1	浙江
东北师范大学	5	吉林	温州医科大学	1	浙江
杭州电子科技大学	5	浙江	西北师范大学	1	甘肃
济南大学	5	山东	西南财经大学	1	四川
南昌大学	5	江西	烟台大学	1	山东
南方医科大学	5	广东	云南大学	1	云南
西安电子科技大学	5	陕西	云南师范大学	1	云南
湘潭大学	5	湖南	长沙理工大学	1	湖南
中国地质大学(北京)	5	北京	浙江工商大学	1	浙江
中国矿业大学(徐州)	5	江苏	浙江农林大学	1	浙江
南京信息工程大学	4	江苏	中国计量大学	1	浙江

(5) CWUR

CWUR世界大学排名(CWUR World University Rankings,简称CWUR)是世界大学排名中心(Center For World University Rankings)发布的世界大学排名之一。该排名最初是沙特阿拉伯吉达的一个项目,旨在对世界前100所大学进行评级。2014年开始,CWUR世界大学排名由前100名大学扩大到全球18 000所大学中的前1 000名。目前CWUR已成为全球最大的世界大学排名之一。2016年起,CWUR的总部设在阿拉伯联合酋长国吉达。从2019年开始,CWUR世界大学排名已覆盖至全球前2 000名大学。CWUR自称是世界上唯一不依赖调查和各大学提供数据,而是通过教学质量、毕业生就业率以及教师素质在内的7个指标评定出的世界上最好的大学排行榜。

CWUR学科排行榜的具体指标包括教育质量、校友就业、师资力量、研究成果、论文发表、影响力、论文引用7个方面。

① 教育质量Quality of Education(15%):根据获得重要国际性奖项的大学校友人数与大学规模的比较。

② 校友就业Alumni Employment(15%):根据在世界顶尖公司任职CEO大学校友人数与大学规模的比较。

③ 师资力量Quality of Faculty(15%):根据该大学获得重要国际性奖项的学者人数。

④ 研究成果Research Output(15%):根据发表研究论文的总数。

⑤ 论文发表Quality Publications(15%):根据研究论文在顶级期刊中的发表数量。

⑥ 影响力Influence(15%):根据研究论文在高影响力期刊中的发表数量。

⑦ 论文引用Citations(10%):被高频引用的研究论文数量。

CWUR学科排行榜的学科主要按照JCR(期刊引证报告)的学科分类进行划分,共分为227个学科。其统计数据来源于科睿唯安(Clarivate Analytics,原汤森路透旗下的知识产权与科技事业部)。CWUR根据各大学最近10年间在顶级期刊上发表的研究型文献数量,在2017年发布了世界一流大学的学科排名。

2017年4月3日,世界大学排名中心发布2017年CWUR学科排名。该排名列举了227个学科中排名全球前10的机构,旨在找出各个学科类别中世界领先的大学。

全国共有64所高校、309个学科进入CWUR学科排名,覆盖76个学科。江苏共有11所高校、26个学科入围,高校数和学科数分别占全国的17.2%和8.4%,

覆盖 CWUR 23 个学科。

从学科来看,涂料与薄膜材料科学、男科学 2 个学科的前 10 位均由中国高校占领;农业工程、电化学、能源与燃料、冶金工程 4 个学科均有 9 所中国高校上榜;分析化学等 22 个学科的全国高校数介于 5~8 所,另有农业综合等 48 个学科的全国高校数在 5 所以下。男科学、应用化学、农业综合 3 个学科,江苏有 2 所高校上榜;农业工程等 20 个学科,江苏均有 1 所高校入围。相较于全国,江苏目前在 53 个学科方面的发展相对滞后,未进入榜单。

从高校来看,清华大学进榜的学科数最多,有 34 个;其次是浙江大学(29 个)和上海交通大学(21 个)。另有哈尔滨工业大学、中国科学院大学、大连理工大学、中国科学技术大学和北京大学进榜的学科数介于 10~20 个;华中科技大学等 56 所高校进榜的学科数在 10 个以下。江苏进榜学科数最多的是南京大学,有 6 个;其次是南京农业大学,有 5 个;东南大学和江南大学进榜的学科数为 4 个;苏州大学等 7 所高校进榜的学科数均为 1 个。

江苏高校全球排名第 1 位的学科有 5 个:南京大学的分析化学(第 1 位,全国第 1 位),南京大学的无机化学与核化学(第 1 位,全国第 1 位),南京大学的晶体学(第 1 位,全国第 1 位),江南大学的应用化学(第 1 位,全国第 1 位),东南大学的建筑与建筑技术(第 1 位,全国第 1 位)。进入全球前 3 位的江苏高校学科还包括:中国药科大学的药物化学(第 3 位,全国第 1 位),江南大学的食品科学与技术(第 3 位,全国第 2 位),南京医科大学的男科学(第 3 位,全国第 3 位),南京林业大学的纸与木材(第 3 位,全国第 3 位)。

表 2-69　全国与江苏高校进入 CWUR 学科排行榜的学科类别及数量　　单位:所

学科	全国与江苏高校数	江苏高校数	学科	全国与江苏高校数	江苏高校数	学科	全国与江苏高校数	江苏高校数
男科学	10	2	遥感	5	0	地质工程	2	1
涂料与薄膜材料科学	10	0	综合工程	5	0	药物化学	2	1
农业工程	9	1	农业综合	4	2	地质学	2	0
电化学	9	0	建筑与建筑技术	4	1	电子工程	2	0
能源与燃料	9	0	无机化学与核化学	4	1	海洋工程	2	0
冶金工程	9	0	纸与木材	4	1	软件工程	2	0
分析化学	8	1	高分子科学	4	0	生物技术	2	0

学科	全国与江苏高校数	江苏高校数	学科	全国与江苏高校数	江苏高校数	学科	全国与江苏高校数	江苏高校数
晶体学	8	1	计算机科学·控制论	4	0	土壤学	2	0
制造工程	8	1	石油工程	4	0	物理化学	2	0
材料表征与测试	8	0	有机化学	4	0	自动化与控制系统	2	0
化学工程	8	0	电信学	3	1	昆虫学	1	1
机械工程	8	0	交通科学与技术	3	1	动物学	1	0
陶瓷材料科学	8	0	食品科学与技术	3	1	海洋与淡水生物学	1	0
土木工程	7	1	应用物理学	3	1	航空航天学工程	1	0
热力学	7	0	成像科学与摄影技术	3	0	计算机科学·理论与方法	1	0
纺织业	6	1	多学科材料科学	3	0	跨学科应用数学	1	0
环境工程	6	1	复合材料科学	3	0	纳米科学与纳米技术	1	0
仪表与仪器	6	0	光学	3	0	生物物理	1	0
应用数学	6	0	海事工程	3	0	生物医学工程	1	0
应用化学	5	2	环境科学	3	0	数学	1	0
农学	5	1	矿物学	3	0	水资源	1	0
园艺学	5	1	力学	3	0	信息系统	1	0
中西医结合	5	1	人工智能	3	0	硬件和结构	1	0
工业工程	5	0	物理,原子,分子与化学	3	0	综合化学	1	0
绿色与可持续科技	5	0	渔业	3	0			
生物材料科学	5	0	植物科学	3	0			

表 2-70 全国高校进入 CWUR 学科排行榜的学科分布情况　　　　　　　单位:个

高校名称	学科数	地区	高校名称	学科数	地区
清华大学	34	北京	华东理工大学	2	上海
浙江大学	29	浙江	华中农业大学	2	湖北
上海交通大学	21	上海	兰州大学	2	甘肃

续表

高校名称	学科数	地区	高校名称	学科数	地区
哈尔滨工业大学	19	黑龙江	武汉理工大学	2	湖北
中国科学院大学	17	北京	西北农林科技大学	2	陕西
大连理工大学	12	辽宁	中国地质大学(武汉)	2	湖北
中国科学技术大学	11	安徽	中国海洋大学	2	山东
北京大学	10	北京	中国石油大学	2	北京
华中科技大学	9	湖北	苏州大学	1	江苏
华南理工大学	8	广东	南京医科大学	1	江苏
中国农业大学	8	北京	南京中医药大学	1	江苏
吉林大学	7	吉林	南京林业大学	1	江苏
西安交通大学	7	陕西	北京化工大学	1	北京
南京大学	6	江苏	北京交通大学	1	北京
天津大学	6	天津	北京科技大学	1	北京
同济大学	6	上海	北京林业大学	1	北京
复旦大学	5	上海	北京协和医院	1	北京
南京农业大学	5	江苏	北京中医药大学	1	北京
山东大学	5	山东	第二军医大学	1	上海
西北工业大学	5	陕西	东北林业大学	1	黑龙江
北京航空航天大学	4	北京	东北师范大学	1	吉林
东南大学	4	江苏	广州中医药大学	1	广东
江南大学	4	江苏	哈尔滨工程大学	1	黑龙江
南开大学	4	天津	湖南大学	1	湖南
四川大学	4	四川	华北电力大学	1	北京
武汉大学	3	湖北	南京航空航天大学	1	江苏
西安电子科技大学	3	陕西	上海中医药大学	1	上海
中国地质大学(北京)	3	北京	西南大学	1	重庆
中南大学	3	湖南	西南石油大学	1	四川
中山大学	3	广东	中国矿业大学	1	江苏
北京师范大学	2	北京	中国人民解放军国防科技大学	1	湖南
东北大学	2	辽宁	中国药科大学	1	江苏

(6) CWTS

CWTS 莱顿大学排名(CWTS Leiden Ranking,简称 CWTS)是一个依照文献计量指标建立的全球大学排名系统,由荷兰的莱顿大学科学技术研究中心(Centrum voor Wetenschap en Technologische Studies)发布,排名结果涵盖世界各大学的科研影响力和合作信息,其数据来自汤森路透旗下的科学网(Web of Science),第一版的 CWTS 莱顿大学排名发布于 2007 年。CWTS 不仅提供全球大学的综合影响力排名,而且提供生物医学与健康科学、生命与地球科学、数学与计算机科学、物理科学与工程学和社会科学与人文学这 5 个主要学科领域的学科排行榜。CWTS 的学科评估体系是基于 Web of Science 数据库中文献发表情况构建的,主要分为影响力指标组和合作指标组。影响力指标组侧重于从高被引文献的发表量及所占比例两个角度进行评估;合作指标组除了常规的统计不同机构间合作的文献量及所占比例,增加了地理协作指标,从合作机构间的地理距离评估机构的合作行为。

2017 年 5 月 17 日,CWTS 发布了 2017 年世界大学学科排行榜,来自全球 54 个不同国家和地区的 903 所院校入围,其中中国高校有 155 所。具体排名方法是基于 2012—2015 年这 4 年中 Web of Science 论文数据,依据各大学发表论文篇数以及各个领域论文引用前 50%、前 10% 或前 1% 等指标来评价全球大学,默认的排名方式为发表的论文篇数。参与排名的五大学科分为生物医学与健康科学、生命与地球科学、数学与计算机科学、物理科学与工程学、社会科学与人文学。鉴于参选各学科的机构数量不等,生物医学与健康科学、物理科学与工程学入围的高校数在 800 所以上,生命与地球科学、数学与计算机科学入围的高校数在 700 所以上,社会科学与人文学入围的高校数在 500 所以上。

中国各地区进入物理科学与工程学排名的高校数最多,有 123 所,占全球机构的 14.5%;生物医学与健康科学有 100 所,占全球机构的 11.7%;数学与计算机科学有 95 所,占全球机构的 13.6%;生命与地球科学有 84 所,占全球机构的 10.8%;社会科学与人文学只有 25 所高校,数量最少,占全球机构的 4.7%。

全国共有 24 个地区 129 所高校的 427 个学科进入 CWTS 排名。从地区来看,位居第 1 位的北京进入排名的高校数有 18 所,学科数共有 61 个;江苏列第 2 位,高校数与北京同是 18 所,学科数为 60 个;上海列第 3 位,高校数 10 所,学科数 40 个。从高校来看,中国科学技术大学、北京大学、清华大学等 22 所高校有 5 个学科进入排行;合肥工业大学、北京工业大学、北京航空航天大学等 37 所高校有 4 个学科进入排行;37 所高校有 3 个学科进入排行;25 所高校有 2 个学科进入排行;8

所高校有1个学科进入排行。

江苏地区有18所高校、60个学科进入排名：东南大学和南京大学有5个；江南大学、江苏大学、南京师范大学、扬州大学有4个；河海大学、南京工业大学、南京理工大学、南京农业大学、南京信息工程大学、南京医科大学、南通大学、苏州大学、中国矿业大学、中国药科大学有3个；南京航空航天大学、南京邮电大学有2个。江苏进入全球前100位的学科有11个：东南大学的数学与计算机科学（第10位，全国第9位），南京农业大学的生命与地球科学（第11位，全国第3位），南京大学的物理科学与工程学（第19位，全国第13位），东南大学的物理科学与工程学（第33位，全国第19位），南京航空航天大学的数学与计算机科学（第39位，全国第18位），苏州大学的物理科学与工程学（第45位，全国第23位），南京大学的生命与地球科学（第50位，全国第6位），南京理工大学的数学与计算机科学（第55位，全国第22位），南京医科大学的生物医学与健康科学（第72位，全国第10位），江南大学的生命与地球科学（第94位，全国第10位），江苏大学的物理科学与工程学（第95位，全国第34位）。江苏在社会科学与人文学领域只有南京大学、东南大学进入排名。

表2-71 CWTS学科排行榜影响力指标体系

影响力指标	指标含义
P(top 1%) and PP(top 1%)	与其他发文量在同年且同领域的情况下进行比较，某一大学的发表文献属于高被引论文前1%的文献量与所占比例
P(top 10%) and PP(top 10%)	与其他发文量在同年且同领域的情况下进行比较，某一大学的发表文献属于高被引论文前10%的文献量与所占比例
P(top 50%) and PP(top 50%)	与其他发文量在同年且同领域的情况下进行比较，某一大学的发表文献属于高被引论文前50%的文献量与所占比例
TCS and MCS	某一大学已发表文献的总被引量及篇均被引量
TNCS and MNCS	规范化学科领域及发表文献的年份后，某一大学已发表文献的总被引量和篇均被引量。例如，MNCS的值为2，表示某一大学已发表文献的总被引量已超过同领域同发表文献年的平均值2倍

表2-72 CWTS学科排行榜合作指标体系

合作指标	指标含义
P(collab) and PP(collab)	某一大学的已发表文献中，与其他1个或多个机构合著的文献量及所占比例
P(int collab) and PP(int collab)	某一大学的已发表文献中，与其他1个或多个国家合著的文献量及所占比例

续表

合作指标	指标含义
P(industry) and PP(industry)	某一大学的已发表文献中,与其他1个或多个工业机构合著的文献量及所占比例。以营利为目的的所有私营行业,包括所有的制造业及服务业,都被认为是工业机构。这其中包括研究机构和其他营利企业全额资金或拥有的企业研发实验室。私人教育行业和私人医疗/卫生行业(包括医院和诊所)中的机构不被划分到工业机构
P(<100 km) and PP(<100 km)	某一大学已发表文献中,地理协作距离小于100 km的发文量及所占比例。文献的地理协作距离等于发表文献的地址列表中距离最远的两个间的地理距离
P(>5 000 km) and PP(>5 000 km)	某一大学已发表文献中,地理协作距离超过5 000 km的发文量及所占比例

表2-73 全国与江苏高校进入CWTS学科排行榜的学科类别及数量　　单位:所

学科	全国高校数	江苏高校数	全球机构数
物理科学与工程学	123	18	851
生物医学与健康科学	100	13	853
数学与计算机科学	95	14	701
生命与地球科学	84	13	775
社会科学与人文学	25	2	535

表2-74 全国高校进入CWTS学科排行榜的学科分布情况　　单位:个

地区	高校名称	学科数	地区	高校名称	学科数
安徽	中国科学技术大学	5	北京	中国人民大学	3
北京	北京大学	5	广东	华南农业大学	3
北京	清华大学	5	广东	深圳大学	3
福建	厦门大学	5	河北	河北大学	3
广东	华南师范大学	5	河南	河南大学	3
广东	中山大学	5	黑龙江	东北农林大学	3
黑龙江	哈尔滨工业大学	5	黑龙江	哈尔滨医科大学	3
湖北	华中科技大学	5	湖北	华中农业大学	3
湖北	武汉大学	5	湖南	湖南师范大学	3
湖南	中南大学	5	江苏	河海大学	3

续表

地区	高校名称	学科数	地区	高校名称	学科数
江苏	东南大学	5	江苏	南京工业大学	3
江苏	南京大学	5	江苏	南京理工大学	3
辽宁	大连理工大学	5	江苏	南京农业大学	3
山东	山东大学	5	江苏	南京信息工程大学	3
陕西	西安交通大学	5	江苏	南京医科大学	3
上海	复旦大学	5	江苏	南通大学	3
上海	华东师范大学	5	江苏	苏州大学	3
上海	上海交通大学	5	江苏	中国矿业大学	3
上海	同济大学	5	江苏	中国药科大学	3
四川	四川大学	5	辽宁	东北大学	3
浙江	浙江大学	5	山东	山东农业大学	3
重庆	西南大学	5	山东	中国石油大学(华东)	3
安徽	合肥工业大学	4	陕西	西北大学	3
北京	北京工业大学	4	陕西	西北工业大学	3
北京	北京航空航天大学	4	上海	第二军医大学	3
北京	北京化工大学	4	上海	华东理工大学	3
北京	北京理工大学	4	四川	四川农业大学	3
北京	北京师范大学	4	四川	西南交通大学	3
北京	中国农业大学	4	云南	云南大学	3
福建	福州大学	4	浙江	温州医科大学	3
甘肃	兰州大学	4	浙江	浙江理工大学	3
广东	华南理工大学	4	安徽	安徽大学	2
广东	暨南大学	4	北京	北京邮电大学	2
广西	广西大学	4	北京	首都医科大学	2
河南	河南师范大学	4	北京	中国石油大学(北京)	2
河南	郑州大学	4	甘肃	西北师范大学	2
湖北	华中师范大学	4	广东	广东工业大学	2

续表

地区	高校名称	学科数	地区	高校名称	学科数
湖南	湖南大学	4	广东	南方医科大学	2
吉林	东北师范大学	4	黑龙江	哈尔滨工程大学	2
吉林	吉林大学	4	湖北	武汉理工大学	2
江苏	江南大学	4	湖北	中国地质大学	2
江苏	江苏大学	4	湖南	湘潭大学	2
江苏	南京师范大学	4	江苏	南京航空航天大学	2
江苏	扬州大学	4	江苏	南京邮电大学	2
江西	南昌大学	4	辽宁	沈阳药科大学	2
山东	中国海洋大学	4	山东	济南大学	2
山西	山西大学	4	山东	青岛大学	2
陕西	陕西师范大学	4	山西	太原理工大学	2
陕西	西安电子科技大学	4	陕西	第四军医大学	2
上海	东华大学	4	陕西	西北农林科技大学	2
上海	上海大学	4	上海	上海理工大学	2
上海	上海师范大学	4	天津	天津工业大学	2
四川	电子科技大学	4	天津	天津医科大学	2
天津	南开大学	4	浙江	浙江师范大学	2
天津	天津大学	4	重庆	第三军医大学	2
云南	昆明理工大学	4	重庆	重庆医科大学	2
浙江	宁波大学	4	福建	福建医科大学	1
浙江	浙江工业大学	4	广东	广州医科大学	1
重庆	重庆大学	4	广西	广西医科大学	1
北京	北京交通大学	3	河北	河北医科大学	1
北京	北京科技大学	3	河北	燕山大学	1
北京	北京林业大学	3	辽宁	大连医科大学	1
北京	北京协和医学院	3	辽宁	中国医科大学	1
北京	华北电力大学	3	山东	青岛科技大学	1
北京	首都师范大学	3			

(7) ESI

基本科学指标(Essential Science Indicators,简称 ESI)是由世界著名的学术信息出版机构美国科学信息研究所(ISI)于 2001 年推出的衡量科学研究绩效、跟踪科学发展趋势的基本分析评价工具,是基于 Web of Science（SCIE/SSCI)所收录的全球 11 000 多种学术期刊的 1 000 多万条文献记录而建立的计量分析数据库。ESI 已成为当今世界范围内普遍用以评价高校、学术机构、国家/地区国际学术水平及影响力的重要评价指标工具之一。ESI 以期刊为单位,将所收录的期刊划分为 22 个学科,通过统计每个学科的文献总量、总被引次数、篇均被引次数等指标,构建出国家、研究机构、期刊、论文、科学家等不同层面的学科排行榜。

2017 年 7 月 13 日,科睿唯安公司发布了最新一期《基本科学指标集》,本次数据涵盖 2007 年 1 月 1 日—2017 年 4 月 30 日期间的 SCIE/SSCI 论文信息。全球共有 5 465 所机构进入 ESI 前 1%,22 个学科进入 ESI 前 1% 的机构数相差较大,综合交叉学科进入 ESI 前 1% 的机构数最少(101 所),化学学科进入 ESI 前 1% 的机构数最多(1 308 所),其余学科进入 ESI 前 1% 的机构数介于这二者之间。

全国共有 211 所高校的 855 个学科进入 ESI 前 1%,分布在 28 个地区。进入高校数最多的学科为工程学、化学、材料科学、临床医学,江苏与全国一致,综合交叉学科和空间学科在国内还是空白领域。江苏有 23 所高校的 104 个学科进入 ESI 前 1%,连续 18 期成为全国进入机构数最多的地区。江苏进入 ESI 前 1% 学科数领先上海 15 个,列全国第 2 位,落后于北京。江苏进入的高校数和学科数分别占全国的 10.90% 和 12.16%。学科数排名前 10 位地区的学科数和全国占比分别为：北京 120 个,14.04%；江苏 104 个,12.16%；上海 89 个,10.41%；广东 61 个,7.13%；湖北 55 个,6.43%；山东 47 个,5.50%；浙江 43 个,5.03%；陕西 43 个,5.03%；湖南 34 个,3.98%；辽宁 29 个,3.39%。江苏地区在经济学与商学、精神病学与心理学、综合交叉学科、空间科学 4 个学科领域亟待突破。

江苏高校有 8 个学科进入全球前 100 位,13 个学科进入全球前 101～200 位,9 个学科进入全球前 201～300 位。进入全球前 100 位的学科是：南京大学的化学(28 位)、东南大学的工程学(33 位)、南京农业大学的农业科学(36 位)、江南大学的农业科学(44 位)、东南大学的计算机科学(57 位)、苏州大学的材料科学(71 位)、南京大学的材料科学(77 位)、中国药科大学的药理学与毒理学(80 位)。

进入全球前 101～200 位的学科是：东南大学的数学(104 位)、南京农业大学的植物学与动物学(105 位)、苏州大学的化学(111 位)、南京大学的地球科学(120 位)、南京航空航天大学的工程学(131 位)、东南大学的材料科学(135 位)、南京大学的物理学(148位)、南京大学的数学(152位)、南京大学的计算机科学(178位)、南京理工大学的工程学(179位)、南京大学的环境科学与生态学(179位)、南京航空航天大学的材料科学(182位)、南京工业大学的材料科学(191位)。

江苏进入全球前200位的21个学科的高校分布为：南京大学7个，东南大学4个，南京农业大学、南京航空航天大学和苏州大学各2个，江南大学、中国药科大学、南京理工大学、南京工业大学各1个。

江苏进入ESI前1‰的高校与学科分布为：南京农业大学的农业科学、植物学与动物学，苏州大学的材料科学、化学，南京大学的化学与材料科学，东南大学的工程学，江南大学的农业科学，中国药科大学的药理学与毒理学，共计9个学科。

表2-75 全国与江苏高校进入ESI学科排行榜的学科类别及数量　　　　单位：所

学科	全国高校数	江苏高校数	全球机构数
工程学	118	16	1 308
化学	121	15	1 177
材料科学	97	13	799
临床医学	82	10	4 011
生物学与生物化学	50	6	952
药理学与毒理学	42	6	800
农业科学	45	6	777
神经科学与行为学	26	5	802
计算机科学	37	5	404
植物学与动物学	42	4	1 147
物理学	34	3	708
环境科学与生态学	32	3	844
地球科学	21	3	628
分子生物学与遗传学	24	3	716
数学	30	2	243
社会科学总论	21	2	1 331
微生物学	10	1	415
免疫学	15	1	680
经济学与商学	3	—	293

续表

学科	全国高校数	江苏高校数	全球机构数
精神病学与心理学	3	—	604
综合交叉学科	—	—	101
空间科学	—	—	153

表2-76 全国各地区高校进入ESI学科排行榜的分布情况

序号	地区	高校数/所	学科数/个
1	北京	18	120
2	江苏	23	104
3	上海	13	89
4	广东	14	61
5	湖北	11	55
6	山东	12	47
7	浙江	12	43
8	陕西	11	43
9	湖南	8	34
10	辽宁	12	29
11	天津	7	28
12	四川	6	27
13	黑龙江	7	25
14	安徽	8	24
15	福建	7	22
16	重庆	4	20
17	吉林	3	16
18	甘肃	3	15
19	河南	7	13
20	河北	7	9
21	云南	4	7

2 多维学科评价——强校建设推进器

续表

序号	地区	高校数/所	学科数/个
22	山西	3	6
23	江西	2	6
24	广西	3	5
25	新疆	2	2
26	内蒙古	2	2
27	贵州	1	2
28	宁夏	1	1
合计	—	211	855

表2-77 全国各地区高校进入ESI前1‰的学科分布

地区(学科数/个)	高校名称	学科数/个	具体学科
北京(24)	北京大学	7	化学、临床医学、工程学、地球科学、材料科学、药理学与毒理学、物理学
	中国科学院大学	6	农业科学、化学、工程学、环境科学与生态学、材料科学、植物学与动物学
	清华大学	5	化学、计算机科学、工程学、材料科学、物理学
	中国农业大学	2	农业科学、植物学与动物学
	北京航空航天大学	1	工程学
	北京科技大学	1	材料科学
	北京理工大学	1	工程学
	首都医科大学	1	临床医学
江苏(9)	南京大学	2	化学、材料科学
	南京农业大学	2	农业科学、植物学与动物学
	苏州大学	2	化学、材料科学
	东南大学	1	工程学
	江南大学	1	农业科学
	中国药科大学	1	药理学与毒理学
上海(9)	上海交通大学	4	化学、临床医学、工程学、材料科学
	复旦大学	3	化学、临床医学、材料科学

续表

地区(学科数/个)	高校名称	学科数/个	具体学科
上海(9)	华东理工大学	1	化学
	同济大学	1	工程学
浙江(7)	浙江大学	7	农业科学、化学、临床医学、工程学、材料科学、药理学与毒理学、植物学与动物学
广东(5)	华南理工大学	3	化学、工程学、材料科学
	中山大学	2	化学、临床医学
湖北(4)	华中科技大学	2	工程学、材料科学
	武汉大学	1	化学
	中国地质大学	1	地球科学
天津(4)	天津大学	3	化学、工程学、材料科学
	南开大学	1	化学
安徽(4)	中国科学技术大学	4	化学、工程学、材料科学、物理学
四川(3)	四川大学	2	化学、材料科学
	电子科技大学	1	工程学
陕西(3)	西安电子科技大学	1	工程学
	西安交通大学	1	工程学
	西北农林科技大学	1	农业科学
黑龙江(2)	哈尔滨工业大学	2	工程学、材料科学
吉林(2)	吉林大学	2	化学、材料科学
辽宁(2)	大连理工大学	2	化学、工程学
福建(1)	厦门大学	1	化学
甘肃(1)	兰州大学	1	化学
湖南(1)	中南大学	1	材料科学
山东(1)	山东大学	1	化学

(8) NI

自然指数(Nature Index,简称 NI)于 2014 年 11 月首次发布,是依托于全球顶级期刊(2014 年 11 月开始选定 68 种,2018 年 6 月改为 82 种),统计各高校、科研院所(国家)在国际上最具影响力的研究型学术期刊上发表论文数量的数据库。自然指数已发展成为国际公认的能够衡量机构、国家和地区在自然科学领域的高质量研究产出与合作情况的重要指标,在全球范围内有很大影响力。

NI 的学科排行榜分为化学、地球与环境科学、生命科学和物理学四大领域。各学科的评价指标体系相同,评价指标包含论文总数(AC)和加权分值计数(WFC),其中 WFC 是 2014 年 NI 首次提出的一种指数计算方式。

2017 年 8 月,自然指数出版集团发布了新一期学科排行榜,数据覆盖时间范围为 2016 年 4 月 1 日至 2017 年 3 月 31 日。在本期数据中,化学入围 3 340 所机构,物理学入围 3 869 所机构,地球与环境科学入围 2 106 所机构,生命科学入围 5 181 所机构。入围的机构除了高校,还包括研究所、政府部门、公司等其他类型的机构。全国共有 40 个学科上榜,化学学科入围高校最多,有 22 个;其次是物理学(9 个)和地球与环境科学(7 个)。江苏省在化学、物理学、地球与环境科学 3 个学科中均有 2 所高校上榜,生命科学目前为 0。

全国有 16 个地区、27 所高校进入了 NI 学科排行榜,北京有 4 所高校、10 个学科,江苏有 3 所高校、6 个学科,上海有 4 所高校、5 个学科,安徽有 1 所高校、3 个学科,浙江等 4 个地区有 2 个学科,福建等 8 个地区各有 1 个学科。从高校来看,北京大学进入的学科数最多,有 4 个;南京大学、清华大学、中国科学技术大学有 3 个;苏州大学、复旦大学、浙江大学、中国科学院大学分别有 2 个;南京信息工程大学等 19 所高校有 1 个。

全国进入全球前 10 位的学科均为化学学科,分别是北京大学的化学(第 1 位,全国第 1 位)、南京大学的化学(第 5 位,全国第 2 位)、清华大学的化学(第 9 位,全国第 3 位)、中国科学技术大学的化学(第 10 位,全国第 4 位)。进入全球前 20 位的学科中有 4 个来自物理学、1 个来自化学,分别是清华大学的物理学(第 13 位,全国第 1 位)、南京大学的物理学(第 15 位,全国第 2 位)、北京大学的物理学(第 16 位,全国第 3 位)、中国科学技术大学的物理学(第 19 位,全国第 4 位)、南开大学的化学(第 19 位,全国第 5 位)。

表 2-78　全国与江苏高校进入 NI 学科排行榜的学科类别及数量　　　　单位:所

学科	全国高校数	江苏高校数	全球机构数
化学	22	2	100
物理学	9	2	100
地球与环境科学	7	2	100
生命科学	2	0	100

表 2-79 全国各地区高校进入 NI 排行榜的学科分布情况

地区(学科数/个)	高校名称	学科	全球排名	全国排名
北京(10)	北京大学	化学	4	1
	北京大学	物理学	16	3
	北京大学	地球与环境科学	49	2
	北京大学	生命科学	49	1
	北京师范大学	地球与环境科学	89	7
	清华大学	化学	9	3
	清华大学	物理学	13	1
	清华大学	生命科学	60	2
	中国科学院大学	化学	26	7
	中国科学院大学	物理学	96	9
江苏(6)	南京大学	化学	5	2
	南京大学	物理学	15	2
	南京大学	地球与环境科学	68	5
	南京信息工程大学	地球与环境科学	75	6
	苏州大学	化学	33	10
	苏州大学	物理学	81	8
上海(5)	复旦大学	化学	31	9
	复旦大学	物理学	55	5
	华东理工大学	化学	41	13
	华东师范大学	化学	74	19
	上海交通大学	化学	94	22
安徽(3)	中国科学技术大学	化学	10	4
	中国科学技术大学	物理学	19	4
	中国科学技术大学	地球与环境科学	55	3
浙江(2)	浙江大学	化学	24	6
	浙江大学	物理学	56	6
湖北(2)	武汉大学	化学	36	11
	中国地质大学	地球与环境科学	36	1

续表

地区(学科数/个)	高校名称	学科	全球排名	全国排名
广东(2)	华南理工大学	化学	68	18
	中山大学	化学	61	16
山东(2)	山东大学	化学	83	20
	中国海洋大学	地球与环境科学	62	4
福建(1)	厦门大学	化学	28	8
甘肃(1)	兰州大学	化学	47	14
湖南(1)	湖南大学	化学	65	17
吉林(1)	吉林大学	化学	54	15
陕西(1)	西安交通大学	物理学	78	7
四川(1)	四川大学	化学	39	12
天津(1)	南开大学	化学	19	5
重庆(1)	西南大学	化学	100	23

2) 江苏高校在第三方学科排行榜中的跟踪分析及发展建议

(1) 从第三方学科排行榜来看,江苏高校有较大的发展空间,应有的放矢,加大建设力度

从学科、高校、学科领域的数量曲线图来看,各学科排行榜的学科数变化趋势相似,一致性相对较好。北京的学科数最多,上海和江苏次之,广东、湖北相对强势,山东、陕西、浙江、湖南、辽宁、天津等地也具有一定数量的优势学科,甘肃、新疆、内蒙古、贵州、广西等地的学科建设程度相对较低。

高校数曲线图波动较大,各学科排行榜的高校数一致性相对较差。学科数是基于各高校学科数的累加,学科数变化趋势一致,但高校数变化趋势不一。通过分析发现,各地的学科发展存在2种模式。一种模式类似于"一家独大",如浙江。浙江在THE、QS、CWUR和NI中有且只有1所高校进榜,即浙江大学,在THE和NI中有2个学科进榜,在QS中有28个学科进榜,在CWUR中有29个学科进榜。另外在USNews、ARWU中,浙江大学分别占据了进榜的22个学科中的17个、64个学科中的33个。另一种模式是"多箭齐发",如江苏。江苏在ARWU、ESI、CWTS的高校数位于第1位,在其他排行榜中的高校数位于第2位,多所高校为江苏的学科建设作出贡献。北京、上海兼具这两种模式。江苏缺少综合实力强劲、在多个学科排行榜中均能独占鳌头的高校,在鼓励更多的地方高校加强学科建设的

同时,应大力扶植若干所有潜力的高校向综合性高校方向发展,增加入围学科数,提升学科建设的绝对实力,旨在实现从"多箭齐发"向"多箭齐发"与"一家独大"协调发展、互相补充的转变。

学科领域数曲线图波动变化不一,各学科排行榜的高校数一致性参差不齐。究其原因,THE、CWTS、NI的学科领域较少,曲线可波动范围小,地区间差距不大;而其他排行榜学科领域数相差较大。北京在各排行榜中覆盖的学科领域数最多,学科发展相对均衡,其他地区在学科发展上均有一定的倾向。江苏的学科领域数位于全国第2位或者第3位,但从绝对数量上来看,江苏在THE的学科领域数为2个,远小于北京的8个和上海的5个;在QS中,江苏的学科领域数为28个,低于北京的43个、上海的35个;在CWUR中,江苏的学科领域数更不足北京的50%。江苏应努力挖掘潜力学科,加大在弱势学科的投入力度,或者加强特色学科的发展,弥补在某些学科的空白,增加学科领域的多样性,提升全省学科建设的全面性和综合性。

表2-80 全国各地区在8个世界大学排名中的学科数对比分析　　单位:个

地区	THE	QS	USNews	ARWU	CWUR	CWTS	ESI	NI
北京	16	166	81	220	87	61	120	10
江苏	2	47	46	175	26	60	104	6
上海	6	102	63	152	36	35	89	5
广东	0	33	27	76	12	29	61	2
湖北	0	39	32	84	18	26	55	2
山东	0	13	15	55	7	20	47	2
陕西	0	19	17	55	17	23	43	1
浙江	2	28	22	64	29	21	43	2
湖南	0	7	14	50	5	14	34	1
辽宁	0	13	13	41	14	12	29	0
天津	0	22	12	44	10	12	28	1
四川	0	12	15	44	5	15	27	1
黑龙江	0	14	12	42	21	13	25	0
安徽	3	15	14	44	11	7	24	3
福建	0	11	9	31	0	10	22	1

续表

地区	THE	QS	USNews	ARWU	CWUR	CWTS	ESI	NI
重庆	0	4	5	33	1	13	20	1
吉林	0	10	9	23	8	8	16	1
甘肃	0	3	7	15	2	6	15	1
河南	0	1	2	10	0	11	13	0
河北	0	0	1	2	0	5	9	0
云南	0	0	1	4	0	7	7	0
江西	0	0	1	5	0	4	6	0
山西	0	0	1	8	0	6	6	0
广西	0	0	0	1	0	5	5	0
贵州	0	0	0	1	0	0	2	0
内蒙古	0	0	0	1	0	0	2	0
新疆	0	0	0	0	0	0	2	0
宁夏	0	0	0	0	0	0	1	0

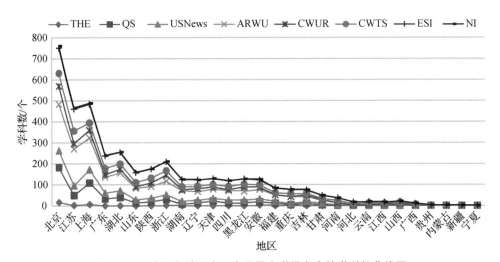

图 2-23 全国各地区在 8 个世界大学排名中的学科数曲线图

表 2-81 全国各地区在 8 个世界大学排名中的高校数对比分析　　单位：所

地区	THE	QS	USNews	ARWU	CWUR	CWTS	ESI	NI
江苏	1	9	13	23	11	18	23	3

续表

地区	THE	QS	USNews	ARWU	CWUR	CWTS	ESI	NI
北京	3	20	15	21	15	18	18	4
广东	0	4	4	8	3	9	14	2
上海	2	9	10	14	6	9	13	4
辽宁	0	2	5	7	2	5	12	0
山东	0	3	4	8	2	7	12	2
浙江	1	1	4	12	1	6	12	1
湖北	0	5	7	8	5	6	11	2
陕西	0	4	6	7	4	7	11	1
安徽	1	2	4	6	1	3	8	1
湖南	0	2	4	6	3	4	8	1
福建	0	1	3	3	0	3	7	1
河北	0	0	1	1	0	3	7	0
河南	0	1	1	4	0	3	7	0
黑龙江	0	3	3	6	3	4	7	0
天津	0	2	3	5	2	4	7	1
四川	0	2	4	5	2	4	6	1
云南	0	0	1	3	0	2	4	0
重庆	0	1	2	4	1	4	4	1
甘肃	0	1	1	2	1	2	3	1
广西	0	0	0	1	0	2	3	0
吉林	0	1	2	2	2	2	3	1
山西	0	0	1	3	0	2	3	0
江西	0	0	1	1	0	1	2	0
内蒙古	0	0	0	1	0	0	2	0
新疆	0	0	0	0	0	0	2	0
贵州	0	0	0	1	0	0	1	0
宁夏	0	0	0	0	0	0	1	0

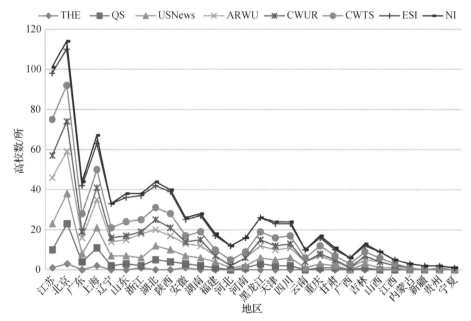

图 2-24 全国各地区在 8 个世界大学排名中的高校数曲线图

表 2-82 全国各地区在 8 个世界大学排名中的学科领域数对比分析　　单位：个

地区	THE	QS	USNews	ARWU	CWUR	CWTS	ESI	NI
北京	8	43	20	46	61	6	21	4
上海	5	35	19	38	30	6	18	2
江苏	2	28	16	38	23	6	18	3
浙江	2	28	16	33	29	6	18	2
广东	0	24	16	33	12	6	18	1
湖北	0	22	13	37	17	6	18	2
陕西	0	15	11	30	15	5	17	1
山东	0	12	12	28	7	6	17	2
湖南	0	6	8	25	5	5	17	1
四川	0	11	10	28	5	6	15	1
黑龙江	0	13	10	28	21	6	13	0
重庆	0	4	4	23	1	6	13	1
安徽	3	14	9	24	11	5	12	3
福建	0	11	6	22	0	6	12	1
甘肃	0	3	7	14	2	4	12	1

续表

地区	THE	QS	USNews	ARWU	CWUR	CWTS	ESI	NI
天津	0	16	8	24	10	4	11	1
辽宁	0	12	10	25	14	6	11	0
吉林	0	10	7	19	7	5	11	1
河南	0	1	2	9	0	4	6	0
河北	0	0	1	2	0	3	6	0
云南	0	0	1	3	0	4	6	0
广西	0	0	0	1	0	4	5	0
江西	0	0	1	5	0	4	5	0
山西	0	0	1	7	0	4	4	0
贵州	0	0	0	1	0	0	2	0
内蒙古	0	0	0	1	0	0	2	0
新疆	0	0	0	0	0	0	2	0
宁夏	0	0	0	0	0	0	1	0

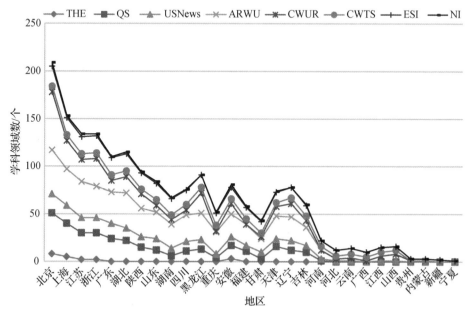

图 2-25　全国各地区在 8 个世界大学排名中的学科领域数曲线图

(2) 江苏高校须重点发展各学科排行榜中有所欠缺但潜力较大的学科,提升学科建设的整体水平

在 THE 学科排行中,江苏有商学与经济学、物理学、临床医学与健康、艺术与人文学、社会科学、生命科学 6 个学科未进入排行;在 QS 学科排名中,江苏有 28 个学科进入了排行,在哲学、传播学与媒体研究、教育学、社会学、政治与国际研究、社会政策与行政管理、心理学、历史学、牙医学、发展研究、解剖生理学、护理学、人类学、神学、体育相关学科 15 个学科领域未有突破;江苏进入 USNews 的学科有 14 个,未进入艺术与人文学、经济学与商学、免疫学、微生物学、分子生物学与遗传学、神经科学与行为学、精神病学与心理学、社会科学与公共卫生 8 个学科的排行;江苏进入 ARWU 学科排行榜的学科有 38 个,而在经济学、金融学、工商管理、心理学、政治学、教育学、旅游休闲管理、医学技术、护理学、生态学等领域有所欠缺;江苏进入 CWUR 学科排行榜的学科有 227 个,仅进入其中的 23 个学科领域;在 CWTS 排行榜的生物医学与健康科学、生命与地球科学、数学与计算机科学、物理科学与工程学和社会科学与人文学这 5 个主要学科领域中,江苏均有高校进入排名;在 ESI 的 22 个学科中,江苏进入其中的 18 个学科,未进入的学科有经济学与商学、综合交叉学科、空间科学、精神病学与心理学;NI 分为化学、地球与环境科学、生命科学和物理学四大领域,江苏地区未进入生命科学领域榜单。

表 2-83 江苏未进入 8 个世界大学排名的学科列表

THE	QS	USNews	ARWU	CWUR		CWTS	ESI	NI
商学与经济学	哲学	艺术与人文学	经济学	材料表征与测试	热力学	江苏均有高校进入	经济学与商学	生命科学
物理学	传播学与媒体研究	经济学与商学	金融学	成像科学与摄影技术	人工智能		综合交叉学科	
临床医学与健康	教育学	免疫学	工商管理	地质学	软件工程		空间科学	
艺术与人文学	社会学	微生物学	心理学	电化学	生物材料科学		精神病学与心理学	
社会科学	政治与国际研究	分子生物学与遗传学	政治学	电子工程	生物技术			
生命科学	社会政策与行政管理	神经科学与行为学	教育学	动物学	生物物理			

续表

THE	QS	USNews	ARWU	CWUR	CWTS	ESI	NI
	心理学	精神病学与心理学	旅游休闲管理	多学科材料科学	生物医学工程		
	历史学	社会科学与公共卫生	医学技术	复合材料科学	石油工程		
	牙医学		护理学	高分子科学	数学		
	发展研究		生态学	工业工程	水资源		
	解剖生理学			光学	陶瓷材料科学		
	护理学			海事工程	涂料与薄膜材料科学		
	人类学			海洋工程	土壤学		
	神学			海洋与淡水生物学	物理,原子,分子与化学		
	体育相关学科			航空航天学工程	物理化学		
				化学工程	信息系统		
				环境科学	遥感		
				机械工程	冶金工程		
				计算机科学,控制论	仪表与仪器		
				计算机科学,理论与方法	应用数学		
				跨学科应用数学	硬件和结构		
				矿物学	有机化学		
				力学	渔业		
				绿色与可持续科技	植物科学		

续表

THE	QS	USNews	ARWU	CWUR		CWTS	ESI	NI
				纳米科学与纳米技术	自动化与控制系统			
				能源与燃料	综合工程			
					综合化学			

总体看来,江苏地区在 8 个世界大学排名中共有 90 个学科的发展还依旧处于空白阶段,在哲学、社会科学、艺术人文、经济学与商学、旅游管理、心理学等方面的人文社科领域,医学、生态学、神经科学与行为学、海洋科学、空间科学、生命科学等自然科学领域,相对于北京、上海等地而言有所欠缺,亟待加强学科建设,提升学科整体水平。

(3) 从各学科排行榜指标体系中发现优势与劣势,发掘江苏高水平大学建设的突破口

THE、QS、USNews、ARWU、CWUR、ESI、NI、CWTS 的学科排行榜指标体系,基本沿用了相应的世界大学排行榜的指标,指标权重略有调整。即使同一个学科排行榜,考虑到学科差异,评价指标权重也略有变化。USNews 将学科归为自然科学、社会科学、艺术与人文三大类,各类别的权重不一,鉴于艺术与人文学科的特点,为该类别的学科新增论文发表、图书两个指标,比较贴合该学科领域的实际发展。THE、ARWU、QS、CWTS 为各学科单独设置了不同的权重。

QS 的主观数据占有的比重最大,ARWU 和 CWUR 以客观数据为主,ESI、NI、CWTS 以纯客观数据(论文或引文)为评价指标。在科研指标方面,除 ESI、NI、CWTS 3 个排行榜外,ARWU 比重最大,其次是 USNews。相较于国外知名高校,国内高校在主观数据(各种声誉调查数据)方面显现出一定的弱势。另外,我国作为发展中国家,教育国际化程度较低,而欧美国家的国际化程度较高,THE 和 QS 世界大学排名采用的国际化指标(国际师生比例),对于我国高校来说,适用性不足。ARWU 用获得诺贝尔奖和菲尔兹奖的校友和教师折合数作为指标(权重 30%),对于中国高校来说,同样也存在很大的争议,从排行榜中中国高校的指标获得分值可以发现,国内高校这两项指标的得分基本上为 0。CWUR 采用了国际奖项、国际重要企业等指标进行衡量,未限定具体奖项类别,同时增加了国际专利数指标,在中国高校评价中有一定的合理性。

江苏高校可以加强客观数据对应的各类指标建设,着力提升教学和科研水平,

如高质量论文的发表,提升论文的影响力(提高被引次数),加大经费投入,引进海内外高层次人才;加大海内外的宣传与合作,适当提升师生的国际比例。

(4)从不同学科排行榜间的相似性,揭示不同学科评价体系间的差异性

将8个世界大学排名从评价指标的角度划分为综合组和学术组,综合组的评价指标包含学术、声誉和国际影响力等方面,综合组包括 THE、QS、USNews 和 CWUR 4个世界大学排名;学术组的评价指标以论文发表、论文引用为主,学术组包括 ARWU、NI、ESI 和 CWTS 4个世界大学排名。

不同学科排行榜间的相似性计算方式。对于任一学科排行榜,根据国家筛选出我国大学的国际排名,并依据国际排名次序构建出国内大学的学科排名。在同一学科领域,将不同国际学科排行榜形成的各个国内学科排行榜进行相似性分析。

综合组内部间的学科排行榜相似性分析。QS 和 USNews 同为综合性指标评价模式,但两者的数据源不同,学科划分精细程度不同。本组研究将以两者的共同学科数学学科作为案例,进行学科排行榜的相似性分析。在数学学科领域,国际排名前200位的高校中,我国高校进入 QS 排行榜的有9所,进入 USNews 的有28所,共有9所高校均进入这两个排行榜中。QS 和 USNews 学科排行榜在数学学科的排名相似系数为0.621。究其原因,这两个学科排行榜的评价指标体系虽然均包含了声誉和科研,且都采用以主观与客观相结合的评价方式,综合性地评价了大学在某一学科领域内的影响力,但因数据来源不同,因而两种学科的排行榜相似系数并不是很高(表2-84)。

表2-84 QS 和 USNews 的学科排行榜相似性分析(数学)

高校名称	QS/所	USNews/所	相似系数
北京大学	1	2	
清华大学	2	5	
复旦大学	3	1	
上海交通大学	3	4	
浙江大学	3	7	0.621
南京大学	6	12	
中国科学技术大学	6	14	
北京师范大学	8	3	
哈尔滨工业大学	8	16	

学术组内部间的学科排行榜相似性分析。ESI、ARWU、NI 和 CWTS 同为学术性指标评价模式,ESI 侧重于论文引用,ARWU、NI 和 CWTS 侧重于论文发表,其中 CWTS 的学科划分与其他 3 个排名差异较大,因而不做相似性分析。在化学学科领域,国际排名前 100 位中,ESI 与 ARWU 的学科排名相似系数为 0.872,ESI 与 NI 的学科排行榜相似系数为 0.804,ARWU 与 NI 的相似系数为 0.783。在数据源和学科评价指标体系结构都相同的情况下,各学科排行榜间的相似系数普遍较高。其中,ARWU 和 ESI 的相似度最高,可见我国将 ESI 作为学科建设的主要评价机制是极为合理、有效的(表 2-85~表 2-88)。

表 2-85 学术组学科排行榜相似系数(化学)

学科排行榜	相似系数
ARWU 和 ESI	0.872
ESI 和 NI	0.804
ARWU 和 NI	0.783

表 2-86 ARWU 和 ESI 的学科排行榜相似性分析(化学)　　　　单位:所

高校名称	ARWU	ESI
北京大学	1	5
中国科学技术大学	2	6
清华大学	3	3
浙江大学	4	2
复旦大学	5	7
南京大学	6	4
吉林大学	7	9
南开大学	8	8
华东理工大学	9	10
四川大学	9	12
厦门大学	9	13
大连理工大学	13	11
兰州大学	13	18
华南理工大学	13	17
武汉大学	13	14

表 2-87　ESI 和 NI 的学科排行榜相似性分析(化学)　　　　　单位:所

高校名称	ESI	NI
中国科学院大学	1	7
浙江大学	2	6
清华大学	3	3
南京大学	4	2
北京大学	5	1
中国科学技术大学	6	4
复旦大学	7	9
南开大学	8	5
吉林大学	9	15
华东理工大学	10	13
四川大学	12	12
厦门大学	13	8
武汉大学	14	11
中山大学	15	16
山东大学	16	20
华南理工大学	17	18
兰州大学	18	14

表 2-88　NI 和 ARWU 的学科排行榜相似性分析(化学)　　　　　单位:所

高校名称	NI	ARWU
北京大学	1	1
南京大学	2	6
清华大学	3	3
中国科学技术大学	4	2
南开大学	5	8
浙江大学	6	4
厦门大学	8	9
复旦大学	9	5
武汉大学	11	13
四川大学	12	9

高校名称	NI	ARWU
华东理工大学	13	9
兰州大学	14	13
吉林大学	15	7
华南理工大学	18	13

综合组与学术组之间进行了两组排行榜间的相似性分析。国际排名前300位中，ARWU和QS间的学科排名相似性统计分别以数学和化学工程领域为例，相似系数分别为0.651和0.660；国际排名前400位中，ARWU和USNews间的学科排名相似性分别以化学、物理学和临床医学领域为例，相似系数分别为0.956、0.890和0.810。这两对数据的结果显示，数据源的差异对于学科排行的影响力高于学科评价指标体系的结构对于学科排行的影响力。将ARWU和USNews间的相似性结合学术组进行分析，发现学科排行榜的数据源相同时，评价指标体系的结构对于学科排行存在影响。即，当学科评价指标体系中包含声誉部分，能够更加全面地评价机构在某一学科的国际水平，从而更好地达到学科评价的目的(表2-89～表2-95)。

表2-89 ARWU和QS间的相似系数

学科排行榜	数学	化学工程
ARWU和QS	0.651	0.660

表2-90 ARWU和USNews间的相似系数

学科排行榜	化学	物理学	临床医学
ARWU和USNews	0.956	0.890	0.810

表2-91 QS和ARWU的学科排行榜相似性分析(数学)　　单位：所

高校名称	QS	ARWU
北京大学	1	1
清华大学	2	2
复旦大学	3	11
上海交通大学	3	4
浙江大学	3	4
南京大学	6	18

续表

高校名称	QS	ARWU
中国科学技术大学	6	2
北京师范大学	8	6
哈尔滨工业大学	8	6
山东大学	10	11
上海大学	10	11
中山大学	10	6
武汉大学	10	6
华东师范大学	15	18
南开大学	15	11
四川大学	15	11
西安交通大学	15	18

表2-92 QS和ARWU的学科排行榜相似性分析(化学工程)　　单位:所

高校名称	QS	ARWU
清华大学	1	4
上海交通大学	2	9
南京大学	3	21
天津大学	3	1
浙江大学	3	2
北京化工大学	6	5
大连理工大学	6	8
华东理工大学	6	3
吉林大学	6	32
北京理工大学	10	21
哈尔滨工业大学	10	12
南开大学	10	32
中山大学	10	21
西安交通大学	10	11

续表

高校名称	QS	ARWU
北京航空航天大学	15	41
山东大学	15	21
四川大学	15	12
华南理工大学	15	6
同济大学	15	17
厦门大学	15	12
兰州大学	23	32
南京理工大学	23	41
北京科技大学	23	32
武汉理工大学	23	32

表2-93 ARWU和USNews的学科排行榜相似性分析（化学） 单位：所

高校名称	ARWU	USNews
清华大学	3	1
北京大学	1	2
浙江大学	4	3
南京大学	6	4
复旦大学	5	5
中国科学技术大学	2	6
华东理工大学	9	7
大连理工大学	13	8
厦门大学	9	9
吉林大学	7	10
南开大学	8	11
上海交通大学	13	12
武汉大学	13	13
中山大学	18	14
华南理工大学	13	15

续表

高校名称	ARWU	USNews
兰州大学	13	16
天津大学	18	17
四川大学	9	18
湖南大学	18	19
山东大学	18	20
北京化工大学	24	21
苏州大学	9	22
华中科技大学	18	23
福州大学	24	24
华东师范大学	18	25
哈尔滨工业大学	24	26
北京理工大学	24	27
武汉理工大学	24	28
西安交通大学	24	29
上海大学	30	30
北京师范大学	30	31
东北师范大学	30	32
东南大学	30	33
南京工业大学	30	34
同济大学	30	35
东华大学	30	36
中南大学	30	37
北京航空航天大学	30	38
北京科技大学	30	39
郑州大学	30	40
华中师范大学	30	41
西南大学	42	43
南京理工大学	42	45
江苏大学	42	48

表2-94　ARWU和USNews的学科排行榜相似性分析(物理学)　　　单位:所

高校名称	ARWU	USNews
中国科学技术大学	1	2
清华大学	2	3
北京大学	3	1
南京大学	4	4
山东大学	5	7
上海交通大学	5	6
浙江大学	5	8
复旦大学	8	5
中山大学	8	9
北京航空航天大学	10	12
华中师范大学	10	11
华中科技大学	10	14

表2-95　ARWU和USNews的学科排行榜相似性分析(临床医学)　　　单位:所

高校名称	ARWU	USNews
复旦大学	1	2
上海交通大学	1	3
首都医科大学	3	5
北京大学	3	1
中山大学	3	4
中南大学	6	11
第四军医大学	6	7
华中科技大学	6	6
南京医科大学	6	8
山东大学	6	12
四川大学	6	9
第二军医大学	6	14
浙江大学	6	10

2.3.3 第三方学科评价公信度测评指标体系研究

各类排行榜中,同所高校的排名并不一致,甚至于还会出现较大的差距,而大学排行榜评价主体的公信度、各种评价指标等多方面因素具有差异性,均会导致这个"差距"的产生。围绕"双一流"建设,研究第三方学科评价体系新路径的设计与操作,深化评价制度的改革,共同推动高水平大学、高质量内涵式发展。

Marina Dobrota 等(2016)研究了 QS 世界大学排名方法,创建新的替代方法;Andras Telcs 等(2016)为了克服许多大学排名的缺陷,设计了一种新的排名体系;Rebeka Lukman 等(2010)建立了高校质量三维指标体系;Murat Perit Cakur 等(2015)研究了全球排名和全国排名体系的比较分析。国外论文侧重于新排名方法、大学排行指标体系的设计、排名体系的比较等研究,均未涉及关于大学排行榜评价体系公信度测评方面的研究。

喻颖(2008)通过问卷调查分析测量民间三大排行榜的公信力;张燕华等(2013)从大学排名体系指标参数、信息来源、隐性价值取向、整体评估结果对公信度进行探讨;章晓莉(2014)提出了提高大学排行公信力的有效途径;蔡莉等(2010)从大学排行榜机构、指标和数据判断其是否具有公信力。宏观视角下的大学排行榜公信度的文献研究包括:戴劲松等(2006)认为排行榜想要得到认可,首先必须公开透明,其次排名要科学有效、客观真实;曹灿辉(2015)认为大学排行榜要多方面提升公信力。国内大学评价体系公信度的文献是关于大学排名的评价主体、指标参数的计算,以及对大学评价体系、大学排名从宏观角度进行分析,未述及构建大学排行榜公信度测评体系,并进行实证研究的内容。

1) 测评指标体系分析与设计

(1) 评价主体

本书选取了全球 8 个第三方学科评价机构进行研究,包括 USNews、THE、QS、ARWU 4 个世界大学排名和软科、武书连、校友会、金平果 4 个中国大学排名。

世界大学排名:USNews 的评价主体是《美国新闻和世界报道》,它是由美国民间组织开展的具有世界影响力的大学排行榜,其数据是基于科睿唯安 InCites-WOS 的研究分析解决方案提供的数据和指标而得出的,侧重于评估全球大学的综合科研实力,是对全球大学学术研究和学术声誉进行的最全面的评估。THE 的评价主体是《泰晤士高等教育》,THE 是最早发布英国大学排名的单位,其数据来源为:2014 年之前使用 WOS 数据库,自 2015 年开始采用 Scopus 数据库。QS 的评价主体是英国一家专门负责教育及升学就业的国际教育市场咨询公司夸夸雷利·

西蒙兹公司,其数据来源则采用了爱思唯尔Scopus数据库。世界大学学术排名是中国国家级研究项目,其评价主体是上海软科教育信息咨询有限公司,ARWU由中国政府授权上海交通大学世界一流大学研究中心研究发布,侧重衡量高校的研究实力,是世界上影响力最大的大学排名之一,也是世界上最早的综合大学排名,其数据来源采用了科睿唯安WOS数据库(表2-96)。

表2-96 4个世界大学排名概览

排行榜	排行榜英文全称	排行榜中文全称	发布国	发布机构	指标体系	数据来源
USNews	USNews & World Report Global Universities Rankings	USNews世界大学排名	美国	《美国新闻和世界报道》	综合指标	科睿唯安WOS
THE	Times Higher Education World University Rankings	泰晤士高等教育世界大学排名	英国	《泰晤士高等教育》	综合指标	2014年前:WOS;2015年后:Scopus
QS	Quacquarelli Symonds World University Rankings	QS世界大学排名	英国	夸夸雷利·西蒙兹公司	综合指标	爱思唯尔Scopus
ARWU	Academic Ranking of World Universities	世界大学学术排名	中国	上海软科教育信息咨询有限公司	学术指标为主	科睿唯安WOS

中国大学排名:软科,其评价主体与ARWU一致,即上海软科教育信息咨询有限公司。武书连,数据全部采用公开信息,包括各大学对外公布的数据以及在公开检索平台上可以采询的数据。校友会,2018年12月29日,艾瑞深中国校友会网发布了《2019中国大学评价研究报告》,其评价数据来源于艾瑞深研究院自主研发的"中国高等学校发展指数数据库(CHDID)",其来自于国家权威部门、第三方权威机构、新闻媒体、企事业单位以及高校等对外公布的权威与客观数据。金平果,由杭州电子科技大学中国科教评价研究院和浙江高等教育研究院、武汉大学中国科学评价研究中心联合中国科教评价网(www.nseac.com)发布,其评价数据主要来源于5个方面:① 相关政府部门的统计数据资料(包括汇编、年鉴、报表等);② 相关政府部门及高校网站;③ 国内外相关数据库;④ 相关书籍、刊物、报纸、内部资料等;⑤ 金平果在其多年的评价基础上所建立的"基础数据库"(表2-97)。

表2-97 4个中国大学排名概览

排名简称	排名全称	发布国	发布机构	指标体系	数据来源
软科	中国大学排名（BCUR）	中国	上海软科教育信息咨询有限公司	综合指标	科睿唯安WOS
武书连	武书连中国大学排名	中国	武书连《中国大学评价》课题组	综合指标	通过公开信息
校友会	中国校友会中国大学排名	中国	中国校友会网（www.cuaa.net）	综合指标	通过各高校填报数据调查表
金平果	中国本科院校竞争力总排行榜	中国	杭州电子科技大学中国科教评价研究院和浙江高等教育研究院、武汉大学中国科学评价研究中心、中国科教评价网	综合指标	①有关政府部门的统计数据资料（包括汇编、年鉴、报表等）；②国内外有关数据库；……

（2）指标比较

综合指标：USNews、THE、QS世界大学排名采用数据统计、同行评议、问卷调查等客观数据与主观数据，评价指标主要覆盖声誉、科学研究、国际影响力等方面。ARWU则偏重于客观数据的评价获取，并以学术指标为主。中国大学排名中，从指标级数看，仅校友会有四级指标，为17项；软科、武书连、金平果各有三级指标。从指标设计数量看，软科的一级指标和二级指标最多，分别为4项和17项；金平果的三级指标最多，共有45项（图2-26）。

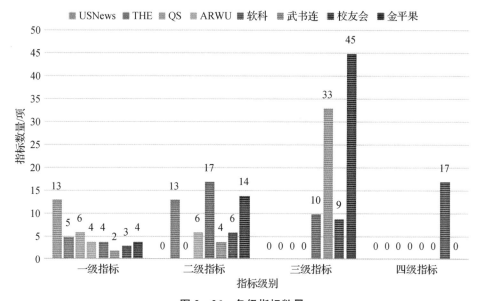

图2-26 各级指标数量

声誉指标：USNews、THE、QS 均有声誉指标，声誉指标主要由评审机构向同行、雇主等社会人士发放问卷进行主观评分。QS 的声誉指标权重最高，占 50%；其次是 THE，占 33%；第三是 USNews，占了 25%；ARWU 的指标体系中未涉及声誉指标。校友会、软科均涉及了社会声誉，其权重分别为 7.69%、5%；金平果在二级指标中提到了学术声誉和社会声誉，但未设计具体权重；武书连指标体系中未述及声誉指标。

学术论文（科研）指标：在世界大学排名中，ARWU 的学术论文（科研）指标占比最高，为 60%，其由 3 个指标组成，各权重较大，并指向具有较高学术影响力的科研成果，能够识别顶尖的科研成果；USNews 的学术论文（科研）指标占比为 52.5%，其从多角度对高校的科研情况进行考察和评价；THE 的学术论文（科研）指标占比为 36%，其从发文和引文的角度进行评价；QS 的学术论文（科研）指标占比仅为 20%，从师均被引进行评价。在中国大学排名中，软科的学术论文（科研）指标占比最高，为 40%，分别从论文数量、论文质量、高被引论文、高被引学者 4 个方面进行评价；校友会的学术论文（科研）指标仅从高端科研成果来评价，其占比为 19.25%；武书连的学术论文（科研）指标从学术著作引用、国内外引文数据库论文及引用进行评价；金平果的学术论文（科研）指标从论文发表、高被引论文数、国家哲学社会科学成果文库累计数、论文被引数几个方面评价；武书连和金平果均未述及该指标具体权重。

国际影响力指标：USNews 的国际影响力指标偏向于学术研究的国际合作，比重为 10%；THE 的国际影响力指标既包括学术研究的国际合作，也包含了教师和学生的国际比例，各占比 2.5%，总共占比 7.5%；QS 的国际影响力指标仅涉及教师和学生的国际比例，总比例 10%；ARWU 的国际影响力指标主要是校友及教职工获得国际奖项或者就职世界重要企业的情况，ARWU 采用了 30% 的国际影响力比重。在中国大学排名中，软科的国际影响力指标占比最高为 5%，但仅以留学生比例为指标；校友会的国际影响力指标偏重于国际化办学和国际声望，总占比为 4.53%；金平果以留学生与本科生比例显示国际影响力水平，未述及具体权重；武书连未述及相关指标。

（3）测评指标体系设计

本书从大学排名的权威性与客观性、可信赖度、社会关心度、影响力 4 个角度，以及评价主体、数据来源、网站独立性、网站流量、入站链接、PR 值、媒介传播力、社交媒体影响力、学术影响力 9 个方面，运用主成分分析法（PCA），对大学排行榜公信度测评指标进行综合分析与研究（图 2-27）。

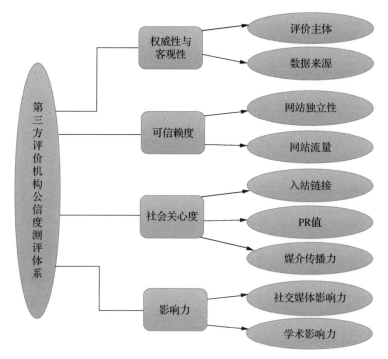

图 2-27 第三方评价机构公信度测评体系架构

① 权重赋值

在借鉴了国内外相关研究理论和实践的基础上,结合本课题多年来对国内外各大学排行榜的追踪,初步构建了基于多源数据分析的大学排行榜公信度测评指标体系,同时按照 PCA 等科学方法评价各指标的重要性,即权重赋值。假设有 p 个指标,分别为 X_1 X_2 $\cdots$ X_P,

$$X = \begin{bmatrix} x_{11} & \cdots & x_{1p} \\ \vdots & \ddots & \vdots \\ x_{n1} & \cdots & x_{np} \end{bmatrix} = (X_1 \ X_2 \ \cdots \ X_P) \quad (1)$$

将原变量进行线性组合成一组称为"主成分"的综合指标,记为 F_p,

$$F_1 = a_{11}X_1 + a_{21}X_2 + \cdots + a_{p1}X_p \quad (2)$$
$$F_2 = a_{12}X_1 + a_{22}X_2 + \cdots + a_{p2}X_p \quad (3)$$
$$\vdots$$
$$F_p = a_{1p}X_1 + a_{2p}X_2 + \cdots + a_{pp}X_p \quad (4)$$

其中 F_1 称为第一主成分,F_2 称为第二主成分……并且各主成分要求满足以下条件:

a. 各主成分系数平方和为 1。

$$a_{1i}^2 + a_{2i}^2 + \cdots + a_{pi}^2 = 1 \tag{5}$$

b. 各主成分线性不相关。

$$\text{Cov}(F_i, F_j) = 0, \quad i \neq j \tag{6}$$

c. 主成分的方差依次递减，即包含的信息量递减。

$$\text{Var}(F_1) > \text{Var}(F_2) > \cdots > \text{Var}(F_p) \tag{7}$$

因此，实际中只需要保留前几个最主要的主成分，满足总方差贡献率达到 80%，便可在保留绝大多数信息量的情况下对指标进行综合评价得分。

② 主成分分析

本书采用 SPSS Statistic 22 软件工具进行具体分析，将标准化后的数据代入 SPSS 软件进行主成分撷取，计算得到表 2-98 和图 2-28 所示的特征值、方差贡献率以及表 2-99 所示的成分矩阵。根据特征值大于 1 的准则提取主成分数为 4，累计贡献率为 91.985%，并且满足方差贡献率大于 80%，因此前 4 个主成分基本可以反映全部指标信息。

表 2-98　总方差解释分析表

成分	起始特征值			撷取平方和载入			循环平方和载入		
	合计	方差的%	累积%	合计	方差的%	累积%	合计	方差的%	累积%
1	3.433	38.142	38.142	3.433	38.142	38.142	2.783	30.922	30.922
2	2.287	25.406	63.548	2.287	25.406	63.548	2.314	25.714	56.635
3	1.395	15.504	79.053	1.395	15.504	79.053	1.604	17.818	74.453
4	1.164	12.933	91.985	1.164	12.933	91.985	1.578	17.532	91.985

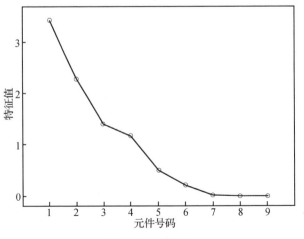

图 2-28　碎石图

表 2-99 成分矩阵表

成分	1	2	3	4
数据来源	0.891	0.340	−0.124	0.242
评价主体	0.820	0.428	0.027	−0.046
网站独立性	0.766	−0.084	−0.200	−0.174
网站流量	0.657	−0.649	0.204	−0.034
PR 值	0.229	0.794	0.543	0.105
入站链接	0.314	0.673	−0.333	−0.519
学术影响力	−0.596	0.626	0.152	0.450
社交媒体影响力	0.373	−0.231	0.889	−0.091
媒介传播力	0.549	−0.177	−0.280	0.762

综合表 2-98 和表 2-99 给出的方差百分比和成分矩阵后可通过公式(8)至公式(12)，获得各大学排行榜测评指标线性组合系数的表达式 $F_1 \sim F_4$，$F_{综}$ 表示加权后的综合系数，由于所有指标权重和为 1，因此指标权重系数是在 $F_{综}$ 基础上进行归一化，表 2-100 为归一化后指标权重系数。

$$F_1 = 0.481 X_1 + 0.442 X_2 + 0.414 X_3 + 0.355 X_4 + 0.124 X_5 + \\ 0.170 X_6 - 0.322 X_7 + 0.201 X_8 + 0.296 X_9 \tag{8}$$

$$F_2 = 0.225 X_1 + 0.283 X_2 - 0.056 X_3 - 0.429 X_4 + 0.525 X_5 + \\ 0.445 X_6 - 0.414 X_7 - 0.153 X_8 - 0.117 X_9 \tag{9}$$

$$F_3 = -0.105 X_1 + 0.023 X_2 - 0.169 X_3 + 0.173 X_4 + 0.460 X_5 - \\ 0.281 X_6 + 0.129 X_7 + 0.753 X_8 - 0.237 X_9 \tag{10}$$

$$F_4 = 0.224 X_1 - 0.043 X_2 - 0.161 X_3 - 0.031 X_4 + 0.097 X_5 - \\ 0.481 X_6 + 0.417 X_7 - 0.084 X_8 + 0.707 X_9 \tag{11}$$

$$F_{综} = (0.309 \times F_1 + 0.257 \times F_2 + 0.178 \times F_3 + 0.175 \times F_4)/0.920 \tag{12}$$

表 2-100 大学排行榜公信度测评指标权重系数

一级指标	权重	二级指标	权重
权威性与客观性	0.375	数据来源	0.193
		评价主体	0.182

续表

一级指标	权重	二级指标	权重
可信赖度	0.111	网站独立性	0.074
		网站流量	0.037
社会关心度	0.3261	PR值	0.201
		入站链接	0.055
		媒介传播力	0.105
影响力	0.152	学术影响力	0.043
		社交媒体影响力	0.110

再运用标准分计算方法,从原始分推导出其相对地位量数,它是用来说明原始分在所属的那批分数中的相对位置,标准分公式为

$$Z=\frac{Y-\hat{\overline{Y}}}{S} \tag{13}$$

其中:Y 为指标原值,$\overline{Y}\hat{Y}$ 为平均数,S 为标准差。标准分转换公式:$T=500+100Z$,公式中取 500 为平均分,100 为标准差。最后,对标准分进行归一化处理,将数值转变为百分制(表 2-101)。

表 2-101 国内外大学排名综合得分及排序

大学排名	分值	排序
THE	92.048	1
QS	90.012	2
USNews	88.588	3
ARWU	86.887	4
金平果	82.069	5
软科	80.205	6
校友会	71.078	7
武书连	60.022	8

通过表 2-101 可以看出选取的 8 个国内外大学排名综合得分情况,结果显示,排在前 2 位的大学排名分别是 THE(92.048 分)和 QS(90.012 分),得分均在 90 分以上,2 个大学排名的各指标分值较为均衡,因此获得的综合得分较高。排在

中间的 4 个大学排名为 USNews、ARWU、金平果、软科，分值分别为 88.588、86.887、82.069、80.205，均达到了 80 分以上，但在少数的指标得分上不尽如人意，如 USNews、金平果在媒介传播力和学术影响力略有不足，ARWU 在网站流量和社交影响力有些欠缺，软科的不足之处在于 PR 值和学术影响力方面。排在最后的校友会、武书连的各个指标分值均不高，武书连没有一级域名的官方网站，这导致了网站流量、入站链接、PR 值的缺失；值得一提的是中国校友会中国大学排名在相关论文的被引用量和下载量方面要高于其他排名。

2）公信度测评的意义与启示

近些年，社会对大学排行榜关注度不断加深，呈现多元化趋势，而第三方学科评价能够折射出多元文化下的社会问题。本书以理论结合实际的角度，深入挖掘与探讨大学排行榜公信度测评问题，以期能够为我国"双一流"建设、大学与学科的内涵式发展、学生与家长择校保障等方向提供可行性的建议。

（1）研究大学排行榜公信度，可以为我国"双一流"建设绩效评估提供参考

受到大学排行榜评价的影响，大学的文化使命和社会主义核心价值观被重新塑造。在大学排行榜盛行的浪潮下，我国"双一流"建设尤其关注和重视第三方评价体系，即大学排行榜与学科排行榜，各种类型的排行榜直接或间接地影响了世界一流大学与一流学科的遴选结果。根据表 2-101 结果显示，THE、QS 达到了 90 分以上，排名分列第一、二位，在下一轮"双一流"建设绩效评估中，或会选择公信度较好的排行榜或权重较高的公信度指标，如 THE、QS 等，对"双一流"大学进行评估。因此，大学排行榜公信度十分重要，凸显出研究其测评体系的必要性。

（2）排行榜的公信度测评，可以为家长和学生提供新的信任维度

我国"双一流"建设绩效评估和高校本身对大学排行榜日益重视，大学排行榜的热度不断升级，业已成为家长和学生择校的重要参考标准之一。选择大学和选择适合的专业对于学生和家长来说，都要经过深思熟虑。若学生和家长不明就里、断章取义、仅看结果，选择了缺乏公信度的排行榜，就走入了排名误区。为避免上述情况的发生，有必要建立基于多源数据的大学排行榜公信度测评体系，帮助学生和家长采用理性态度去认识和对待大学排行榜，选择更具权威性、测评数据客观、可信度与社会关心度较高且有影响力的排行榜，走出误区。

3 多维人才引育评价——学科发展助推器

"双一流"建设、高校高质量发展建设进程中,人才引育是核心要素。人才引育不仅需要关注不同层面人才及团队的引进前评价,还需要关注人才团队的挖掘与识别评价,根据第三方学者榜单进行学科布局及人才挖掘分析。高校开展海外人才的引育,需要同时关注和对比各方的相关政策,制定合理的人才引育政策。

3.1 不同层面人才引进评价研究

不同高校引进的人才一般会分为不同层面的需求,例如某研究领域的高层次人才、某研究领域的高层次人才团队、某学科领域的杰青等,本章节将从不同层面引进的人才及团队开展评价研究。

3.1.1 高层次人才引进评价研究

高层次人才指在人才队伍各个领域中层次比较高的优秀人才,或处于专业前沿并且在国内外相关领域具有较高影响的人才。"双一流"建设进程中,各高校都在积极引进和培育高层次人才,开展高层次人才引进前评价。

1) 评价需求与评价指标

要建设世界一流大学,教授首先要是世界一流的。教育部科技发展中心李志民为一流教授定义了4条标准:国际会议上有声音;国际期刊上有论文;国际学术组织中有地位;国际科技奖项上有名次。这4个标准是对世界一流大学教授的要求。只有通过一流的教授,大学才能够建立起广泛的国际联系,提高人才培养的质量。高层次人才引进前的学术评估是学校人事处需要做的一项重要工作,通过引进前的学术评估可以较为全面地了解学者情况,为学校领导决策提供参考。

建立高层次人才引进评价体系主要采用文献计量学方法(表3-1),对学者的学术年龄、科研生产力、科研影响力、科研创新力4个方面进行深度评价分析,从学者履历、学术兼职、发表论文、著作等发现学者、分析学者,并与本校同专业领域的高层次学者进行绩效对比。本节案例对某学校拟引进 A 学者进行评价分析,此次分析于 2017 年 9 月完成(表 3-1)。

表 3-1 高层次人才引进评价指标体系

评估角度	评估指标	说　　明
学术年龄	学术年龄	最新论文与最早论文的发表年之差
科研生产力	论文量	被 SCI、EI 收录的论文数量、年均论文数量等
	ESI 论文	ESI 中的热点论文、高被引论文
	著作	包括专著、主编、副主编、参编的图书
科研影响力	引用分析	被 SCI 收录的论文总被引次数、篇均被引次数、最高引用次数等
	JCR 影响因子和分区	论文所发表期刊的国际影响力
	学科规范化影响力(CNCI)	按学科、出版年和文献类型统计规范化的引文影响力
	学术交流	会议论文、学术活动、国际合作论文
	获奖情况	包括国际、国家、省厅级奖项
	期刊编委	期刊编委的情况
科研创新力	专利数量	包含中国专利、PCT 专利申请量和授权量
	专利强度	专利质量评价指标,强度越高,专利质量越高
	成果转化	实现成果转化的专利数量
	科研项目	主持或参与国际、国家、省厅级项目,横向项目

2) 学者概览

对 A 学者的简介、发表的论文、学者履历等进行分析。经过检索,A 学者第一篇学术论文发表于 2001 年,而后的 3 年发表论文较少。参照其简历可知,2001—2004 年为 A 学者在国内求学阶段,自 2004 年 6 月到某研究所工作后,开始展开科研工作,故 A 学者的学术年龄自 2005 年起算,截至报告完成时(2017 年)为 13 年。

3) 科研生产力

(1) 论文产出量

截至 2017 年 7 月,A 学者的 SCI 收录论文数为 142 篇,论文产出数量年度趋势如图 3-1 所示,其中第一作者 11 篇,通讯作者论文为 127 篇(按通讯作者和 E-mail 统计),截至 2017 年 9 月 17 日检索日,无 ESI 热点论文和高被引论文,如表 3-2。

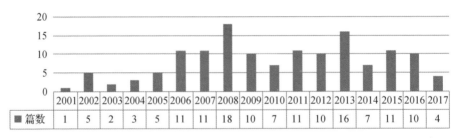

图 3-1　A 学者年度论文发表分布

如图 3-2 和图 3-3 所示,按 A 学者的 SCI 论文和被引论文的发表内容进行分析,其研究方向主要分布在生物化学与分子生物学(Biochemistry & Molecular Biology)、药理学与配药学(Pharmacology & Pharmacy)、内分泌学与代谢(Endocrinology & Metabolism)、微生物学(Microbiology)、毒理学(Toxicology)、免疫学(Immunology)、生化技术(Biochemical Research Methods)。

表 3-2　学者 SCI 论文概况

	论文数/篇	被引次数/次	论文被引百分比/%	篇均被引/(次/篇)	热点论文数/篇	高被引论文数/篇	第一作者/篇	通讯作者/篇	H 指数	影响因子			
										Q1	Q2	Q3	Q4
合计	142	2 677	96.43	18.85	0	0	11	127	29	48	55	34	2

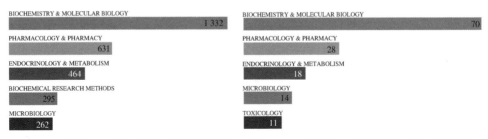

图 3-2　A 学者 SCI 论文被引研究方向分布　　图 3-3　A 学者 SCI 论文发文研究方向分布

(2) 著作

基于南京工业大学书目检索系统以及超星、读秀、Springer、Elsevier、Wiley 图书数据库检索,检索到中文图书 1 本、英文图书 2 本。中文图书由科学出版社于 2016 年出版;英文图书,分别以独著和第一著作者,由 Springer 出版社于 2010 年、2011 年出版。

4) 科研影响力

(1) 引用分析

A 学者在其学术生涯共有 142 篇论文被 SCI 收录,总被引次数为 2 677 次,篇均被引为 18.85 次/篇。如图 3-4 所示,根据 SCI 论文分析结果,H 指数为 29,他引次数 1 841 次(按文献被除作者和合作者以外其他的人引用统计)。

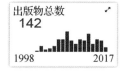

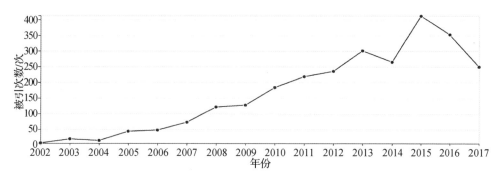

图 3-4 SCI 论文被引次数年份分布

(2) JCR 影响因子及分区

A 学者发表的 142 篇 SCI 论文中,按第 2016 版 JCR 的数据统计,Q1 论文数量为 48 篇(占论文发表总数的 34%),Q2 论文数量为 55 篇(占论文发表总数的 38%),Q3 论文数量为 34 篇,Q4 论文数量为 2 篇,另有 3 篇论文无 JCR 数据。

2015 年 2 月,A 学者作为通讯作者在 *Chemical Reviews* 发表论文 1 篇,期刊影响因子为 47.928。

2016 年 12 月,A 学者作为通讯作者在 *Immunity* 发表论文 1 篇,期刊影响因子为 22.845。

2016 年 9 月和 2013 年 2 月,A 学者作为通讯作者在 *Nature Communications* 发表 2 篇论文,期刊影响因子为 12.124。

2013 年 10 月,A 学者作为通讯作者在 PNAS(*Proceedings of the National Academy of Sciences of the United States of America*)发表论文 1 篇,期刊影响因子为 9.661。

A 学者在 *Molecular & Cellular Proteomics* 发表论文 5 篇,期刊影响因子为 6.54,期刊所在区 Q1。

(3) 学科规范化的引文影响力(CNCI)

图 3-5 纵坐标轴为学科规范化的引文影响力(CNCI),横坐标为年份,气泡的大小为每年的文献量。可以看到,2006 年以前 A 学者的 CNCI 变动较大,2006 年

到2013年之间A学者的CNCI基本维持在0.8～1.2之间。从2014年开始，A学者的CNCI出现新一轮增长。

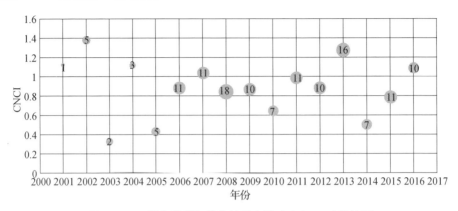

图3-5　A学者学科规范化的引文影响力(CNCI)趋势图

（4）学术交流

A学者作为嘉宾受邀参加模式动物与重大疾病动物模型研究与应用研讨会、第二届中药天然药物学术会议2016·中国葛洪文化国际学术研究会。在研究论文方面，主要合作机构来自中国科学院、中国科学技术大学、中国科学院昆明动物研究所、南京农业大学、云南大学、英国利物浦大学等。

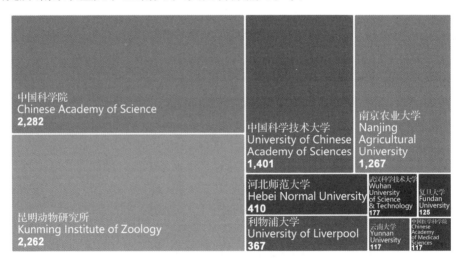

图3-6　A学者学术机构合作情况

（5）获奖情况

A学者先后获得了国家级、省部级各类奖项或荣誉，包括：全国中医药突出贡献奖，部委级，2016年；全国创新争先奖，国家级，2016年；科技部中青年科技创新领军人才,2016年;入选新世纪国家百千万人才工程,2015年;国家技术发明奖二等奖,国家级,2013年;中国青年科技奖,部委级,2011年;中国科学院十大杰出青年,部委级,2010年;谈家桢生命科学奖,部委级,2010年;中国科学院王宽诚西部学者突出贡献奖,部委级,2010年;云南省自然科学奖二等奖,省级,2009年;云南省自然科学奖一等奖,省级,2008年。

(6) 期刊编委

A学者受邀担任 *J Venom Res* 副主编;*Toxins*、*Chinese Journal of Natural Medicine*、*Chinese Journal of Biology*、《动物学研究》等刊物编委。

5) 科研创新力

(1) 专利

A学者的专利申请最早在2000年,2006—2013年进入技术创新的高峰时期(与学术论文发表周期一致)(图3-7),共申请87件发明专利,其中授权专利39件,授权率为44.8%,PCT国际专利申请4件。现有有效发明专利15件,在审发明专利13件,其中2件专利技术完成了成果转移转化。

表3-3 A学者发明专利申请一览

学者姓名	专利申请总量/件	专利授权量/件	授权专利比例/%	有效专利量/件	在审专利量/件
A学者	87	39	44.8	15	13

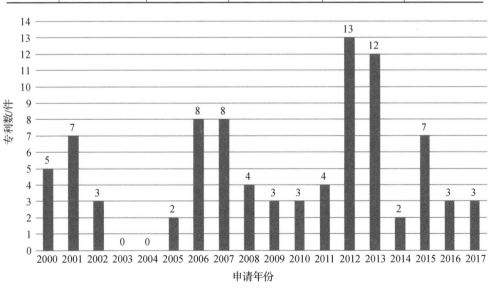

图3-7 A学者专利申请年份趋势图

(2) 科研项目

截至 2017 年 9 月,A 学者主持国家级项目 6 个、省部委级项目 4 个。

6) 与校内同行绩效比较

基于 2012—2017 年 SCI 论文引用次数,选取南京工业大学生物工程和药学领域前 5 的高被引学者:校 1 学者、校 2 学者、校 3 学者、校 4 学者、校 5 学者,与 A 学者进行绩效对比。在论文发表方面,A 学者虽然论文发表数量相对较少,但其论文他引次数和 CNCI 值在 6 位学者中属于中上水平,这说明论文质量比较高;在发明专利申请方面,A 学者的专利申请量相对较低,但作为第一发明人的比例为 75.9%,且专利授权率为 44.8%,有 4 件发明专利进行了 PCT 申请,这说明 A 学者的个人技术创新能力比较强。

(1) SCI 论文(2012—2017)绩效对比(表 3-4)

表 3-4 6 位学者论文绩效对比

序号	学者	CNCI	SCI 发表论文数/篇	被引次数/次	通讯作者篇数/篇
1	校 1 学者	1.07	92	527	10
2	校 2 学者	1.02	135	814	80
3	校 3 学者	0.93	59	331	41
4	校 4 学者	0.83	102	240	84
5	校 5 学者	0.78	98	398	81
6	A 学者	0.93	58	379	44

(2) 专利申请绩效对比(表 3-5)

表 3-5 6 位学者发明专利绩效对比

序号	学者	专利数/件	第一发明人比例/%	专利授权率/%	PCT 申请	中高强度专利数/件
1	校 2 学者	171	63.7	55.5	1	39
2	校 1 学者	153	7.2	64.7	4	6
3	校 5 学者	166	87.4	59.6	3	25
4	校 3 学者	144	60.4	42.3	3	29
5	校 4 学者	151	88.8	36.4	2	17
6	A 学者	87	75.9	44.8	4	4

3.1.2 高层次人才团队评价研究

队伍是基础,人才是关键,一个紧密型的高层次人才团队是学科建设的基础。一个紧密型的科研人才团队,从管理团队、申请项目、发表论文、编写著作、申请专利、获得奖项等各方面都应是高效的。高校重视对学科人才团队的引进,可以将团队带头人、核心成员及所带的硕、博士研究生一并引进,这可以显著提升高校在学科某研究领域的地位。

1) 评价需求与评价指标

学术团队是获取和整合资源的有效组织形式,是科技创新和科研攻关的重要载体。学术团队是提升高校学术实力的核心,学术带头人带动团队,以团队引领学科发展。本小节对学术团队进行评价,采用的指标体系与表 3-1 基本一致,两者的区别在于第一项指标一者为"学术年龄",一者为"团队成员",具体见表 3-6。

实证分析案例的团队称为 Z 团队,其学科带头人称为 B 学者,分析完成时间为 2019 年 11 月。

表 3-6 高层次人才团队评价指标体系

评估角度	评估指标	说 明
团队成员	成员关系	展示团队成员的紧密关系
科研生产力	论文量	被 SCI 收录的论文数量、年均论文数量等
	ESI 论文	ESI 中的热点论文、高被引论文
	著作	包括专著、主编、副主编、参编的图书
科研影响力	引用分析	被 SCI 收录的论文总被引次数、篇均被引次数、最高引用次数等
	JCR 影响因子和分区	论文所发表期刊的国际影响力
	学术交流	会议论文、学术活动、国际合作论文
	获奖情况	包括国际、国家奖项
	期刊编委	期刊编委的情况
科研创新力	专利数量	包含中国专利、PCT 专利申请量和授权量
	专利强度	专利质量评价指标,强度越高,专利质量越高
	成果转化	实现成果转化的专利数量
	科研项目	主持或参与项目,横向项目

2) 团队概览

Z团队是1995年B学者结束海外工作被某大学作为引进留学归国人员任教时创建的。Z团队有教授3人、研究员1人、副教授2人、博士和硕士研究生近30人。带头人B学者是国家杰出青年科学基金获得者、教育部"长江学者"特聘教授。

Z团队长期致力于多相/多组分高分子材料流变行为基础研究以及高性能化、功能化、高稳定化高分子材料制备加工等应用基础研究。Z团队的重点研究方向包括高分子合金与共混体系的相结构与流变行为、粒子填充体系的形成结构及其形成与演化机制、新型聚电解质分子设计与流变行为、生物大分子流变行为与材料仿生设计、高分子材料加工与高性能化等。Z团队近十年来主持国家重点基础研究发展规划(973)课题、国家高技术研究发展计划(863)、国家科技支撑计划、国家自然科学基金重大/重点项目等国家级研究项目30余项,总经费3 000余万元。

3) 科研生产力

截至2019年11月,Z团队的SCIE收录论文数为484篇,论文产出数量年度趋势如图3-8所示,截至2019年11月17日检索日为止,Z团队的ESI高被引论文为2篇,如表3-7所示。

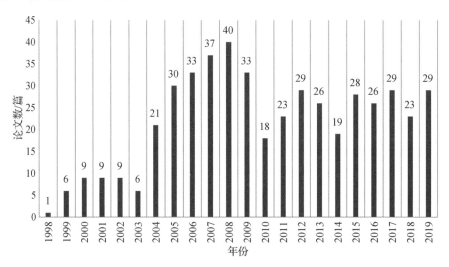

图3-8 Z团队年度论文发表分布

表3-7 Z团队SCIE论文概况

合计	论文数/篇	被引次数/次	篇均被引/(次/篇)	热点论文/篇	高被引论文/篇	影响因子			
						Q1	Q2	Q3	Q4
	484	7 274	15	0	2	162	211	75	36

按 Z 团队的 SCIE 论文和高被引论文的研究内容进行分析,其研究方向主要分布在高分子科学(Polymer Science)、化学(Chemistry)、材料科学(Materials Science)、食品科学技术(Food Science Technology)、工程学(Engineering)、物理学(Physics)等领域,如图 3-9、图 3-10 所示。

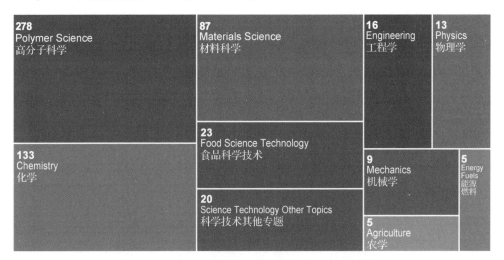

图 3-9　Z 团队 SCIE 论文发文研究方向前 10 分布图

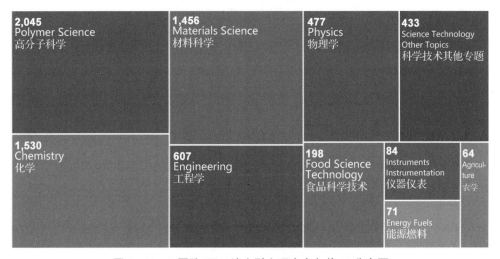

图 3-10　Z 团队 SCIE 论文引文研究方向前 10 分布图

4) 科研影响力

科研影响力包含论文的引用分析、社会兼职、学术交流、获奖和荣誉、教育及其社会影响力。

(1) 引用分析

Z团队共有484篇论文被SCIE收录,总被引次数为7 274次,篇均被引次数为15.03次/篇。如图3-11所示。他引次数为5 019次(按文献被除作者和合作者以外其他的人引用统计)。

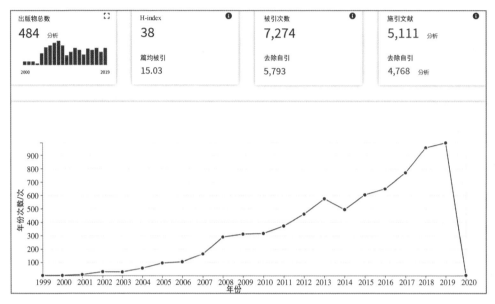

图3-11 SCI论文被引次数年份分布

(2) JCR影响因子及分区

Z团队发表的484篇SCIE论文中,按第2018版JCR的数据统计,Q1论文数量为162篇(占论文发表总数的33.5%),Q2论文数量为211篇(占论文发表总数的43.6%),Q3论文数量为75篇,Q4论文数量为36篇。

Z团队发表的SCIE论文中有12篇论文发表在影响因子大于10的Q1期刊上,分别是:

① 1篇论文发表在 *Progress in Materials Science*,期刊影响因子为23.725;

② 2篇论文发表在 *Advanced Functional Materials*,期刊影响因子为15.621;

③ 2篇论文发表在 *ACS Nano*,期刊影响因子为13.903;

④ 1篇论文发表在 *Science Advances*,期刊影响因子为12.804;

⑤ 1篇论文发表在 *Angewandte Chemie-international Edition*,期刊影响因子为12.257;

⑥ 4篇论文发表在 *Journal of Materials Chemistry* A,期刊影响因子为10.733;

⑦ 1篇论文发表在 *Chemistry of Materials*,期刊影响因子为10.159。

（3）国际合作

在研究论文方面，Z团队主要的国际合作来自日本、法国、美国等。

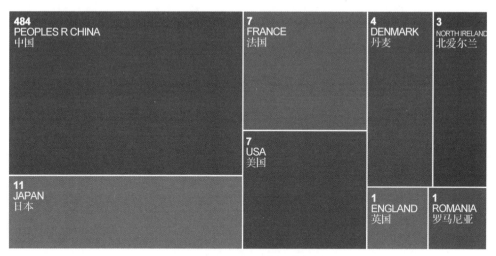

图 3-12 Z团队国际合作情况

5）科研创新力

科研创新力包含专利及产业化情况、科研项目情况。

（1）专利

Z团队的专利申请最早发生在1997年，在2005年和2007年有2个高峰，其余年份的专利申请较为均衡（图3-13）。Z团队共申请94件发明专利，其中授权专利46件，授权率为47.9%。

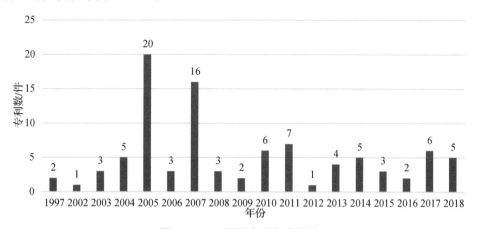

图 3-13 Z团队专利申请趋势

Z团队的有效发明专利43件，其在审发明专利13件，团队成员专利申请情况如表 3-8 所示。

学者 B 专利申请 90 件,其中授权专利 38 件,授权率 42.2%,有效专利为 17 件;

成员 1 专利申请 42 件,其中授权专利 30 件,授权率 71.4%,有效专利为 1 件;

成员 2 专利申请数量为 14 件,其中授权专利 8 件,授权率为 57.1%,有效专利为 16 件;

成员 3 专利申请数量为 9 件,其中授权专利 4 件,授权率为 44.4%,有效专利为 10 件;

成员 4 专利申请数量为 4 件,有 3 件获得授权,有效专利为 2 件;

成员 5 专利申请 1 件,且为有效专利。

表 3-8 Z 团队团队成员专利申请一览表

学者	专利申请总量/件	专利授权量/件	授权专利比例/%	有效专利量/件	在审专利量/件
学者 B	90	38	42.2	17	9
成员 1	42	30	71.4	1	3
成员 2	14	8	57.1	16	3
成员 3	9	4	44.4	10	4
成员 4	4	3	75.0	2	0
成员 5	1	1	100.0	1	0

(2) 基金资助机构

Z 团队发表的 484 篇 SCIE 论文,其基金资助主要来源于 25 家机构,表 3-9 列示了超过 10 篇论文的资助机构。

表 3-9 基金资助机构

基金资助机构	资助论文/篇
National Natural Science Foundation of China	212
Natural Science Foundation of Zhejiang Province	69
Fundamental Research Funds for the Central Universities	50
Key Technology Program of Guizhou Province	21
Thousand Young Talents Program of China	18
Program for Zhejiang Provincial Innovative Research Team	14
National Natural Science Foundation of Zhejiang Province	12
Scientific Research Foundation for the Returned Overseas Chinese Scholars	12
National Basic Research Program of China	11

6) 团队成员分析

(1) 论文合作者分析

Z团队导师团队发表的论文中署名有学者B的论文有460篇,署名有成员1的论文有222篇,署名有成员2的论文有70篇,署名有成员3的论文有60篇,署名有成员4的论文有33篇,署名有成员5的论文有32篇。

Z团队发表的年度较近的论文作者,为硕博士在读的研究生。其发文情况具体如下:硕博生1有23篇(2009—2018年,其中20篇带有成员1署名,属成员1团队论文数量第一),硕博生2有20篇(2010—2018年,其中20篇带有成员2署名,属成员2团队论文数量第一),硕博生3有16篇(2014—2018年,其中11篇带有成员3署名,属成员3团队论文数量第一)。

发文年度较久远的作者,为硕博士毕业生。其发文具体情况为:Z团队硕博生4有24篇(2004—2016年),硕博生5有23篇(1999—2007年),硕博生6有23篇(2003—2008年),硕博生7有21篇(1999—2005年),硕博生8有15篇(2013—2017年)。

(2) 专利申请人分析

在专利申请方面,Z团队共申请96件发明专利,其中学者B拥有90件专利,团队专利申请合作较为紧密,以学者B为中心,其他成员分别有42、14、9、4、1件专利。

7) 与学校同行绩效对比

本小节选取与Z团队在研究领域、论文数量和被引次数相近的南京工业大学材料工程学院校1团队,基于2008—2019年SCIE论文,与Z团队进行比较。在论文发表方面,Z团队的论文发表数量、被引次数和均篇被引都略高于校1团队。在专利申请方面,学者B专利申请量相对较高,但专利授权率略低。

(1) SCIE论文绩效对比(表3-10)

表3-10 论文绩效对比

序号	姓名	SCIE发表论文数/篇	高被引论文数/篇	被引次数/次	篇均被引/(次/篇)
1	校1团队	195	1	2 210	11.33
2	Z团队	316	2	4 230	13.39

(2) 专利申请绩效对比(表3-11)

表3-11 专利绩效对比

序号	姓名	专利数/件	专利授权率/%
1	Z团队	96	47.9
2	校1团队	33	75.6

3.1.3 学科杰青人才评价研究

国家杰出青年科学基金是中国为促进青年科学和技术人才的成长,鼓励海外学者回国工作,加速培养造就一批进入世界科技前沿的优秀学术带头人而特别设立的科学基金。其设立的目标是支持在基础研究方面已取得突出成绩的青年学者自主选择研究方向、开展创新研究,促进青年科学技术人才的成长,吸引海外人才,培养造就一批进入世界科技前沿的优秀学术带头人。

1) 评价需求与评价指标

2010年1月1日发布的《国家杰出青年科学基金实施管理办法》规定申请者应具备下列条件:(1) 具有中华人民共和国国籍;(2) 申请当年1月1日未满45周岁;(3) 具有良好的科学道德;(4) 具有高级专业技术职务(职称)或者具有博士学位;(5) 具有承担基础研究课题或者其他从事基础研究的经历;(6) 与境外单位没有正式聘用关系;(7) 保证资助期内每年在依托单位从事研究工作的时间在9个月以上。

本小节对某研究领域或研究方向下当选的杰青学者进行梳理和评价,高校领导或人事部门可以根据杰青评价报告,选择引进目标人才。

2) 某领域杰青概览

评价对象为2010—2019年的34位大气、气候领域的杰青当选者,评价内容包括杰青近5年内的论文、科研项目、任职、奖励等。

国家杰出青年科学基金通常每年约200项,其中高校占140项左右,2010—2019年共34位大气、气候领域的学者获得国家杰出青年科学基金的资助。平均每年有2~5名学者获得国家杰出青年科学基金的资助(图3-14)。

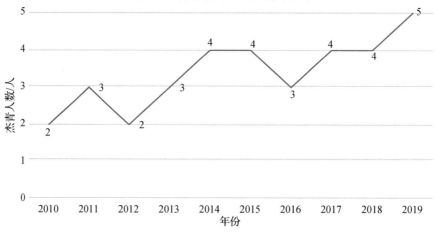

图3-14 大气、气候领域2010—2019年每年杰青人数

34位大气、气候领域的杰青中18位来自科研院所,16位来自高校。其中,中国科学院16位,中国气象科学研究院1位,自然资源部第二海洋研究所1位;13位来自985、211、双一流学校:北京大学6位、中山大学1位、中国科技大学1位、天津大学1位、华南理工大学1位、兰州大学1位、中国海洋大学1位、南京信息工程大学1位。

3) 论文情况

论文主要统计杰青近5年所发表的SCIE论文、期刊分区、引用与他引情况(表3-12)。

(1) 2010—2019年34位大气、气候方向杰青近5年总发表论文980篇,人均发表28.8篇论文。2015—2019年的杰青中发表SCIE论文最少的学者发文12篇(其中中国海洋大学陈××,1篇 Nature 一作、1篇 Science 一作,2篇 Nature 子刊一作)。2014年、2010年的杰青中有2位北京大学学者孟××、胡××各发表7篇SCIE论文。

(2) 34位杰青发表了一定数量的第一作者、通讯作者论文。34位杰青除中国科学院地球环境研究所黄××的第一作者论文为0篇外,其余33位杰青的第一作者论文总数为213篇,人均6.5篇;通讯作者论文总数为426篇,人均12.5篇。

(3) 980篇论文共引用9 030次,人均被引266次,篇均被引9.2次/篇,他引5 389次,人均他引158.5次,篇均被引5.5次/篇。

(4) 根据中国科学院期刊分区数据,2010—2019年杰青论文主要发表在地学、气象与大气科学、工程技术、综合类期刊,其中2012—2019年27位杰青发表在地学1区、气象与大气科学1区、工程技术1区、综合类期刊1区的论文有123篇,人均4.6篇。

表3-12 大气、气候领域2010—2019年杰青SCIE论文情况

年份	姓名	单位	SCIE论文数/篇			WOS被引次数/次	SCIE他引次数/次	地学1区/篇	环境与生态学1区/篇	综合性期刊1区/篇
			总	一作	通讯					
2019	赵××	北京师范大学	31	8	19	360	235	6	0	0
	王××	中国科学院大气物理研究所	14	8	5	104	82	1	0	0
	汪××	南京大学	33	2	7	365	202	16	0	0
	李××	中国科学院遥感与数字地球研究所	63	7	29	759	299	4	0	0
	黄××	中国科学院地球环境研究所	37	0	7	327	214	7	0	0

续表

年份	姓名	单位	SCIE 论文数/篇			WOS被引次数/次	SCIE他引次数/次	地学1区/篇	环境与生态学1区/篇	综合性期刊1区/篇
			总	一作	通讯					
2018	孙××	中国科学院大气物理研究所	28	4	8	549	398	7		
	车××	中国气象科学研究院	49	7	26	371	207			
	陈××	中国海洋大学	12	9	10	397	216	3	3	1
	何××	自然资源部第二海洋研究所	34	7	9	238	131			
2017	丁××	南京大学	34	2	9	203	118	6	0	0
	段××	中国科学院大气物理研究所	22	4	16	342	241	11		
	黄×	中国科学技术大学	54	8	28	396	201			
	杨××	北京大学	12	7	8	33	13	6	0	0
2016	陈××	南京信息工程大学	26	3	13	70	19	1	1	
	傅××	天津大学	22	6	4	238	140	1	5	
	姜××	中国科学院大气物理研究所	22	7	12	168	120	5		
2015	段××	中国科学院大气物理研究所	21	5	15	104	53	5		
	梁××	中国科学院青藏高原研究所	18	7	13	142	79			
	孙××	中国科学院地球环境研究所	28	6	8	468	339	4		
	王××	北京师范大学	22	12	13	298	145	4	2	
2014	王××	中山大学	18	5	11	126	71			
	孟××	北京大学	7	4	5	87	81			
	黄×	中国科学院大气物理研究所	33	2	26	304	211	14		
	刘××	中国科学院青藏高原研究所	16	7	9	91	76			
2013	王××	中国科学院地球环境研究所	13	6	9	96	34			
	阳×	中国科学院青藏高原研究所	84	28	19	631	382			
	郑××	华南理工大学	15	8	11	112	69	1		

续表

年份	姓名	单位	SCIE论文数/篇			WOS被引次数/次	SCIE他引次数/次	地学1区/篇	环境与生态学1区/篇	综合性期刊1区/篇
			总	一作	通讯					
2012	王××	中国科学院大气物理研究所	40	1	8	528	321			
	田××	兰州大学	15	3	6	23	15			
2011	周××	中国科学院大气物理研究所	63	14	27	590	351			
	邵×	北京大学	39	3	22	341	202			
	徐××	中国科学院青藏高原研究所	29	3	3	131	99			
2010	胡××	北京大学	7	5	5	4	2			
	陈×	中国科学院大气物理研究所	19	5	6	34	23			

4)学术影响力

申请人的学术影响力也是杰青评选重要的参照条件,入选杰青的学术影响力体现在国家级、部委级项目的主持情况,国际学术机构任职或获奖情况(国际学术组织奖项获得者、国际机构任职、国际学术期刊编委等)等方面。

2010—2019年大气、气候领域34位杰青大多主持过国家级项目1~2项、部委级项目若干项(表3-13)。

(1)国家级项目:国家自然科学基金优秀青年科学基金项目(王××、陈××、梁××);国家自然科学基金面上项目(汪××、李××、段××、王××、丁××、陈××、梁××、刘××);国家自然科学基金重点项目(陈××)以及重大项目(王××);国家重点基础研究发展计划(973计划)(王××、李××、段××、田××);国家高技术研究发展计划(863计划)(赵××);国家级青年人才计划(黄××);科技部国家重点研发计划(孙××)。

(2)部委级项目一般包括教育部等部委基金和人才项目,如教育部高等学校博士学科点专项科研基金(王××),教育部新世纪优秀人才支持计划(丁××),中国科学院百人计划(付××、阳×),中组部项目(汪××),地方科技厅、教委等部门的省级自然基金、省级人才计划、省级科技攻关项目等。

表 3-13　大气、气候领域 2010—2019 年杰青主持项目情况

年份	姓名	单位	方向	主持项目
2019	赵××	北京师范大学	云物理学	国家 863 计划课题,2012—2014
	王××	中国科学院大气物理研究所	陆气相互作用和气候变化	(1) 国家自然科学基金优秀青年科学基金项目 (2) 国家 973 计划项目
	汪××	南京大学	气溶胶云与气候相互作用	(1) 中组部项目(第六批),2016—2018 (2) 国家自然科学基金面上项目,2016—2019 (4) 江苏省特聘教授经费,2015—2017
2019	李××	中国科学院遥感与数字地球研究所	大气气溶胶遥感与探测	(1) 国家自然科学基金面上项目,2017—2020 (2) 国家重大科技专项项目,2015—2016 (3) 国家自然科学基金优秀青年科学基金项目,2013—2015 (4) 国家自然科学基金面上项目,2011—2011 (5) 863 计划项目子课题,2011—2016 (6) 973 计划项目,2010—2014
	黄××	中国科学院地球环境研究所	有机气溶胶	(1) 国家级青年人才计划,2015—2018 (2) 关中地区含氮气溶胶的时空分布、来源及健康影响,主持,国家级,2015—2017 (3) 二次有机气溶(SOA)的氧化关键途径及其对重霾的影响,主持,部委级,2014—2015 (4) 大气有机颗粒物的在线源解析与动态定量方法体系建立,主持,国家级,2017—2020 (5) 关中地区大气重污染的加强观测与成因研究,主持,部委级,2017—2019 (6) 青藏高原棕碳气溶胶的理化特征、来源及其环境影响,主持,国家级,2017 (7) 典型源同位素和元素指纹采集技术与谱库建立,主持,国家级,2017—2020
2018	孙××	中国科学院大气物理研究所	中高纬气候系统变化及短期气候预测	(1) 国家自然科学基金优秀青年科学基金,2016 (2) 科技部国家重点研发计划项目课题,2016 (3) 中国科学院国际合作局对外合作重点项目,2016 (4) 国家自然科学基金创新研究群体项目,2015 (5) 公益性行业(气象)科研专项项目,2013 (6) 中国科学院战略性先导科技专项 A 类子课题,2011

续表

年份	姓名	单位	方向	主持项目
2018	车××	中国气象科学研究院	气溶胶光学—辐射特性及其气候环境效应	（1）中国地区气溶胶光学特性数据集的研发和集成,主持,部委级,2015—2016 （3）气溶胶光学特性地基遥感过程中的不确定性对直接辐射强迫影响的研究,主持,国家级,2014—2017 （4）地基多波段光度计遥感中国不同环境背景地区大气气溶胶的光学特性,主持,国家级,2011—2013
	陈××	中国海洋大学	海洋年代际变异机制及其在全球气候变化中的作用	
	何××	自然资源部第二海洋研究所	海洋水色遥感；辐射传输与大气校正	
2017	丁××	南京大学	大气复合污染中的物理与化学过程相互作用	（1）国家自然科学基金优秀青年科学基金项目,2015—2017 （2）环保公益性行业科研专项项目子课题,2015—2017 （3）江苏省自然科学基金杰出青年科学基金项目,2014—2016 （4）国家自然科学基金面上项目,2013—2016 （5）国家自然科学基金面上项目,2010—2013 （6）教育部新世纪优秀人才计划项目,2010—2013 （7）挪威自然科学基金NORKLIMA中挪气候变化专项—子课题负责,2010—2013
	段××	中国科学院大气物理研究所	海气自然变率影响青藏高原热源的过程和机理	国家自然基金面上项目 国家"973计划"项目课题
	黄×	中国科学技术大学	大气气溶胶成核机理研究	
	杨××	北京大学	海气相互作用与全球气候变化	

续表

年份	姓名	单位	方向	主持项目
2016	陈××	南京信息工程大学	陆气相互作用	(1) 国家自然科学基金重点项目，2013—2017 (2) 公益性行业科研专项，2012—2014 (3) 江苏省第四期"333工程"培养基金资助项目，2012—2013 (4) 国家自然科学基金面上项目，2011—2013 (5) 国家自然科学基金面上项目，2009—2011 (6) 教育部留学回国人员科研启动基金项目，2008—2009 (7) 江苏省"六大人才高峰"计划资助项目，2007—2009 (8) 江苏省气象灾害重点实验室基金项目，2005—2008 (9) 国家自然科学基金优秀青年科学基金项目，2005—2007 (10) 江苏省高校自然科学基金项目，2002—2004 (11) 江苏省气象灾害重点实验室开放课题，2003—2004
	傅××	天津大学	气溶胶化学	(1) 中国科学院百人计划项目，部委级，2011—2015 (2) 西南喀斯特地区城市和森林大气有机气溶胶的分子组成和三维荧光光谱特征，国家级，2012—2015 (3) 大气灰霾跨界输送途径与定量评估，部委级，2012—2017
	姜××	中国科学院大气物理研究所	古气候模拟	
2015	段××	中国科学院大气物理研究所	厄尔尼诺-南方涛动可预报性的非线性误差增长理论及其应用研究	

续表

年份	姓名	单位	方向	主持项目
2015	梁××	中国科学院青藏高原研究所	树轮生态学与气候学	(1) 中国博士后科学基金,2003—2004 (2) 国际科学基金(International Foundation for Science) 2005—2006 (3) 国家自然科学基金优秀青年科学基金项目,2004—2006 (4) 中国沙漠气象科学研究基金,2006—2008 (5) 国家自然科学基金面上项目,2007—2009 (6) 国家自然科学基金面上项目,2009—2011
	孙××	中国科学院地球环境研究所	第四纪地质学与古气候变化	中国科学院战略性先导科技专项(B类),2012—2017
	王××	北京师范大学	地表能量平衡与气候变化	(1) 国家重大科学研究计划项目课题,2012—2016 (2) 国家自然科学基金面上项目,2012—2015 (3) 国家自然科学基金重大研究计划培育项目,2014—2016
2014	王××	中山大学	陆气交换关键过程对大气环境影响的数值模拟	(1) 教育部高等学校博士学科点专项科研基金,2013—2016 (2) 国家自然科学基金项目,2013—2016 (3) 广州市环境保护局科技项目,2012—2013 (4) 广东省自然科学基金重点项目,2012—2015 (5) 深圳市人居环境委员会科技项目,2010—2011 (6) 广州市环境保护局科技项目,2010—2011 (7) 广州市环境保护局科技项目,2010—2010 (8) 番禺区科技计划项目,2006—2008 (9) 中国科学院大气物理研究所资助项目,2002—2003 (10) 中国科学院"九五"重大项目三级子课题,1999—2000

续表

年份	姓名	单位	方向	主持项目
2014	孟××	北京大学	强对流灾害性天气的机理和可预报性	
	黄×	中国科学院大气物理研究所	热带海气相互作用及东亚季风系统	
	刘××	中国科学院青藏高原研究所	青藏高原冰川—湖泊微生物及其与气候环境关系	(1) 中国科学院科技创新与交叉团队项目，2013—2015 (2) 国家自然科学基金面上项目，2012—2015 (3) 中国科学院重大方向项目第二子课题，2010—2012 (4) 国家自然科学基金面上项目，2009—2011 (5) 中国科学院西部之光项目，2009—2011
2013	王××	中国科学院地球环境研究所	气溶胶地球化学	
	阳×	中国科学院青藏高原研究所	青藏高原地表能量与水循环过程及其区域影响	(1) 中国科学院"百人计划"择优支持专项，2008—2011 (2) 国家自然科学基金，2009—2011 (3) 中国科学院知识创新工程重要方向项目，2009—2011 (4) 中国科学院知识创新工程重要方向项目群"地表过程集成系统研究"第二项目，2009—2011 (5) 全球变化研究专项"青藏高原气候系统变化及其对东亚区域的影响与机制研究"第三课题，2010—2014
	郑××	华南理工大学	大气污染源与模型的定量不确定性分析	
2012	王××	中国科学院大气物理研究所	大气环境数值模拟与预报	
	田××	兰州大学	大气化学与气候的相互作用以及平流层对流层物质交换	973计划专题，2010—2014

续表

年份	姓名	单位	方向	主持项目
2011	周××	中国科学院大气物理研究所	海气相互作用和季风	
	邵×	北京大学	大气化学	
	徐××	中国科学院青藏高原研究所	青藏高原雪冰—大气化学与环境变化	
2010	胡××	北京大学	全球气候变化背景下的平流层气候变化和臭氧恢复	
	陈×	中国科学院大气物理研究所	东亚冬季风系统变异及其内动力学机理研究	

2010—2019 年大气、气候领域 34 位入选杰青大多具有广泛的国际学术合作与交流经历(学术机构任职、学术期刊编委等),取得过国内高级别或本领域具有广泛影响的学术奖项(奖励)(表 3-14)。

(1) 国际学术机构任职。孙××任世界气候研究计划中国国家委员会秘书长(2012 年至今);丁××任国际陆地生态系统-大气过程集成研究 iLEAPS 科学指导委员会成员(2010 年至今),任对流层臭氧评估报告(Tropospheric Ozone Assessment Reports,TOAR)计划科学指导委员会委员(2015 年至今)。

(2) 国际学术期刊编委。丁××任 *Scientific Reports*(Nature 出版集团旗下期刊)编委(2015 年至今);孙××任 *Atmospheric and Oceanic Science Letters* 编委(2014 至今);胡××任 *Advances in Atmospheric Sciences* 编辑(2009 年至今)。

(3) 获奖情况。孙×× 获得国家自然科学奖二等奖(2014 年,第 3 完成人);何×× 获得国家科学技术进步奖二等奖(2014 年,个人排第 4);黄× 2009 年获得美国能源部 M. T. Thomas Award,EMSL,当年仅其一人获奖。

表 3-14　大气、气候领域 34 位入选杰青学术兼职和奖励情况

年份	姓名	单位	学术任职	奖励
2018	孙××	中国科学院大气物理研究所	(1)第四次国家评估报告第九章首席作者 (2)中国科学院大气物理研究所"一三五"重点培育方向负责人,2016— (3)中国海洋湖沼学会海洋与气候分会理事,2016— (4)《大气科学学报》编委,2016— (5)中国气象学会副秘书长,2014— (6) Atmospheric and Oceanic Science Letters 编委,2014— (7)《大气科学》常务编委,2013— (8)世界气候研究计划中国委员会秘书长,2012—	(1)中国气象学会气象科学技术进步成果一等奖（第1完成人）,2017 (2)中国科学院大气物理研究所"学笃风正"创新贡献奖,2017 (3)中国科学院青年创新促进会优秀会员,2015 (4)国家自然科学奖二等奖（第3完成人）,2014 (5)国家重大科学研究计划项目课题,2012 (6)卢嘉锡青年人才奖,2012 (7)中国科学院北京分院"启明星"优秀人才,2012 (8)中国气象学会第七届全国优秀青年气象科技工作者,2010 (9)谢义炳青年气象科技奖,2009
	车××	中国气象科学研究院	(1)中国气象学会大气成分委员会,学术秘书,2015—2018 (2)中国颗粒学会,青年理事,2014—2018 (3) SKYNET 观测计划,国际委员及定标 Subgroup 组长,2013—2017	(1)中国气象学会年会优秀论文奖,一等奖,2013 (2)中国颗粒学会第八届年会"优秀论文奖",一等奖,2012 (3)北京气象学会中青年优秀论文,二等奖,2010 (4)第七届全国优秀青年气象科技工作者,一等奖,2010 (5)中国气象科学研究院优秀青年奖,一等奖,2010 (6)谢义炳青年气象科技奖,二等奖,2010
	何××	自然资源部第二海洋研究所		(1)国家科学技术进步奖二等奖（个人排第4）,2014 (2)海洋科学技术奖一等奖（个人排第4）,2013 (3)海洋创新成果奖一等奖（个人排第1）,2012 (4)海洋创新成果奖二等奖（个人排第1）,2011 (5)海洋创新成果奖一等奖（个人排第1）,2007 (6)海洋创新成果奖二等奖（个人排第1）,2006

续表

年份	姓名	单位	学术任职	奖励
2017	丁××	南京大学	(1) 国际陆地生态系统-大气过程集成研究(iLEAPS)科学指导委员会成员,2010 (2)《气象科学》常务编委,2012 (3) iLEAPS 中国委员会联合主席,2013 (4) 全球排放研究计划(GEIA)中国工作委员会委员,2013 (5) 中国大气环境超级观测站联盟科学指导委员会委员,2013 (6) 全国低碳计量技术委员会温室气体计量工作组委员,2013 (7) 中国环境科学学会高级会员,2013 (8) *Atmos. Ocean. Sci. Lett.* 编辑,2013 (9) 芬兰赫尔辛基大学博士论文评阅人、答辩主考人,2013 (10) 国际上层海洋-低层大气研究(SOLAS)中国委员会委员,2014 (11) *PLOS One* 期刊学术编辑,2014 (12) 对流层臭氧评估报告(TOAR)计划科学指导委员会委员,2015 (13) *Scientific Reports* (Nature 出版集团旗下期刊)编委,2015 (14) *Atmos. Chem. Phys.* PEEX 专辑客座编辑,2015	(1) 教育部自然科学奖二等奖(第2完成人),2010 (2) 环境保护科学技术奖二等奖(第6完成人),2010 (3) 中国气象学会授予"十佳全国优秀青年气象科技工作者",2014 (4) 江苏省科学技术奖一等奖(第6完成人),2015
	段××	中国科学院大气物理研究所		(1) "学笃风正"全国优秀青年科技工作者奖 (2) 中国气象学会优秀学术论文奖 (3) 北京气象学会中青年优秀气象科技论文一等奖 (4) 第七届全国优秀青年气象科技工作者

续表

年份	姓名	单位	学术任职	奖励
2017	黄×	中国科学技术大学	(1) 中国科学院区域大气环境研究卓越创新中心,骨干 (2) 中国科学院特聘研究员,骨干 (3) 中国化学会化学动力学专业委员会委员 (4) 中国气象学会大气物理委员会委员 (5) 中国微生物学会微生物生物安全专业委员会委员 (6) 安徽省光学学会人气与环境光学专业委员会委员 (7) 中国科学技术大学环境科学与光电技术学院筹备工作组成员 (8) 合肥物质科学技术中心双聘教授 (9) 安徽大学兼职教授（招收研究生） (10) 科学岛归国留学人员联谊会副会长	(1) 安徽省高层次人才奖,2016 (2) 国家"十二五"科技成就展人才展区优秀青年人才代表,2016 (3) 科技部创新人才推进计划中青年科技创新领军人才,2014 (4) 中国科学院青年科学家奖,2014 (5) 中国科学院科技创新交叉与合作团队负责人,2013 (6) 王宽诚人才奖,中科院王宽诚教育基金会,2011 (7) M. T. Thomas Award, EMSL,美国能源部,2009 (8) 中国百篇最具影响国际学术论文,2008 (9) 中国科学院合肥物质科学研究院优秀导师, 2012, 2013, 2015, 2016
	杨××	北京大学		
	周××	中国科学院大气物理研究所		
2011	邵×	北京大学	(1) 国家重点领域创新团队"大气复合污染防治"团队负责人 (2) 广东省珠江人才计划引进创新创业团队"含碳组分大气环境行为及效应研究团队"负责人	
	徐××	中国科学院青藏高原研究所		

续表

年份	姓名	单位	学术任职	奖励
2010	胡××	北京大学	(1)《大气科学》编委,2009 (2) Advances in Atmospheric Sciences 编辑,2009 (3) 国家自然科学基金委员会大气科学专家评审组专家,2008 (4) 教育部教学指导委员会大气科学分委员会秘书长,2006 (5) 中国气象学会理事、动力气象委员会副主任,2006 (6)《北京大学学报(自然科学版)》编委,2005	赵九章优秀中青年科技奖,2009
	陈×	中国科学院大气物理研究所		

3.2 基于社会网络的高校科研团队识别与评价分析

引进或培育科研团队是推动一流学科建设的重要保障。国内高校为了提高学校的教学科研水平,需要挖掘分析高水平的学者,引进这些人才助力高校学科发展,尤其是团队的引进,直接可以带来学科某个研究领域的水平提升。关于人才评估、人才评价、团队识别分析,国内外都有学者进行了相关评价指标或评价准则的探讨。本小节主要针对高校科研团队进行识别与评价,为高校引进科研团队提供参考与借鉴。

3.2.1 方法与指标

国外定性评价学者主要基于同行评价,关于定量评价方面也有一定的探讨。2005 年,美国学者 Jorge E. Hirsch 提出了 H 指数,他将 H 指数定义为:一个科学家的 h 值,等于当且仅当在他/她发表的 N_p 篇论文中有 h 篇论文每篇获得了不少于 h 次的引文数,而剩下的 (N_p-h) 篇论文中每篇论文的引文数都小于 h。H 指数将学者的论文产出与论文影响力进行结合。H 指数也存在不足,如 H 指数可能存在多个学者有相同的值,且 H 指数值越大,h 发生变化的时间更长,且 H 指数只升不降。金碧辉等(2007)提出了 R 指数和 AR 指数：R 指数可以帮助解决多个学者拥有相同 h 值时,区分他们的学术测评值;AR 指数结合论文发表的时间指标,有效解决 H 指数只升不降、永不下降的缺陷。在 H 指数基础上,还有很多其他衍生的指数,如 G 指数、A 指数、M 指数、w 指数等,闫素兰等对这些衍生指数进行了实证分析,分析这些指数的适用性(2013)。

国内学者早在 1981 年开始探讨文献计量学对于人才评价的意义。在 H 指数提出后,国内学者利用 H 指数进行了相关实证研究与理论探讨,如邱均平等(2007)对我国 CSSCI 收录的被引次数排名前 50 位的图书情报学研究学者在 1998—2005 年的有关数据进行统计分析,计算 H 指数,评价我国图书情报学学者的个人绩效。许新军(2008)运用 H 指数,以国内 39 位经济学领域高被引学者 1994—2008 年间的被引用情况为依据,分别计算出每位学者的 H 指数,以此来评价他们的个人绩效。

本书主要从高校挖掘引进高水平学者的角度,采用 H 指数、R 指数、AR 指数为评估指标,开展学科人才及其团队的分析,挖掘高产且影响力高的学者。本书以 Web of Science 的 SCI 数据作为数据源,以材料学科为例,分析科研人员及其团队,为学校挖掘可引进的人才,也为学校人才引进提供评估参考材料。

本书从两个角度开展科研团队评估：(1)以发表在材料学科某个方向的顶尖期刊的论文为分析源,分析近 10 年发表在这些期刊上的高产和高影响力学者,再深度分析学者及其团队;(2)以某校拟引进的某位学者为分析源,通过 WOS 数据检索分析 H 指数、R 指数、AR 指数,通过社会网络分析其团队,综合分析其学术实力及其是否能为该校带来学术创新(与该校该学科目前研究方向对比分析)等。

本书将 H 指数、R 指数、AR 指数作为衡量学者科研水平的 3 个量化指标。H 指数不能区分 h 值相同但论文被引次数相差悬殊的情况,缺乏一定的灵敏度和区分度,因此结合采用了 R 指数和 AR 指数,解决 H 指数存在的一些不足。

R 指数的计算方法：H 指数划定的绩效核内总被引次数的平方根,具体计算公式为

$$R = \sqrt{\sum_{j=1}^{h} Cit_j}$$

式中 Cit_j 表示绩效核内第 j 篇论文的被引次数。

AR 指数的计算方法：H 指数内每篇论文的年均被引次数总和的平方根 a_j 为论文 j 的发表年龄,则以论文发表年龄为因变量的 R 指数用 AR 表示,数学公式为

$$AR = \sqrt{\sum_{j=1}^{h} \frac{Cit_j}{a_j}}$$

社会网络分析(Social Network Analysis,SNA)方法是社会学领域比较成熟的分析方法,社会学家们利用它可以比较得心应手地来解释一些社会学问题。网络指的是各种关联,而社会网络即可简单地称为社会关系所构成的结构。社会网络分析方法起源于物理学中的适应性网络。通过研究网络关系,采用数学方法、图论等定量分析方法,有助于将个体间关系、"微观"网络与大规模的社会系统的"宏观"结构结合起来是1970年代以来在社会学、心理学、人类学、数学、通信科学等领域逐步发展起来的一个研究分支。社会网络分析方法已被各个学科,包括图书情报领域、企业管理等广泛应用。

3.2.2 基于社会网络的人才评价实证

1) 以材料学科期刊为导向的数据检索与分析

(1) 基础数据检索与筛选

选取检索源:WOS 的 SCIE 数据,时间范围为 2003—2012 年(10 年),具体检索时间为 2013 年 10 月 10 日。

本书采用了材料科学—生物材料作为案例进行检索分析,假设某学校想引进生物材料方面的学者。选择的期刊以 JCR-Q1 为参考,选取了 WOS 的"MATERIALS SCIENCE, BIOMATERIALS"类目的 Q1 期刊,共 6 种期刊。

通过 WOS 检索出版物名称=("BIOMATERIALS" or "ACTA BIOMATER" or "EUR CELLS MATER" or "DENT MATER" or "MACROMOL BIOSCI" or "BIOFABRICATION"),时间跨度=2003-2012,检索结果:13 179 条。

WOS 的检索结果除 ARTICLE、REVIEW 等文献类型外,还包含了 EDITORIAL MATERIAL、CORRECTION 、MEETING ABSTRACT 等类型,进行筛选,筛选出 ARTICLE、REVIEW 两种文献类型,共筛选文献 12 970 篇(图 3 - 15)。

图 3 - 15　WOS 文献类型筛选

（2）作者基础排序分析

以 WOS 的分析功能，选取排序前 10 位的发文作者，表 3-15 列出了前 10 位作者及其发表的论文数。本书在研究中，暂不考虑作者在论文中的贡献度，即不区分第一作者、通讯作者或是所处的其他合作位置。

表 3-15　WOS 检索材料科学—生物材料 Q1 期刊的作者文献数量分析（前 10 位）

序号	作者	记录/篇
1	KAPLAN DL	101
2	JANSEN JA	73
3	LIU Y	70
4	WATTS DC	68
5	PASHLEY DH	66
6	TAY FR	66
7	LANGER R	65
8	REIS RL	65
9	WANG Y	64
10	ZHANG Y	59

从表 3-15 可以发现，作者名称基本采用了姓氏加名的首字母的方式，存在较为严重的同名作者问题。考虑作者的同名现象，对每位作者结合作者机构进行较为精确的分析。在 WOS 中作者同名问题基本没有得到解决，需要通过人工筛选才能达到精确（表 3-16）。

表 3-16　生物材料 Q1 期刊发文前 10 位学者全名及机构检索分析

序号	作者	作者全名	机构
1	KAPLAN DL	Kaplan, David L.	Tufts Univ
2	JANSEN JA	Jansen, John A.	Radboud Univ Nijmegen；Univ Nijmegen
3	LIU Y	众多学者	见表 3-16
4	WATTS DC	Watts, D. C. or Watts, David C.	Univ Manchester；Univ Jena
5	PASHLEY DH	Pashley, David H.	Georgia Hlth Sci Univ；Med Coll Georgia

续表

序号	作者	作者全名	机构
6	TAY FR	Tay, Franklin R.	Georgia Hlth Sci Univ; Med Coll Georgia; Univ Hong Kong
7	LANGER R	Langer, Robert	MIT; Harvard Massachusetts Inst Technol
8	REIS RL	Reis, Rui L.	Univ Minho, ICVS 3Bs PT Govt Associate Lab
9	WANG Y	众多学者	
10	ZHANG Y	众多学者	

对上述 10 位学者对应的文献进行逐篇查看,可以确定出该检索集中,有 3 个作者姓名简称对应了多位学者,如对"3 LIU Y"的 70 篇文献中的前 20 篇进行查看,可以发现如表 3-17 所示,20 篇论文属于 16 位不同单位简称同为 LIU Y 的学者。同样发现"9 WANG Y"和"10 ZHANG Y"具有多位学者共同构成论文篇数,均被从前 10 位排除。通过筛选,选出排名前 7 位的学者。

表 3-17 简称作者名"LIU Y"的 20 篇论文作者、机构分析

LIU Y 全称	机构	论文数/篇	论文发表年份
liu, Yi	Shandong Univ; Univ Calif Los Angeles	2	2012
Liu, Yan	Nantong Univ	1	2012
Liu, Yan	Peking Univ	1	2012
Liu, Yan	Wake Forest Univ; Sichuan Univ	1	2011
Liu, Yang	Chinese Acad Sci	1	2012
Liu, Yang	Univ Alberta	1	2012
Liu, Yang	Univ Minnesota	2	2011
Liu, Ying	Natl Ctr Nanosci & Technol China	2	2012
Liu, Ying	Univ Calif Davis	1	2012
Liu, Ying	Univ Calif Los Angeles	1	2012
Liu, Ying	Chinese Acad Sci	1	2012
Liu, Yu	Univ Marburg; Univ Elect Sci & Technol China	1	2012
Liu, Yuan	Tianjin Univ	2	2012
Li, Y.	Peking Univ	1	2011
Liu, Yue	Shandong Univ	1	2011
Liu, Yutao	Natl Univ Singapore	1	2011

(3) 7位学者H指数、R指数、AR指数分析

对筛选出的前7名学者,结合单位进行SCI论文检索,检索时间范围为2003—2012年,检索日期为2013年10月20日,文献类型为ARTICLE或REVIEW。因为涉及同名、作者曾在不同单位任职等现象,结合WOS的"唯一作者集"等作者辅助检索工具,进行筛选(表3-18)。

表3-18 7位学者的WOS论文基础数据检索

原序号	作者	论文数/篇	被引次数(排除自引)/次	篇均被引/(次/篇)	去自引篇均被引/(次/篇)
1	KAPLAN DL	447	15 777(13 075)	35	29
2	JANSEN JA	351	8 298(7 325)	24	21
4	WATTS DC	128	1 426(1 284)	11	10
5	PASHLEY DH	306	8 950(7 427)	29	24
6	TAY FR	330	9 846(8 184)	30	25
7	LANGER R	392	32 542(31 382)	83	80
8	REIS RL	383	8 866(7 211)	23	19

根据H指数的定义、R指数和AR指数的计算公式,分别计算7位学者的3个指数值。金碧辉等(2007)已经通过数据研究证明H指数、R指数、AR指数存在独立相关性(表3-19)。

表3-19 7位学者的H指数、R指数、AR指数计算分析

原序号	作者	H指数	R指数	AR指数	标准化(H、R、AR)
1	KAPLAN DL	63	97.41	37.09	0.525
2	JANSEN JA	51	66.19	25.14	0.378
4	WATTS DC	20	27.86	10.68	0.156
5	PASHLEY DH	51	68.52	25.20	0.382
6	TAY FR	55	68.30	25.14	0.392
7	LANGER R	97	149.61	57.56	0.809
8	REIS RL	44	65.51	25.30	0.359

根据表3-18和表3-19中被引数量、H指数、R指数、AR指数,绘图3-16,LANGER R各指标遥遥领先,WATTS DC各指标均在最后,KAPLAN DL基本排在第二,但其他4位学者的指标值处于交叉交叠,各种指数值较为接近。

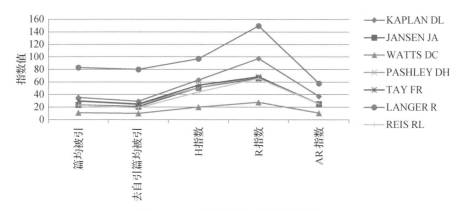

图 3-16　7 位学者的各种指数值图示

根据表 3-19, 在 7 位学者中, JANSEN JA 和 PASHLEY DH 的 H 指数值一样, JANSEN JA 和 TAY FR 的 AR 指数值一样。项目组通过计算 H、R、AR 3 个指数的标准化值, 综合考量 7 位学者的排序。

标准化(H, R、AR)的计算公式:

$$标准化(H,R,AR) = \frac{h_i}{\sum h_i} + \frac{R_i}{\sum R_i} + \frac{AR_i}{\sum AR_i}$$

表 3-20 列出了 7 位学者分别按照 H 指数、R 指数、AR 指数及标准化(H, R, AR)值的各种排序。选用根据标准化(H, R, AR)排序 7 位学者。

表 3-20　7 位学者的各种指数值及标准化值的排序

学者	H 指数排序	R 指数排序	AR 指数排序	标准化(H,R,AR)排序
KAPLAN DL	2	2	2	2
JANSEN JA	4	5	5	5
WATTS DC	7	7	7	7
PASHLEY DH	4	3	4	4
TAY FR	3	4	5	3
LANGER R	1	1	1	1
REIS RL	6	6	3	6

通过作者论文检索, 综合考察这 7 位生物材料方向的学者在材料学科领域的影响力, 结合上述排序, 选取标准化(H, R, AR)排序前 3 位的生物材料相关的学

者,这3位学者可考虑作为某学校在生物材料学科方面外聘专家人选。并选取 LANGER R 为案例,利用社会网络分析工具进行深度分析(表3-21)。

表3-21 筛选分析确定最后分析的前3位学者列表

标准化(H,R,AR)排序	学者
1	LANGER R
2	KAPLAN DL
3	TAY FR

(4) LANGER R 学者及其团队的挖掘分析

本书采用 SATI 文献题录信息统计分析工具和 UCINET 社会网络分析软件对 LANGER R 的392篇论文进行分析,分析的目的是寻找与 LANGER R 有更多直接合作关联的学者,并选择其中部分学者作为进一步的分析对象,拟挖掘"他们"作为某学校材料科学—生物材料方面的人才。

利用上述2个软件,构建如图3-17所示的 LANGER R 的作者合作网络。从图3-17中可以发现,LANGER R 的合作网络错综复杂,但单从这个网络,较难直观发掘与其合作更为密切的作者子群。

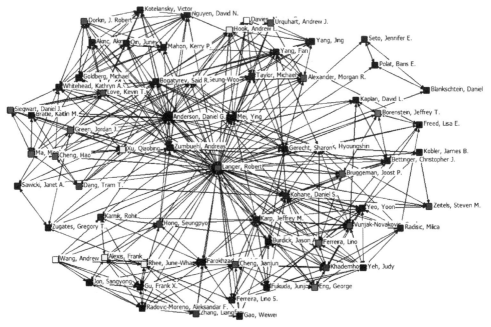

图3-17 LANGER R 的合作网络

利用K-核概念,研究网络合作的凝聚子群。所谓K-核是指如果一个子图中的全部点都至少与该子图中的K个其他点邻接,则称这个子图为K-核。通过K-核,可以发现一些高合作、高凝聚的群体。对LANGER R的社会网络进行K-核分析(通过UCINET的Network→Regions→K-Core实现),生成如图3-18所示的LANGER R文献作者K-核分析图。

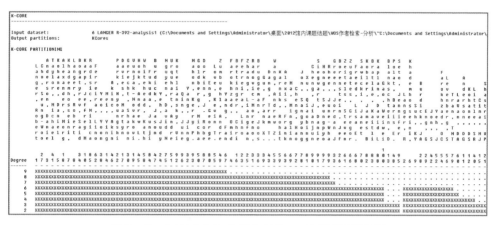

图3-18 LANGER R文献作者的K-核凝聚子群分析

由图3-18可见,在LANGER R的392篇文献的所有合作者中,可以进行8种分区,度数分别为2,3,4,5,6,7,8,9,即分别为2-核,3-核,……,9-核。9-核即是指Langer Robert和其他35位作者(图3-18所示的第27号Cho Seung-woo、第3号Anderson Danie……第67号Yang Fan)共同组成各个作者之间至少有9个邻接的子群,可能是一些团队合作或项目合作的团队,其中可能存在一些具有知识引导的团队带头人。

计算LANGER R中学者们在整体网络中的个体密度值,图3-19为截取其中部分学者的个体密度值计算。从图3-19中可以得出这个整体网络中各个个体(科研人员)的密度值及其他指标值。Langer Robert的个体密度值最低,为15.48,Broker和EgoBet值最高,分别为1 813.00、1 234.39,他是这个作者群网络中的知识引导人、合作引导人,其位置占据了结构洞位置,是"桥"位置者。

结合图3-18,再看看其他学者。在这些学者中,Anderson,Daniel G. 的网络规模最大,密度是27.13,Broker值是540.00,EgoBet值是192.60,仅次于Langer Robert,在其合作网络中,占据结构洞位置,可作为引进人才或外聘人选。Kohane,Daniel S. 密度值为37.32,Broker值为173.00,EgoBet值是57.77,在合作网络中与他人有合作,也有一定的知识引导作用。从图3-19中也可以发现,学者 Yang,Jing 的密度值最大,为 97.78,说明在他的关系网中的各个成员之间合作关系很多,其 Broker 值仅为 1.00,EgoBet 值为 0.11,在个体网中的中间性不强,不占据结构洞位置,可以猜测其为求学的学生或是某个项目的参与者。通过对所有合作者的分析,我们还挖掘出 Karp, Jeffrey M. 也可以拟为可外聘或引进的人才人选。表 3-22 为 4 位学者的机构检索,Anderson,Daniel G. 和 Kohane,Daniel S. 可能为 LANGER R 的同事,Yang,Jing 可能为其他院校求学或某项目参与者。

```
Density Measures
                              1       2       3       4       5       6       7       8       9       10      11      12      13      14
                            Size    Ties   Pairs  Densit  AvgDis  Diamet  nWeakC  pWeakC  2StepR  ReachE  Broker  nBroke  EgoBet  nEgoBe
 1       Langer, Robert    66.00  664.00 4290.00  15.48                    2.00    3.03   67.68    8.05 1813.00    0.42 1234.39  57.552
 3    Anderson, Daniel G.  39.00  402.00 1482.00  27.13    1.73    3.00    1.00    2.56   67.68   11.34  540.00    0.36  192.60  25.99
 4     Farokhzad, Omid C.  17.00  140.00  272.00  51.47    1.49    2.00    1.00    5.88   67.68   22.41   66.00    0.24   18.36  13.50
 5      Kohane, Daniel S.  24.00  206.00  552.00  37.32    1.63    3.00    1.00    4.17   67.68   15.91  173.00    0.31   57.77  20.93
 6     Khademhosseini, A   11.00   70.00  110.00  63.64    1.36    2.00    1.00    9.09   30.30   25.00   20.00    0.10    6.70  12.32
 9             Suh, KY      9.00   52.00   72.00  72.22    1.28    2.00    1.00   11.11   30.30   28.30   10.00    0.11    4.83  11.20
10       Karp, Jeffrey M.  21.00  194.00  420.00  46.19    1.54    2.00    1.00    4.76   67.68   16.46  113.00    0.27   29.40  14.00
12           Kohane, DS    14.00   14.00   30.00  46.67    1.53    2.00    1.00   16.67   30.30   45.45    8.00    0.25    3.83  25.56
13     Blankschtein, Daniel 4.00    6.00   12.00  50.00                    2.00   50.00   67.68   59.82    3.00    0.25    3.00  50.00
14            Mei, Ying   19.00  176.00  342.00  51.46    1.49    2.00    1.00    5.26   67.68   18.11   83.00    0.24   20.26  11.85
15             Cima, MJ    4.00    8.00   12.00  66.67    1.33    2.00    1.00   25.00   30.30   61.22    2.00    0.17    1.00  16.67
 2           Yang, Jing   10.00   88.00   90.00  97.78    1.02    2.00    1.00   10.00   67.68   29.39    1.00    0.01    0.11   0.25
67            Yang, Fan   11.00   60.00  110.00  54.55    1.45    2.00    1.00    9.09   67.68   26.59   25.00    0.23    8.35  15.18
68          Freed, Lisa E. 7.00   22.00   42.00  52.38    1.48    2.00    1.00   14.29   67.68   46.53   10.00    0.24    4.67  22.22
```

图 3-19 LANGER R 文献作者的个体密度等值计算(部分截图)

表 3-22 4 位学者的机构检索情况

学者	机构
Anderson,Daniel G.	MIT;…
Kohane,Daniel S.	Harvard Univ;MIT
Yang,Jing	Univ Nottingham
Karp,Jeffrey M.	Harvard Univ;MIT;Harvard Stem Cell Inst

根据上述分析,Anderson,Daniel G. 和 Kohane,Daniel S. 可作为外聘或引进的人选。对这两位学者,同样计算其在 2003—2012 年期间发表论文的 H 指数、R 指数、AR 指数,通过和表 3-19 中几位挖掘出的学者的各个指标进行比较、衡量。ANDERSON DG 的各位指数都高于 KOHANE DS,且与表 3-20 中的 7 位学者的 $\sum$ (H,R,AR)值进行排序,排列第 4。

表 3-23 筛选出两位学者的各种指数值分析

作者	论文数/篇 (总被引次数/次)	H 指数	R 指数	AR 指数	$\sum$ (H,R,AR)
ANDERSON DG	231(7 548)	43	71.38	31.46	145.84
KOHANE DS	83(3 164)	31	50.69	23.55	105.24

通过顶尖期刊挖掘核心学者,再通过分析核心学者的团队,进一步挖掘核心学者,为学校引进人才或外聘人才提供参考借鉴。

2) 以某校拟引进某学术人才为导向的检索与分析

(1) F 教授的基础数据检索与筛选

以材料学科为例,拟设某学校想引进一位人才。假设拟引进的一位人才为 F 教授,现为复旦大学物理系、先进材料实验室教授、博导,美国斯坦福大学博士(2001),在国外各大同步辐射实验室如 SSRL、Spring-8、ALS、NSLS 等有着广泛的工作经验。

以 WOS 的 SCIE 为检索源,检索 F 教授的文献,作者＝(feng dl) AND 地址＝(Fudan univ* or Stanford univ*),并进行逐篇筛选。共检索到 84 篇论文,论文从 1998—2013 年,其中第一作者或通讯作者论文 24 篇。

另外,通过 ESI 检索,F 教授拥有多篇 TOP PAPERS:有 6 篇合作参与的 Highly Cited Papers(1 篇斯坦福大学,5 篇复旦大学;5 篇属于物理学科,1 篇属于材料学科);0 篇 Hot Papers。

(2) F 教授的 H 指数、R 指数、AR 指数分析

F 教授的论文总共被引 3 941 次,去除自引 3 759 次,篇均被引 47 次。根据 H 指数、R 指数和 AR 指数的计算方法,分别得出 F 教授的 3 个指数值为:29,59.36,23.11,总和 111.47。

在贡献于 H 指数的文献集合中,被引用最高次数的是 830 次,其中有 7 篇为 F 教授第一作者或通讯作者,有 12 篇在就职于复旦大学之后发表。就职于复旦大学之后,以第一作者或通讯作者发表的被引用次数最高的是 2011 年发表的论文,被引用次数为 165 次。

(3) F 教授的团队分析

采用社会网络分析方法,利用 UCINET 等软件对 F 教授团队进行分析、可视化,得到如图 3-20 所示的 F 教授的合作网络。F 教授在斯坦福学习和复旦大学就职,完全分成了两块:右侧为斯坦福时期合作网络;左侧为复旦大学就职时期的合作网络,是目前的合作团队。其中,根据密度值、EGO 值等均可以分析得出 Xie,BinPing、Yang,L. X.、Taniguchi,Masaki、Ou,H. W. 等是目前合作团队中一些重要引领者。

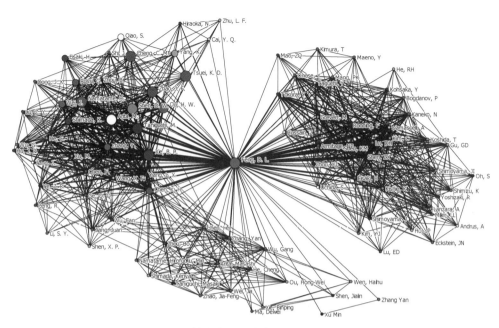

图 3-20 筛选出两位学者的各种指数值分析

通过图 3-20 寻找 F 教授各个指数值的参照对比对象,在斯坦福合作团队中,可以发现 Ronning,F、Damascelli,A 等学者可以作为团队的核心,对他们进行 WOS 论文检索,计算各自的 3 个指数值,并与 F 教授进行对比。根据表 3-24 可以发现,F 教授在各种指数值上与另两位学者差不多,且其 H 指数集合内论文的出版年更新,AR 指数相对较高,值得发现与引进。

表 3-24 F 教授与其他两位合作学者的各种指数值对比

作者	论文数/篇 (总被引次数/次)	H 指数	R 指数	AR 指数	∑(H,R,AR)
F 教授	84(3 941)	29	59.36	23.11	111.47
Ronning,F	180(4 671)	35	58.59	19.77	113.37
Damascelli,A	81(4 883)	31	65.55	20.97	117.52

(4) F 教授的研究方向等综合分析

① 论文所属期刊分析

根据 F 教授发表论文所属期刊,有 24 种期刊,其中主要集中在 2 个物理学期刊上,Physical Review B 有 27 篇,Physical Review Letters 有 21 篇,这 2 种期刊属于 ESI 的物理学科,引进这位人才,对于提升某校的物理学科进入 ESI 全球前 1‰

具有很重要的意义。

② WOS 研究方向（学科）分析

F 教授 84 篇论文按照 WOS 自带的学科分析见表 3-25。

表 3-25　F 教授论文的 WOS 学科分析

WOS 类别	记录/篇
Physics Condensed Matter	41
Physics Multidisciplinary	28
Chemistry Multidisciplinary	9
Physics Applied	8
Materials Science Multidisciplinary	6
Chemistry Physical	4
Multidisciplinary Sciences	4
Optics	3
Physics Atomic Molecular Chemical	3
Physics Mathematical	2

F 教授发表的论文归属学科偏向于物理凝聚体、物理交叉（综合）、化学交叉（综合）、应用物理等，与某校论文的 WOS 学科进行对比分析（通过检索该校有 Physics Condensed Matter 论文 146 篇，占全部的 3.258%；Physics Multidisciplinary 论文 36 篇，占 0.803%），引进 F 教授，将促进这些学科的研究。

3.3　基于第三方学者评价榜单的分析研究

随着中国在国际科研领域的影响力和地位不断提高，引领全球学术进步的各领域杰出学者也不断涌现。一名学者的学术影响力大小，可以根据其发表的所有论文获得的引用次数来设计指标测算。一名学者发表的论文被数据库收录后，其他研究学者可以通过检索来获取信息，引用这篇论文。如果这名学者写的论文被引用的次数很多，也就是常说的被引次数很高，就叫"高被引学者"。

目前比较有影响力的高被引学者榜单，主要是爱思唯尔"中国高被引学者"榜单和科睿唯安"高被引科学家"。

3.3.1 爱思唯尔"中国高被引学者"

"中国高被引学者"榜单自 2015 年起由爱思唯尔与上海软科教育信息咨询有限公司联合发布,至 2022 年已发布 8 次,受到国内外众多媒体和学者的高度关注。

1) 爱思唯尔"中国高被引学者"榜单简介

(1) 方法论

爱思唯尔 2021 年"中国高被引学者"榜单以引文与索引数据库 Scopus 作为中国学者科研成果统计来源,采用了上海软科教育信息咨询有限公司开发的方法,在榜单制作过程中,增加了更多维度的学者观测指标,并且优化了学者学科归属和相应判定的方法。整体入选条件保持不变。该榜单基于以下条件,分析中国学者的科研成果表现:

Scopus 收录的科研成果发表署名机构为中国(不含港澳台)机构的作者,且现职工作单位在中国,包括非中国籍和非华裔学者。

仅统计上述学者作为第一作者或通讯作者发表的科研成果(包括期刊、会议、专著)。

根据 Scopus 教育部一级学科分类体系进行上述学者的科研成果分类。每个学科上榜的学者数量与 Scopus 收录该学科中国机构署名的作者数量相关。

在榜单统计的上述学者(第一作者或通讯作者文献)需要满足:

被收录文献数 1 篇以上(不含);

被收录文献的总被引次数达到本学科阈值条件;

至少有 1 篇 ESI 前 1%高被引文献,或学者作为第一作者或通讯作者发文整体 FWCI 高于 1。

(2) 2021"中国高被引学者"榜单

爱思唯尔 2021"中国高被引学者"上榜共计 4 701 人,来自 523 所高校、企业及科研机构,覆盖了 10 个教育部学科领域中的 84 门一级学科。此次高被引学者的基础数据提取使用了进一步优化并更新后的爱思唯尔教育部一级学科分类映射(已覆盖 111 个学科),基于文章级别的学科分类映射可以让中国学者的学科归属、学科表现等方面的数据更加直观地展现契合中国学科设置的学术研究生态,完善并科学、精确地描绘了中国学者的科研产出,为进一步清理、分析和研究学者引用表现提供了有效帮助,这也使得有更多在细分领域有卓越表现的学者进入大家的视野中。

2) 爱思唯尔"中国高被引学者"榜单学科分析

爱思唯尔 2021 年"中国高被引学者"覆盖 84 门一级学科,各一级学科上榜学者人数见表3-26。化学上榜人数最多,有377人,其次是生物学327人,材料科学与工程有268人。上榜人数最少的学科是风景园林学,1人。

在哲学社会科学领域,管理科学与工程上榜人数最多,有102人,其次是工商管理86人,应用经济学65人。

表3-26 爱思唯尔2021年"中国高被引学者"各学科上榜人数

学科	上榜人数/人	学科	上榜人数/人
化学	377	软件工程	26
生物学	327	理论经济学	25
材料科学与工程	268	兽医学	25
临床医学	243	网络空间安全	25
物理学	216	矿业工程	23
计算机科学与技术	184	外国语言文学	23
化学工程与技术	172	测绘科学与技术	22
数学	140	畜牧学	22
环境科学与工程	125	心理学	22
力学	114	航空宇航科学与技术	20
控制科学与工程	112	冶金工程	20
电子科学与技术	106	统计学	19
电气工程	104	园艺学	19
管理科学与工程	102	地球物理学	18
机械工程	102	安全科学与工程	17
土木工程	97	纺织科学与工程	17
动力工程及工程热物理	96	核科学与技术	17
信息与通信工程	87	石油与天然气工程	16
工商管理	86	中西医结合	16
地质学	83	系统科学	15
药学	82	中医学	15
基础医学	75	仪器科学与技术	14

续表

学科	上榜人数/人	学科	上榜人数/人
应用经济学	65	船舶与海洋工程	13
公共卫生与预防医学	60	教育学	13
生物医学工程	52	水产	13
交通运输工程	51	社会学	12
地理学	47	林学	11
生态学	47	建筑学	10
天文学	47	政治学	10
食品科学与工程	45	护理学	9
地质资源与地质工程	39	哲学	9
光学工程	39	轻工技术与工程	7
农业资源与环境	37	兵器科学与技术	6
海洋科学	36	林业工程	6
作物学	36	新闻传播学	6
农业工程	34	草学	5
公共管理	32	法学	5
水利工程	32	农林经济管理	4
植物保护	32	体育学	4
大气科学	30	图书情报与档案管理	4
中药学	29	生物工程	2
口腔医学	27	风景园林学	1

3) 爱思唯尔"中国高被引学者"榜单地区分析

爱思唯尔2021年"中国高被引学者"上榜共计4 701人,来自523所高校、企业及科研机构。其中646位学者来自企业及科研机构,4 055位学者来自高校。对4 055位学者所在地区进行统计分析,见表3-27。北京高校上榜人数最多,有843人,其次是上海496人,排名第三的是江苏469人。

表 3-27 爱思唯尔 2021 年"中国高被引学者"高校上榜学者所在地区情况

地区	上榜人数/人	地区	上榜人数/人
北京	843	黑龙江	85
上海	496	重庆	76
江苏	469	吉林	39
广东	335	河南	35
浙江	274	甘肃	25
湖北	265	江西	21
陕西	166	河北	19
四川	152	广西	13
山东	143	山西	13
天津	134	云南	11
安徽	120	贵州	4
湖南	120	海南	3
辽宁	104	内蒙古	1
福建	88	新疆	1

以北京、上海、江苏为例,对其学科分布进行分析,北京 843 位上榜学者分布于 76 个学科,上海 496 位上榜学者分布于 60 个学科,江苏 469 位学者分布于 62 个学科。表 3-28 列出了北京、上海、江苏三省市上榜学者数排名前 20 的学科,三省市在学科分布及上榜人数排行存在一定的差异。北京上榜人数排名前三的学科分别是生物学(57)、材料科学与工程(40)和物理学(40);上海上榜人数排名前三的学科分别是化学(48)、临床医学(48)和生物学(45);江苏上榜人数排名前三的学科分别是材料科学与工程(26)、化学(26)和临床医学(25)。

表 3-28 北京、上海、江苏上榜学者数排名前 20 的学科

北京高校上榜学科	北京上榜人数/人	上海高校上榜学科	上海上榜人数/人	江苏高校上榜学科	江苏上榜人数/人
生物学	57	化学	48	材料科学与工程	26
材料科学与工程	40	临床医学	48	化学	26
物理学	40	生物学	45	临床医学	25
化学	39	物理学	29	物理学	23

续表

北京高校上榜学科	北京上榜人数/人	上海高校上榜学科	上海上榜人数/人	江苏高校上榜学科	江苏上榜人数/人
力学	39	工商管理	24	信息与通信工程	21
临床医学	37	化学工程与技术	20	计算机科学与技术	19
化学工程与技术	33	机械工程	17	化学工程与技术	17
计算机科学与技术	26	数学	17	食品科学与工程	17
应用经济学	25	材料科学与工程	16	电子科学与技术	16
管理科学与工程	23	动力工程及工程热物理	14	生物学	16
环境科学与工程	23	土木工程	14	数学	16
控制科学与工程	23	力学	13	土木工程	13
动力工程及工程热物理	22	控制科学与工程	12	药学	13
电气工程	20	环境科学与工程	11	电气工程	11
工商管理	20	应用经济学	11	控制科学与工程	11
地质学	18	纺织科学与工程	10	中药学	11
机械工程	18	电子科学与技术	9	地质学	10
交通运输工程	18	计算机科学与技术	9	环境科学与工程	10
土木工程	18	公共管理	7	机械工程	10
地理学	17	基础医学	7	基础医学	10

再从北京、上海、江苏三省市上榜的哲学社会科学的学科和人数看，北京有122位哲社学者上榜，占北京高校上榜人数的14.5%，共涉及14个哲社学科，占北京上榜学科数的18.4%；上海有69位哲社学者上榜，占上海高校上榜人数的13.9%，共涉及14个学科，占上海上榜学科数的23.3%；江苏有19位哲社学者上榜，占江苏高校上榜人数的4.1%，共涉及8个学科，占江苏上榜学科数的12.9%。

根据表3-28，在三省市上榜人数前20的学科中，北京有应用经济学（25人，排前9）、管理科学与工程（23人，排前10）、工商管理（20人）3个哲学社会科学学科；上海有工商管理（24人，排前5）、应用经济学（11人）、公共管理（7人）3个哲学社会科学学科；江苏无哲学社会科学学科进入前20。可以窥探在三省市高校建设中，北京和上海学者在理工类和哲学社会科学类都形成有一定学术影响力的学者；江苏高校偏向于理工类，在哲学社会科学类目前具有一定学术影响力的学者还偏少。

4) 爱思唯尔"中国高被引学者"榜单高校分析

爱思唯尔2021年"中国高被引学者"榜单中,有4 055位学者来自320所高校。清华大学上榜人数最多,有222人,其次是浙江大学184人,北京大学172人。

仅有1位学者上榜的高校有101所(表3-29)。

表3-29 爱思唯尔2021年"中国高被引学者"高校上榜人数情况

高校名称	上榜人数/人	高校名称	上榜人数/人	高校名称	上榜人数/人
清华大学	222	燕山大学	7	浙江海洋大学	2
浙江大学	184	扬州大学	7	浙江中医药大学	2
北京大学	172	中国矿业大学(北京)	7	中国计量大学	2
上海交通大学	139	中国医科大学	7	重庆邮电大学	2
复旦大学	126	北京中医药大学	6	安徽财经大学	1
华中科技大学	101	大连海事大学	6	安徽工业大学	1
中国科学技术大学	97	哈尔滨医科大学	6	安徽理工大学	1
中山大学	93	河北工业大学	6	安徽农业大学	1
南京大学	89	南昌大学	6	安徽师范大学	1
武汉大学	82	南京师范大学	6	蚌埠医学院	1
天津大学	68	南京邮电大学	6	北京第二外国语学院	1
同济大学	65	山西大学	6	北京建筑大学	1
东南大学	62	上海理工大学	6	成都大学	1
西安交通大学	61	西南财经大学	6	成都理工大学	1
哈尔滨工业大学	56	长沙理工大学	6	成都信息工程大学	1
电子科技大学	54	中国人民解放军陆军军医大学	6	大连工业大学	1
华南理工大学	54	重庆医科大学	6	东莞理工学院	1
厦门大学	54	安徽医科大学	5	东华理工大学	1
四川大学	54	福建农林大学	5	福建医科大学	1
山东大学	53	福建师范大学	5	广东财经大学	1
中南大学	53	广西大学	5	广东石油化工学院	1
中国农业大学	52	河南大学	5	广东药科大学	1

续表

高校名称	上榜人数/人	高校名称	上榜人数/人	高校名称	上榜人数/人
北京航空航天大学	51	华侨大学	5	广东以色列理工学院	1
南京农业大学	46	昆明理工大学	5	广西民族大学	1
大连理工大学	45	南通大学	5	广西医科大学	1
湖南大学	45	汕头大学	5	贵州医科大学	1
北京理工大学	44	天津理工大学	5	桂林电子科技大学	1
重庆大学	44	武汉科技大学	5	哈尔滨理工大学	1
南方科技大学	43	西北大学	5	海南师范大学	1
南开大学	43	浙江农林大学	5	杭州职业技术学院	1
西北工业大学	36	对外经济贸易大学	4	河北师范大学	1
深圳大学	32	河北大学	4	河北医科大学	1
北京师范大学	31	河南师范大学	4	河南工业大学	1
苏州大学	31	黑龙江大学	4	河南科技大学	1
南京航空航天大学	30	江苏师范大学	4	河南理工大学	1
华东师范大学	29	江西财经大学	4	湖北大学	1
吉林大学	29	山东农业大学	4	湖北工业大学	1
中国医学科学院北京协和医学院	29	陕西师范大学	4	湖北民族大学	1
华东理工大学	26	天津工业大学	4	湖南科技大学	1
中国科学院大学	26	温州医科大学	4	湖州师范学院	1
上海大学	25	西南石油大学	4	淮北师范大学	1
中国矿业大学	24	长安大学	4	集美大学	1
华中农业大学	23	长江商学院	4	嘉兴学院	1
江南大学	23	安徽大学	3	江西农业大学	1
中国地质大学(武汉)	23	渤海大学	3	江西中医药大学	1
北京科技大学	22	成都中医药大学	3	景德镇陶瓷大学	1
兰州大学	22	东北农业大学	3	昆山杜克大学	1
西北农林科技大学	22	广东外语外贸大学	3	兰州交通大学	1
东北大学	20	广西师范大学	3	辽宁师范大学	1

续表

高校名称	上榜人数/人	高校名称	上榜人数/人	高校名称	上榜人数/人
华北电力大学	20	贵州大学	3	聊城大学	1
暨南大学	20	河南农业大学	3	临沂大学	1
江苏大学	19	黑龙江中医药大学	3	鲁东大学	1
西南交通大学	19	淮阴师范学院	3	内江师范学院	1
中国地质大学(北京)	19	辽宁工业大学	3	内蒙古农业大学	1
南京理工大学	18	南京林业大学	3	齐鲁工业大学	1
郑州大学	18	曲阜师范大学	3	青岛农业大学	1
中国人民大学	18	上海海事大学	3	清华-伯克利深圳学院	1
北京化工大学	17	四川农业大学	3	三峡大学	1
北京交通大学	17	台州学院	3	山东财经大学	1
东华大学	17	天津中医药大学	3	山西农业大学	1
福州大学	17	西安理工大学	3	陕西中医药大学	1
南京信息工程大学	17	云南大学	3	上海第二工业大学	1
青岛大学	17	浙江财经大学	3	上海电力大学	1
南京医科大学	16	浙江师范大学	3	上海海洋大学	1
武汉理工大学	16	中国人民解放军陆军工程大学	3	上海健康医学院	1
北京工业大学	15	中央财经大学	3	上海商学院	1
首都医科大学	15	重庆师范大学	3	上海体育学院	1
中国海洋大学	15	北方工业大学	2	上海外国语大学	1
中欧国际工商学院	15	北京师范大学-香港浸会大学联合国际学院	2	上海政法学院	1
华南农业大学	14	常州大学	2	绍兴文理学院	1
广东工业大学	13	大连海洋大学	2	深圳技术大学	1
西安电子科技大学	13	大连医科大学	2	深圳职业技术学院	1
西南大学	13	东北财经大学	2	沈阳化工大学	1
中国石油大学(华东)	13	东北林业大学	2	沈阳农业大学	1
中国药科大学	13	东北石油大学	2	沈阳师范大学	1

续表

高校名称	上榜人数/人	高校名称	上榜人数/人	高校名称	上榜人数/人
北京林业大学	12	广东海洋大学	2	四川师范大学	1
北京邮电大学	12	桂林理工大学	2	苏州科技大学	1
河海大学	12	海南大学	2	太原师范学院	1
华南师范大学	12	河南中医药大学	2	天津师范大学	1
宁波诺丁汉大学	12	湖南师范大学	2	外交学院	1
中国石油大学(北京)	12	华东交通大学	2	武汉纺织大学	1
西湖大学	11	江苏科技大学	2	武汉工程人学	1
南方医科大学	10	江西理工大学	2	西安建筑科技大学	1
南京工业大学	10	南昌航空大学	2	西安科技大学	1
山东科技大学	10	南华大学	2	西安医学院	1
香港中文大学(深圳)	10	南京财经大学	2	西安邮电大学	1
浙江工业大学	10	南京审计大学	2	西南科技大学	1
东北师范大学	9	青岛理工大学	2	西南林业大学	1
广州大学	9	山东第一医科大学	2	西南民族大学	1
济南大学	9	陕西科技大学	2	新疆大学	1
中国人民解放军国防科技大学	9	上海财经大学	2	徐州工程学院	1
中国人民解放军空军军医大学	9	上海工程技术大学	2	烟台大学	1
哈尔滨工程大学	8	上海纽约大学	2	豫章师范学院	1
杭州师范大学	8	沈阳航空航天大学	2	云南财经大学	1
合肥工业大学	8	首都经济贸易大学	2	云南师范大学	1
宁波大学	8	首都师范大学	2	长春理工大学	1
山东师范大学	8	太原科技大学	2	长江师范学院	1
上海科技大学	8	太原理工大学	2	浙江理工大学	1
上海中医药大学	8	天津科技大学	2	浙江万里学院	1
中国人民解放军海军军医大学	8	温州大学	2	中北大学	1
广州医科大学	7	西北师范大学	2	中国民航大学	1

续表

高校名称	上榜人数/人	高校名称	上榜人数/人	高校名称	上榜人数/人
杭州电子科技大学	7	西交利物浦大学	2	中国人民解放军火箭军工程大学	1
华中师范大学	7	西南医科大学	2	中国人民解放军空军工程大学	1
南京中医药大学	7	湘潭大学	2	中国社会科学院大学	1
上海师范大学	7	徐州医科大学	2	中央民族大学	1
沈阳药科大学	7	长江大学	2	重庆交通大学	1
天津医科大学	7	浙江工商大学	2		

南京工业大学有10位学者上榜爱思唯尔2021年"中国高被引学者",学科分布于化学工程与技术、材料科学与工程、动力工程及工程热物理、化学(表3-30)。

表3-30 南京工业大学入榜爱思唯尔2021年"中国高被引学者"名单

序号	学科	姓名	高校名称
1	材料科学与工程	黄晓	南京工业大学
2	动力工程及工程热物理	吴宇平	南京工业大学
3	化学	罗德平	南京工业大学
4	化学工程与技术	周嵬	南京工业大学
5	化学工程与技术	邵宗平	南京工业大学
6	化学工程与技术	陈小强	南京工业大学
7	化学工程与技术	金万勤	南京工业大学
8	化学工程与技术	董晓臣	南京工业大学
9	化学工程与技术	陈苏	南京工业大学
10	化学工程与技术	暴宁钟	南京工业大学

3.3.2 科睿唯安"高被引科学家"

科睿唯安于2001年第一次发布"高被引科学家"名单,2014年开始每年度发布一次"高被引科学家"名单。2021年11月16日,科睿唯安发布2021年度"高被引科学家"名单,来自全球70多个国家和地区的6 602名科学家入选。

1) 科睿唯安"高被引科学家"简介

2021年度"高被引科学家"名单根据2010年1月至2020年12月的11年间发表的高被引论文数,从自然科学和社会科学的21个学科领域以及跨学科领域中遴选出6 602名科学家。遴选方法基于科睿唯安科学信息研究所文献计量专家所进行的数据分析,利用InCites和ESI,按照基于学术论文发表数量和WOS引文数据的科研绩效指标和趋势数据专门制定。入选科学家过去10年均发表了多篇高被引论文,这些论文的被引次数在WOS中位于同学科、同发表年份的前1%,彰显了他们在同行中的重要学术影响力。

2) 科睿唯安"高被引科学家"学科分析

科睿唯安"高被引科学家"学科采用ESI分类体系,从自然科学和社会科学的21个学科领域以及跨学科领域进行遴选。入选2021年度"高被引科学家"的跨学科科学家有着卓越的表现,共有2 828位高被引科学家,占总数的42.8%。其次是临床医学453位,社会科学263位。

中国内地上榜学科分布情况,跨学科最多有474位,其次是化学98位,材料科学88位,工程学57位。在占比全球各学科上榜科学家的数据方面,化学占比最高,40.8%,其次是材料科学40.2%,第三是工程学33.7%。占比最低的是空间科学0%,然后是精神病学和心理学,占比0.5%,免疫学占比0.6%,临床医学占比0.7%,这4个学科,中国内地上榜人数占全球均低于1%。

表3-31 2021年度全球"高被引科学家"学科分布情况

学科	全球高被引科学家人数/位	全国高被引科学家人数/位	占比/%
跨学科	2 828	474	16.8
临床医学	453	3	0.7
社会科学总论	263	9	3.4
化学	240	98	40.8
材料科学	219	88	40.2
生物学与生物化学	206	10	4.9
环境科学与生态学	202	21	10.4
植物学与动物学	202	27	13.4
物理学	198	22	11.1
精神病学与心理学	183	1	0.5

续表

学　　科	全球高被引科学家人数/位	全国高被引科学家人数/位	占比/%
神经科学与行为学	179	2	1.1
分子生物学与遗传学	177	3	1.7
工程学	169	57	33.7
免疫学	161	1	0.6
药理学与毒理学	159	3	1.9
地球科学	143	26	18.2
微生物学	126	7	5.6
农业科学	125	21	16.8
计算机科学	110	33	30.0
空间科学	104	0	0.0
经济学与商学	81	4	4.9
数学	74	21	28.4

3) 科睿唯安"高被引科学家"区域分析

美国共有2 622人次入选2021年度"高被引科学家",占名单总数的39.7%,低于2018年的43.3%。尽管美国高被引科学家数量大幅下降,但美国的科学研究水平仍然居于世界领先水平。2010—2020年WOS收录的所有论文中,来自美国作者的论文占比高达24.7%。

中国入选2021年度"高被引科学家"的人数排名第二,共有935人次入选,占比14.2%,远高于2018年的7.9%。2018—2021年,中国科学家在高被引科学家名单中所占比例几乎翻了一番。中国与其他国家在名单中所占比例呈现此长彼消之势。美国今年的高被引科学家入选人次占比较去年减少了1.8%,自2018年以来减少了3.6%。这与中国占比自2018年以来增长6.3%形成了鲜明对比。英国2021年的占比比2020年减少了0.5%,2018年以来减少了1.5%。德国2021年的占比比2018年减少了0.9%。

中国香港的表现可圈可点,上榜科学家人次从60人增加到79人。部分原因在于香港大学高被引科学家数量急剧增加。短短1年内,香港大学高被引科学家人次数从14人增加到33人,增加1倍以上。

英国有492人次入选2021年度"高被引科学家"名单,位居第三,占比7.5%。鉴于英国人口是美国的1/5,是中国的1/20,因此英国高被引科学家的表现相当抢眼。

澳大利亚以332人次入选的微弱优势超越德国成为2021年"高被引科学家"榜单排名第4位。荷兰以207人次的入选数量位列榜单第6位。考虑到澳大利亚和荷兰2 500万和1 700万的人口总量及德国的8 300万人口总量,能取得这样的排名是非常了不起的成就。在澳大利亚、德国和荷兰之后,加拿大、法国、西班牙和瑞士也位列榜单前10(表3-32)。

表3-32 2021年度"高被引科学家"上榜人次前10的国家

排名	国家或地区	高被引科学家人次/人次	占比/%	2018—2021年占比变化/%
1	美国	2 622	39.7	-3.6
2	中国	935	14.2	6.3
3	英国	492	7.5	-1.5
4	澳大利亚	332	5	1
5	德国	331	5	-0.9
6	荷兰	207	3.1	0
7	加拿大	196	3	0.3
8	法国	146	2.2	-0.4
9	西班牙	109	1.7	-0.2
10	瑞士	102	1.5	-0.7

来自孟加拉国、科威特、毛里求斯、摩洛哥和格鲁吉亚的科学家今年首次上榜。

4) 科睿唯安"高被引科学家"机构分析

根据科睿唯安发布的榜单表格中的"Primary Affiliation"进行统计分析,表3-33列出了入榜科学家数量排名前20的机构。哈佛大学入榜科学家数量最多,有208位;其次是中国科学院,有146位学者;排名第三的是斯坦福大学,有122位。

排名前20的机构中,有2个机构来自中国,分别是中国科学院和清华大学,清华大学有58位学者入榜,位列第7。

表3-33 入榜科学家数量全球前20的机构

机构英文名	机构中文名	入榜科学家数/位
Harvard University	哈佛大学	208
Chinese Academy of Sciences	中国科学院	146

续表

机构英文名	机构中文名	入榜科学家数/位
Stanford University	斯坦福大学	122
Max Planck Society	马克斯·普朗克学会	70
Massachusetts Institute of Technology (MIT)	麻省理工学院(MIT)	64
University of California Berkeley	加州大学伯克利分校	61
Tsinghua University	清华大学	58
University of California San Diego	加州大学圣地亚哥分校	56
University of Oxford	牛津大学	51
Memorial Sloan Kettering Cancer Center	纪念斯隆·凯特琳癌症中心	50
Johns Hopkins University	约翰·霍普金斯大学	49
University of California Los Angeles	加州大学洛杉矶分校	49
University of California San Francisco	加利福尼亚大学旧金山分校	49
Yale University	耶鲁大学	48
Columbia University	哥伦比亚大学	47
National Institutes of Health (NIH)-USA	美国国立卫生研究院(NIH)	47
University of Pennsylvania	宾夕法尼亚大学	47
Washington University (WUSTL)	华盛顿大学(WUSTL)	46
University of Queensland	昆士兰大学	44
University of Cambridge	剑桥大学	43

南京工业大学有8人次入选2021年"高被引科学家",其中黄维同时入选了化学、材料科学、物理学3个学科,其他5位学者均入榜跨学科领域。

表 3-34 南京工业大学入榜 2021 年"高被引科学家"名单

First Name	Last Name	Category	Primary Affiliation	中文姓名
Wei	Huang	Chemistry	Nanjing Tech University, China Mainland	黄维
Wei	Huang	Materials Science	Nanjing Tech University, China Mainland	黄维
Wei	Huang	Physics	Nanjing Tech University, China Mainland	黄维
Xiaochen	Dong	Cross-Field	Nanjing Tech University, China Mainland	董晓臣
Xiao	Huang	Cross-Field	Nanjing Tech University, China Mainland	黄晓
Hai	Li	Cross-Field	Nanjing Tech University, China Mainland	李海
Jianpu	Wang	Cross-Field	Nanjing Tech University, China Mainland	王建浦
Yuping	Wu	Cross-Field	Nanjing Tech University, China Mainland	吴宇平

3.4 新变局下海外人才引进政策研究

海外人才是指具有外国国籍,包括回国的海外华裔学者、来华的非华裔学者,这里特指海外高层次人才,是在国(境)外接受过高等教育,具有国际国内领先的学术技术水平,或拥有自主知识产权、产业化发展前景较好的科研成果或项目,能够突破关键技术、发展高新产业、带动新兴学科的学科带头人、科技领军人才和高层次创业人才,主要指海外留学人员、华侨华人高层次人才等。因此,能够纳入海外高层次人才范畴首先必须要在国(境)外名校、科研院所接受过教育或研修或担任职务。

3.4.1 国家层面的相关政策及举措

不管是在顶层设计,还是在落实实施的具体办法中,海外人才一直是我国从上至下的工作重点,是人才战略中的重要一环。

1) 相关政策

2000 年,中央经济工作会议首次提出"要制定和实施人才战略"。2001 年,国家首次将人才战略确立为国家战略。2002 年,中共中央、国务院制定下发了《2002—2005 年全国人才队伍建设规划纲要》,制定了人才队伍建设的主要政策措施,其中包括鼓励留学人员回国工作或以其他方式为国服务,吸引和聘用海外高级人才。2003 年,党中央下发了《中共中央 国务院关于进一步加强人才工作的决定》,决定加大吸引留学和海外高层次人才工作力度,制定和实施国家引进海外人才规划,建立海外人才评价和准入制度。2007 年,人才强国战略作为发展中国特色社会主义的三大基本战略之一,写进了《中国共产党党章》和党的"十七大"报告,并将鼓励出国留学人员回国工作和吸引、聘用境外高级专门人才作为实施人才强国战略措施的重点工作之一。2010 年 5 月,国务院审议并通过《国家中长期教育改革和发展规划纲要(2010—2020 年)》,纲要提到吸引更多世界一流的专家学者来华从事教学、科研和管理工作,有计划地引进海外高端人才和学术团队,提高高等学校聘任外籍教师的比例,吸引海外优秀留学人员回国服务。由此可见,海外人才一直备受国家的关注,对海外人才的引进也早已纳入我国人才战略的规划中。

为切实贯彻落实人才强国战略,尤其做好海外人才引进的工作,国家于 2008 年专门制定了"海外高层次人才引进计划",鼓励引进并有重点地支持一批能够突破关键技术、发展高新产业、带动新兴学科的战略科学家和领军人才回国(来华)创新创业。同时,其他人才项目也鼓励引进海外人才,如"长江学者奖励计划"延揽大批海内外中青年学界精英参与中国高等学校重点学科建设,带动这些重点学科赶超或保持国际先进水平,海外高水平大学或研究机构特别优秀的副教授或相应职务者可申报特聘教授或讲座教授;中国科学院的"百人计划"设立了"国外杰出人才"和"海外知名学者"以吸引海外智力;国家杰出青年科学基金一般针对国内的青年优秀学者的资助项目,同时也支持和鼓励全职在国内工作的海外华人青年学者从事自然科学基础研究工作。除了以上国家层面的相关人才引进计划外,全国各省市、地区以及高等院校等各个层面的创新主体也自主设立相应的海外人才引进计划,并制定具体的实施办法,以此广纳海外英才。如北京市制定了《北京市鼓励留学人员来京创业工作的若干规定》和《关于进一步鼓励海外高层次留学人才来京创业工作的意见》,上海市先后实施了"万名海外留学人才集聚工程""上海市浦江人才计划"等专项引才工程,江苏省正式启动"万名海外高层次人才引进计划"。

2) 相关举措

在保障以上各种海外人才引进工作的顺利进行中,国家投入了大量的资金支持,各专项人才计划均配备良好的科研管理平台、人事制度、考核评价方法、激励保障措施等,最大限度地满足海外人士工作和生活的需求。由于海外人才的特殊性,2007年人事部、教育部、科技部、财政部、外交部等16个部门联合下发《关于建立海外高层次留学人才回国工作绿色通道的意见》,把海外高层次人才作为服务重点,2017年国家外国专家局也推进落实了外国人才引进改革创新重要举措。与此同时,随着实际情况的变化和发展的需要,具体实施办法及相关措施随之进行重新修订,与时俱进。

3) 新变局下的引智态势

2017年,习近平总书记在党的十九大报告中明确要求"聚天下英才而用之,加快建设人才强国","功以才成,业由才广。世上一切事物中人是最可宝贵的,一切创新成果都是人做出来的。硬实力,软实力,归根到底要靠人才实力"。在世界百年未有之大变局、全球竞争格局发生重大变化的今天,如何以切实举措吸引海外高端人才来华就业,为我国经济社会发展提供更加坚实的人才支撑?

2020年6月2日,习近平总书记在专家学者座谈会上强调,要深化科研人才发展体制机制改革,完善战略科学家和创新型科技人才发现、培养、激励机制,吸引更多优秀人才进入科研队伍,为他们脱颖而出创造条件。不断完善科技创新人才发现、培养、激励机制,形成"用好现有人才、引进急需人才、稳定关键人才、培养未来人才"的引才聚才、育才用才良性循环。

3.4.2 国内相关城市的人才政策

自2017年以来,西方发达国家相继摒弃了自由主义技术移民政策,加大了"精准引智"力度。一方面,通过分类审核、积分制等方法,减少劳务、普通人才及其家属随迁等移民,聚焦引进新兴科技如大数据、物联网、人工智能、区块链人才等领域发展所急需的"新型科技人才"。其中,美国于2019年最新推出的"高技能"人才优先录用制度、英国脱欧后更具弹性的"创业签证"和"创新签证"、法国的"科技签证"、日本的"特定技能2号"最具代表性。另一方面,放宽对外国优秀留学生的移民限制,将留学教育市场优势转化为人才市场优势。根据美国2019年6月发布的移民改革法案,杰出学生将被允许在美国高校就读期间提出移民申请。英国特意为欧盟区的国际学生设置为期6个月的"进修假",使其在学习结束之前免费申请技术员工签证。加拿大、澳大利亚等不仅放宽了留学申请标准,而且降低了留学生毕业后的就业申请门槛。法国、德国、日本均通过分类审核为优秀的外国留学生创造了更多的就业签证申请机会。立足全球集聚人才资源和创新资源,使西方发达国家在国际人才流动中长期保持着优势地位,进而保持着较高的经济发展质量。

近年来,国内各地相继打造引才引智"云"模式,为海外留学人员提供了新的机遇。引才引智"云"模式长效机制从建立到成熟再到逐步深化,或许将成为促进海外留学人员更好地回国就业创业的关键因素。2020年,中国海外学子创业周开启了"网上海创周"模式,自启动以来,通过视频连线、网络直播及云共享等多种方式与海外机构和学子"点对点、一对一"对接,形成"云引才""云招商""云签约"的工作新模式。3月10日举办的"2020网上海创周海外直通车"活动,以直播及云分享等方式与硅谷、温哥华、东京等地学子"一网同屏",围绕人才回归、项目落地进行"云"对接。4月15日的"温哥华专场"活动进行线上路演。4月17日,大连高新区采取"云签约"形式,与微软(中国)有限公司、大连升索科技有限公司签署三方战略合作备忘录,聚力打造以"工业物联网"产业为特色的国际加速器,为海外学子回国创业提供更高质、高效的孵化加速平台。2020年2月26日,杭州大学生云聘会通过扫描特制"人才码"实现了线上发布、线上咨询、线上洽谈、线上签约等全链式招聘功能。4月19日启动的2020宁波人才日活动采用创新"云端人才日"模式,通过线下仪式+线上直播,特邀千名海内外人才代表作为线上嘉宾同步参与并进行全球直播。

北京、上海、南京等城市颁布多个"人才新政",采取新城市招才引智举措,助力升级与发展城市产业。

(1) 北京市海外人才举措

北京市"海聚工程"确立了适应首都经济社会发展需要,围绕首都重大项目、重点工程、重点产业、重点学科和重点实验室建设吸引和使用人才的总体目标,成立了由28家市属部门和相关单位组成的北京市海外学人工作联席会,厘清了海外高层次人才和普通留学人员的关系。"海聚工程"在扶持海外高层次人才创业方面,突出了资源整合,鼓励各类机构承担有关社会服务工作;在工作条件方面,突出了国际接轨,建立符合国情并与国际接轨的科研和管理机制;在生活待遇方面,突出了"以人为本",强调解决海外高层次人才普遍面临的居留和出入境、落户、医疗、保险、住房、子女入学等问题。通过北京海外学人中心和政府主管部门等政策执行主体,北京市采取集中发布需求信息、赴海外寻访高层次人才、分类别评价奖励、推介对接技术项目和交流联谊等政策执行工具,在短时间内聚集了一批海外高层次人才,攻克了一批提升产业发展的重大关键技术,推动了一批高新技术企业的发展壮大。

2020年8月29日,《北京经济技术开发区支持高精尖产业人才创新创业实施办法》(即"人才十条")正式对外发布。该《办法》适用于新一代信息技术、高端汽车和新能源汽车、生物技术和大健康、机器人和智能制造四大主导产业和其他战略新兴产业、高端服务业以及总部基地中的企业和各类人才,并将人才分为4类,即亦城顶尖人才、亦城杰出人才、亦城领军人才、亦城优秀人才。政策条款围绕奖励、扶持、培养、服务、住房、医疗、教育、落户、出行、荣誉人才创新创业十大要素,进一步优化经开区的人才发展环境。随着疫情防控向好态势进一步巩固,北京经济技术开发区复工复产有力推进,企业对国际化人才的引进需求呈上升趋势,为此,北京经济技术开发区推出了"千人聚亦"高精尖产业国际化人才招聘计划。"千人聚亦"计划所需岗位包括部门负责人以上的中高端岗位、核心技术岗位或重点培养的国际化储备人才岗位等,覆盖了四大主导产业和航空航天、新材料、节能环保、文化创意、高端服务等新兴产业。通过"政府免费搭台+云端轻松引才"的新模式,实现线上服务不停歇、招才引智不打烊,助力经开区企业战疫引才。

(2) 上海市海外人才举措

2004年出台的《上海实施人才强市战略行动纲要》明确将"人才国际化"作为上海实施人才强市战略的重要方向。2015年和2016年,围绕建设具有全球影响力的科创中心,上海连续出台人才新政"20条"和"30条",这标志着上海市国际人才高地建设进入"新政"境界。上海市探索建立上海自贸实验区海外人才离岸创新创业基地,加大海外人才引进渠道和平台建设力度,建立多层次的离岸创业服务支持系统,探索可复制、可推广的离岸创业托管模式。这一举措将为海外人才营造更为开放和便利的创业营商环境。

2020年3月16日,上海启动海聚英才——2020"春归浦江"云选会,正式向海外留学人才发出"求贤帖",同时推出上海海聚英才平台(上海留学人才网),从该平台上可以一站获得岗位信息与人才政策。为使人才更好地了解上海政策、在沪企业引才需求,上海海聚英才平台和上海留学人才网微信公众号定期发布"云指南"、岗位需求,并通过采取"云课堂"、就业指导线上直播等方式,为应聘者答疑解惑。为保障人才长效常态工作机制的实施,上海做实"云服务",以线下"店小二"和线上"云小二"相结合的人才服务模式,为用人单位引才荐才,为高层次人才提供全天候"不打烊"的精准精细化服务。

2020年8月,上海"4+1"海外人才新政正式发布,围绕海外人才权益保障、创业支持、乐业通道等方面打出政策"组合拳",提供全方位支持。此次发布的"4+1"海外人才系列新政,具体包括《进一步支持留学人员来沪创业的实施办法》《上海市海外人才居住证管理办法》及实施细则、《关于做好优秀外籍高校毕业生来沪工作等有关事项的通知》《上海留学人员创业园管理办法》及临港配套出台的《中国(上海)自由贸易试验区临港新片区支持留学人员创新创业若干措施》等。此次发布的《进一步支持留学人员来沪创业的实施办法》结合新时期留学人员回国创业的特点和上海实际,为留学人员来沪创业提供从资金支持、社保补贴、知识产权保护,到落户"绿色通道"、专业服务等在内的立体支持。

(3)南京市海外人才举措

2015年,南京江北新区获批为全国第13个国家级新区,2016年,国家发改委发布的《长江三角洲城市群发展规划》中,将南京定位为长三角城市群唯一的"特大城市",为南京全面提高科技、人才、产业和城市竞争力提供了有利契机。近年来,南京顺应创新要素开放流动的大势,主动融入全球产业链、创新链和人才链,创新开放生根出访、百校对接等工作模式,有效破解人才流动、成果落地和精准对接的难题。其中,"生根出访"通过赴创新大国和关键小国,在全球布局南京科技合作的"朋友圈";"百校对接"面向国内100家重点高校院所选派科技人才专员,构建校地共谋创新、融合发展的生动局面。

2020年4月,南京江北新区(自贸区)召开新闻发布会,发布了《关于促进自贸区人才发展、优化升级"创业江北"人才计划十策实施办法》,作为支持自贸区发展的首个人才新政,政策着力推进人才分类评价改革,持续优化新区创新创业生态,加大国际化人才引进力度。立足自贸区南京片区建设发展需要,此次发布的"定制

3.0版"人才新政,大力推进人才国际化,加大柔性引才力度,通过绘制产业人才地图、发布急需紧缺高端人才清单、支持设立海外人才飞地,面向全球定向延揽尖端技术和人才,依托新区海外创新中心和离岸孵化器就地吸纳人才,孵化的项目毕业落地新区,可直接纳入"创业江北"高层次创业人才引进计划,最高可享受250万元项目扶持资金。落地海外人才可享受新区人才安居、"人才金卡"定制服务等政策。

3.4.3 海外人才落户高校的研究

吸引海外高层次人才是解决我国科技领军人才匮乏的现实、快捷、有效途径。

1) 海外人才落户政策

2020年颁布《中华人民共和国外国人永久居留管理条例(征求意见稿)》,鼓励、支持、便利外籍人才、外国优秀青年和外籍华人来华在华创新创业、投资兴业、学习工作,放宽签发长期签证和居留许可的对象范围。

(1) 在华工作的外籍华人,具有博士研究生学历或者在中国国家重点发展区域连续工作满4年的,就可以申请在华永久居留。

(2) 国家重点建设的高等学校、科研机构引进并推荐的助理教授、助理研究员以上职称的学术科研人员,以及其他高等学校、科研机构引进并推荐的教授、研究员可以申请永久居留资格。

(3) 在经济、科技、教育、文化、卫生、体育等领域取得国际公认杰出成就的外国人,可以直接申请永久居留资格。

2) 海外人才落户难点

国内高校外籍人才引进政策尚需完善,国内高校管理制度、教师评估激励机制、学术职业发展环境等,仍是制约人才来中国意愿的重要因素。

(1)《中华人民共和国外国人永久居留管理条例》中杰出人才、推荐制、长期工作等申请途径门槛较高,国际公认、政府、高校的推荐都很难拿到。

(2) 政策措施仍待完善,应构建更积极、更开放、更有效的引才制度体系,重点解决留学回国人员"永居难、落户难、子女入学难、开户融资难、优惠政策享受难"问题。

(3) 学术软环境建设有待加强,应构建严谨、公正、透明的学术竞争和人事评估制度,为海外归国人才专注教学科研、开展长期创新性科研探索提供优质的学术支持环境。

(4) 海外人才激励机制有待探索,应完善长效机制,注重考评机制的创新、引进人才与校内教师的平衡发展、软硬环境的建设等。

3) 海外人才落户举措

高校可以根据学术战略发展,设计整体的人才引进规划,整合各种资源和渠道。可采取的具体举措包括:

(1) 完善基于技术链的高端海外人才库,加强人才大数据建设。要打造大数据筛选、智能化引进、规范化管理、常规化服务(国民待遇标准)的全流程工作体系。

(2) 构建多元畅通的引智信息渠道。推送针对性的职业生涯规划咨询和多元畅通的引智信息。政府相关部门应协调和汇总信息,在海外科研人员使用频率较高的社交媒体平台定期发布人才招聘信息;各高校和科研机构应强化官网、社交媒体平台招聘信息传播功能;第三方专业机构应发挥桥梁作用,为海外高端人才提供职业生涯规划咨询服务,在高校与海外人才之间点对点推送精准化供求信息,吸引更多优秀人才回流。

(3) 构建海外高层次人才进一步成长成才的长效机制。优化外籍人才引进程序,调整报销费用机制,建立以实际贡献作为绩效考核重要标准的绩效评估机制,建立年薪制与绩效工资相结合的薪酬体系等。建立健全严谨、公正、透明的学术竞争和人事评估制度,为海外归国人才专注教学科研、开展长期创新性科研探索提供优质的学术支持环境。

(4) 建立引进海外高层次人才与校内教师的平衡发展机制。通过综合立法,消除长期存在的碎片化管理、重叠服务、立法空白、执法弹性偏大等顽疾,在努力消除广大人民群众对"超国民待遇"质疑的基础上,构建能够"聚天下英才而用之"的战略框架和工作格局,打造中国特色的国际人才治理体系。

4 发展对策与建议

开展科学有效的学科评价与人才评价,是助力学科发展、人才引育良性发展的驱动力,是助力"双一流"建设、高校高质量发展的重要途径。前文从多维视角下对学科评价和人才评价开展研究,为高校开展相关评价提供了思维角度,便于高校不同视角下辩证地看待评价结果。在"双一流"建设进程中,应开展多元评价,基于大数据深入挖掘与分析,定期跟踪与预测分析,同时关注不同层面政策,指引建立科学合理的评价体系。

4.1 开展多维观测,体现学科与人才评价的多元化

开展多维观测和获取测评数据,可以更加客观地评价和看待大学排行榜,使得高校从多重维度剖析测评数据,运用权威客观的数据,正视自身的不足与教学科研的现状,为科学研究、学科定位等进行全方位审视,将创新策源能力作为大学创新的驱动力,进一步激发大学和师生的充沛活力、创新精神。以 THE 为例,THE 在更新排行榜指标体系过程中,从各个院校收集指标征询意见,将知识产权(专利)综合评价等内容加入指标体系的设计与规划中。

多维观测,包括观测角度多维性、分析方法多元化、数据源多样化。观测角度多维性包括单一指标观测、综合指标观测,综合指标观测又由不同类型的单一指标观测组合而成;分析方法多元化包括采用传统的统计分析方法和社会网络分析方法,基于大数据开展分析等等;数据源多样化包括国内外不同的数据库、分析平台及第三方数据源等等。同时,角度、方法、数据源不同的组合也构成了不同的评价体系。在助力"双一流"建设发展中,以评促建,需要因地制宜构建合适的、针对性的、科学的评价体系,而不是一刀切,比如针对不同学科构建不同学科评价体系,针对不同层次及类别的人才构建不同的人才评价体系,从而充分体现学科与人才评价的多元化。

4.2 开展大数据分析与评价,提高学科与人才评价的科学性

大数据分析是指对规模巨大的数据进行分析,大数据可以概括为 5 个 V,即数据量(Volume)、速度(Velocity)、类型(Variety)、价值(Value)、真实性(Veracity)。科研文献、专利文献等都是海量级的数据,可以通过大数据分析,对学科及人才的现状开展深度分析,通过可视化展现和数据挖掘,对未来开展预测分析。学科发展及人才引育都离不开现状分析及预测分析。通过对海量的文献数据进行分析,可以预测学科领域现状及未来的研究热点,为学科领域未来规划发展提供可借鉴的参考,同时也可以为学科发展所需要的未来重点规划的领域方向引进人才提供参考。

学校需要重视学科大数据、人才大数据的挖掘与分析,服务学科建设。通过对标分析国内外学科领域发展现状,对标分析国内外知名院校的领域研究现状及前沿热点,为拟规划的领域方向及方向相关人才引育提供参考,服务学科发展规划。开展大数据分析与评价,需要重视数据平台的建设,为评价提供基础,尤其应加强针对学校自身相关的数据收集与平台建设,开展更具针对性的评价与分析。

4.3 开展定期跟踪评价,注重学科建设与人才引育的绩效分析

"双一流"建设高校开展多元多维多主体评价,坚持评价视角多元、评价内容多维,通过将结果评价、过程评价、增值评价、综合评价等有机结合,努力探索过程性动态评价与阶段性结果评价相结合的科学评价方式,以长远的发展眼光,有意识地发现和培养更多具有战略科学家潜质的一流人才。

人才评价需要实现动态跟踪,从引进前—引进—引进后进行动态跟踪评价,针对不同层级、不同类型人才构建不同评价指标体系,从学术科研、获奖、项目、教学、学术影响力和社会影响力等方面进行综合评价。这有助于学校及学科掌握人才的发展情况,对引进人才起到督促作用,更有助于人才队伍建设的良性发展。学科发展需要保持多维度动态自我监测与他方评估,可以通过对人才队伍、科研情况、教学情况、学术影响力和社会影响力等方面进行定期自我评价,同时也可以通过观测第三方评价平台的数据进行综合观测与对标,实现自我监测与评估。

4.4 跟踪学科、人才相关政策,实现学科与人才评价的动态更新

国家及不同层面根据"双一流"建设进程的不同阶段,会发布学科建设、学科评价、人才引育评价等相关政策,需要保持政策跟踪,关注最新的政策动态。高校的学科建设、人才培养需要对照国家及地方政策,适时调整学科建设发展规划。2022年8月31日,教育部网站更新了一批十三届全国人大五次会议提案办理结果,其中对第6464号提案"建立科学学科评估系统营造高校创新性学术氛围"的答复时提到:"进一步深化高校科技评价改革,破除'五唯'顽疾,改进学科评估,优化指标体系,积极构建中国特色、国际影响的评价体系;扎实推进科学、规范、高效、诚信的科技评价体系建设,大力营造潜心科研、追求卓越、风清气正的良好学术氛围。"这是对学科评估最新的指示,对于开展学科自我监测与评估都给予了明确的导向。

参考文献

2019. 2018 微信年度数据报告：每天 10.1 亿用户登录微信[J]. 新闻世界(3):50.

Altbach P G,2004. Higher education crosses borders: can the United States remain the top destination for foreign students? [J]. Change: The Magazine of Higher Learning,36(2):18-25.

Bi Hexia,2018. A Comparative Study on the Four Famous Domestic List of University Ranking System[J]. Higher Education Exploration(5):22-26,35.

Cai L,et al,2010. On the Public Credibility of university rankings[J]. China Higher Education Evaluation,21(3):46-50.

Cakir M P, et al,2015. A comparative analysis of global and national university ranking systems [J]. Scientometrics,103(3):813-848.

Combe D,et al,2010. A comparative study of social network analysis tools[J]. International Workshop on Web Intelligence and Virtual Enterprises(2):1-12.

Deng S H, et al,2019. Comprehensive evaluation of university network influence based on combination weighting method: taking "double first-class" university as an example[J]. Journal of Southwest Minzu University (Humanities and Social Science)(9):227-235.

Dobrota M, et al,2016. A new approach to the QS university ranking using the composite I-distance indicator: Uncertainty and sensitivity analyses[J]. Journal of the Association for Information Science and Technology,67(1):200-211.

Dong Y B, et al,2016. An analysis of the characteristics of academic productivity, academic influence and academic excellence of chinese universities: based on taiwan's "performance ranking of scientific papers for world universities"[J].

Higher Education Exploration(9):44-51.

Fang L,2017. A Study on the third-party evaluation model of higher education under the theory of college governance [D]. Shanxi: Xidian University.

Fang Z J,2019. Research on the influential factors of sina microblog's information dissemination[D]. Jiangxi:Jiangxi University of Finance and Economics.

Franzoni C, et al,2012. Foreign-born scientists: mobility patterns for 16 countries[J]. Nature Biotechnology,30(12):1250-1253.

Hirsch J E, 2005. An index to quantify an individual's scientific research output [J]. Proceedings of the National Academy of Sciences of the United States of America, 102(46): 16569-16572.

Lin J G,et al,2013. Enterprise's official micro-blogs: its user characteristics and marketing behaviors [J]. Journal of Intelligence(9):34-38,56.

Lu W H,et al, 2019. Evaluation of website influence for university libraries based on link analysis method[J]. Digital Library Forum(1):58-65.

Lukman R, et al,2010. University ranking using research, educational and environmental indicators[J]. Journal of Cleaner Production,18(7):619-628.

Qiu J P,et al,2018. Evaluation and analysis of network influence of chinese university think tank based on AHP and group policy[J]. Journal of Modern Information(8):99-106.

Telcs A, et al,2016. Unbiased one-dimensional university ranking: application-based preference ordering[J]. Journal of Applied Statistics,43(1):212-228.

Thorn K, et al, 2008. 6 international mobility of researchers and scientists: Policy options for turning a drain into a gain[M]. The international mobility of talent: types, causes, and development impact. Oxford:Oxford University Press.

Wang J H, 2019. From good to great: value clarification of "double first-class" construction [J]. Jiangsu Higher Education(1):1-6.

Wu X H, et al,2018. Research on the application of baidu index based on user attention in the evaluation of network influence of academic journals[J]. Publishing Research(12):56-62.

Yu Y,2008. An empirical research on credibility of chinese university ranking:take three kinds of unofficial university ranking as a case[D]. Hubei: China University of Geosciences.

Zhang X L, 2014. The dilemma and reflection of the public credibility of chinese university rankings[J]. Journal of Ningxia University(Humanities & Social Sciences Edition)(3):185-188.

Zhang Y H, et al, 2013. On the public credibility of university ranking system[J]. Journal of National Academy of Education Administration, (2):48-53.

Zhao N X, et al, 2017. Web influence evaluation of regional cross-system library consortium[J]. Library and Information Service(7):28-33.

白璐,等,2017. 基于ESI和InCites的我国学科评价实证研究:以分子生物学与遗传学学科为例[J]. 循证医学,17(5):297-304.

毕鹤霞,2018. 中国大学排名四大知名榜单指标体系比较研究[J]. 高教探索(5):22-26.

克拉克,1994. 高等教育系统:学术组织的跨国研究[M]. 王承绪,等译. 杭州:杭州大学出版社.

蔡莉,等,2010. 论大学排行榜的公信力[J]. 中国高等教育评估,21(3):46-50.

曹灿辉,2015. 大学排行榜的公信力不能靠"吹"[N]. 中国教育报,2015-01-16(1).

曹昱晨,2016. "一流学科"的评价体系初探[J]. 中国高校科技(7):40-42.

常文磊,等,2015. 高校学科国际评估研究述评及展望[J]. 科研管理,36(S1):483-489.

陈起雄,等,2012. 基于AHP-模糊综合评价法的高校高层次人才评价[J]. 福州大学学报(哲学社会科学版),26(4):21-25.

陈伟,等,2015. 基于属性识别法的学科质量评价[J]. 研究生教育研究(2):56-59.

陈云伟,等,2015. 复合合作强度指数构建及应用研究[J]. 图书情报工作,59(13):96-103.

戴劲松,等,2006. 大学排行榜"生死门槛"[J]. 瞭望新闻周刊(34):33-34.

邓三鸿,等,2019. 基于组合赋权法的高校网络影响力综合评价:以"双一流"高校为例[J]. 西南民族大学学报(人文社科版),40(9):227-235.

丁雪梅,2001. 关于高等学校重点学科评估指标体系及评分标准的建议[J]. 学位与研究生教育(S1):26-29.

董彦邦,等,2016. 中国大学学术生产力、学术影响力和学术卓越性的特点分析:基于台湾"世界大学科研论文质量排行榜"的视角[J]. 高教探索(9):44-51.

董秀丽,吴振一,王燕,2000.关于创建世界一流大学若干问题的思考[J].高教探索(3):10-13.

方玲,2017.大学治理理论视野下我国高等教育第三方评价模式研究[D].西安:西安电子科技大学.

方若虹,等,2008.依托绩效考评建立高校高层次人才评价新体系[J].郑州大学学报(哲学社会科学版),41(5):87-89.

方哲俊,2019.新浪微博用户信息传播影响力因素研究[D].南昌:江西财经大学.

高红峡,2001.试论高校引进高层次人才的评价[J].中国人才(11):36-37.

葛成楷,等,2011.基于社会网络分析法的移动IPv6专利引文网络研究[C]//融会与创新:中国通信学会通信管理委员会第29次学术研讨会:论文集.昆明.

官有垣,陈锦棠,陆宛苹,2008.第3部门评估与责信[M].北京:北京大学出版社.

何文静,邱均平,2016.大数据时代计量学在学科评价中的应用研究[J].图书与情报(4):83-88.

胡丰华,等,2012.基于潜在价值的高校人才评价指标的遴选[J].中国成人教育(23):44-46.

胡小君,2003.加菲尔德定律在学科评估中的应用研究[J].图书情报工作(8):26-29.

黄宝印,等,2018.努力构建中国特色国际影响的学科评估体系[J].中国高等教育(1):13-18.

蒋洪池,等,2022.我国大学学科评价研究:历程、热点及反思[J].中国地质大学学报(社会科学版),22(1):148-156.

蒋林浩,等,2014.学科评估的方法、指标体系及其政策影响:美英中三国的比较研究[J].高等教育研究,35(11):92-101.

蒋笑莉,等,2013.研究型大学学科国际评估的探索与实践:以浙江大学为例[J].学位与研究生教育(10):44-48.

金碧辉,等,2007.R指数、AR指数:H指数功能扩展的补充指标[J].科学观察,2(3):1-8.

金洁琴,2015.社会网络分析在人才引进中的应用研究[J].现代情报,35(3):153-156.

李峰,2015.图书馆如何开展学科竞争力评价:由《英国科研表现之国际比较》

报告得到的启示[J]. 大学图书馆学报,33(2):72-76.

李红锦,等,2021. 科技人才分类评价改革能否促进高校科研水平的高质量发展:基于9所高校改革试点的准自然实验[J]. 中国科技论坛(10):114-123.

李佳蔚,2012. 高校品牌建设中的形象识别系统[J]. 现代教育管理(6):49-53.

李俊儒,2022."立交桥"发展模式:高校人才分类评价实践探索:以电子科技大学为例的比较分析[J]. 中国高校科技(S1):35-39.

李荣华,2007. S大学文学院人才引进工作的研究[D]. 上海:华东师范大学.

李卫星,2008. 对高校人才引进评价体系构建的思考[J]. 学术界(6):140-143.

李颜如,2020. 我国高校人才流动绩效评价指标体系构建研究[D]. 徐州:中国矿业大学.

李义丹,等,2022."双一流"建设背景下的一流人才:内涵、评价、生成与发展[J]. 重庆大学学报(社会科学版),28(4):95-105.

林锦国,等,2013. 企业官方微博特征及营销行为研究[J]. 情报杂志,32(9):34-38.

林聚任,2009. 社会网络分析:理论、方法与应用[M]. 北京:北京师范大学出版社.

林梦泉,等,2010. 学科评估发展与改革探究[J]. 中国高等教育(21):43-44.

林梦泉,等,2005. 开展一级学科评估 推动学科建设[J]. 中国高等教育(6):40-41.

刘军,2009. 整体网分析讲义:UCINET软件实用指南[M]. 上海:格致出版社.

刘启元,等,2012. 文献题录信息挖掘技术方法及其软件SATI的实现:以中外图书情报学为例[J]. 信息资源管理学报,2(1):50-58.

刘强,等,2019. 科学家评价方法述评[J]. 情报杂志,38(3):80-86.

刘云翔,李放,1986. 重点学科评估初探[J]. 辽宁高等教育研究(1):50-55.

卢文辉,等,2019. 基于链接分析法的大学图书馆网站影响力评价研究[J]. 数字图书馆论坛(1):58-65.

陆跃峰,1985. 高等工程教育学科评估初探[J]. 高等教育研究,6(4):35-40.

马二军,2008. 关于构建学术团队与提升科研水平的思考[J]. 北京印刷学院学报(1):30-33.

梅红,等,2017."双一流"建设中的学科评估创新探索[J]. 学位与研究生教育(5):22-28.

庞弘燊,等,2019."双一流"大学建设中人才引进评价指标库及指标体系构建[J]. 情报杂志,38(3):67-74.

庞弘燊,等,2011.科研团队合作紧密度的分析研究:以大连理工大学 WISE 实验室为例[J].图书情报工作,55(4):28-32.

彭怀祖,2007.大学高层次人才胜任力的评价[J].统计与决策(15):143-145.

彭怀祖,2015.江苏高校优势学科建设工程的成效分析[J].南通大学学报(社会科学版),31(2):98-103.

邱均平,等,2007. H 指数在人才评价中的应用:以图书情报学领域中国学者为例[J].科学观察,2(3):17-22.

邱均平,等,2018.基于群策层次分析法的中国高校智库网络影响力评价分析[J].现代情报(8):99-106.

田永常,等,2018.地质类高校科技人才评价体系研究[J].科研管理,39(S1):52-56.

童锋,等,2020a."双一流"高校人才分类评价的实践探索与理念重构[J].中国高校科技(11):31-35.

童锋,等,2020b."双一流"评价视阈下我国同行评价体系的建构[J].中国高校科技(S1):48-52.

王兵,等,2005.学科评估的技术与理念关系的辩证思考[J].学位与研究生教育(11):51-54.

王红,等,2015.基于 AI 和 AAI 指数的学科科研绩效评价指标研究[J].情报杂志,34(7):89-94.

王建华,2019.从优秀到卓越:"双一流"建设的价值澄清[J].江苏高教(1):1-6.

王立生,等,2016.我国学科评估的发展历程和改革探究[J].中国高等教育(21):38-41.

王文健,2013.欠发达地区高校高层次人才引进政策研究——来自贵州省的启示[D].上海:华东师范大学.

王小梅,等,2016.以学科评估为契机 提升学科建设水平(观点摘编)[J].中国高教研究(12):23-30.

王兴,2015a.国际学术期刊"把门人"视角下的大学学科评价研究:以计算机学科国际 1573 所大学为例[J].情报杂志,34(1):83-87.

王兴,2015b.国际学术话语权视角下的大学学科评价研究:以化学学科世界 1387 所大学为例[J].清华大学教育研究,36(3):64-75.

王衍喜,等,2011.一种基于科技文献的学科团队识别方法研究[J].图书情报工作,55(2):55-58.

王云峰,等,2009. 基于元评估理论的学科评估应用研究[J]. 科研管理,30(1):143-148.

吴尔中,1981. 文献计量学与人才评价[J]. 情报科学(6):64-73.

吴湘华,等,2018. 基于用户关注度的百度指数在学术期刊网络影响力评价中的应用研究[J]. 出版发行研究(12):56-62.

武书连,等,1997. 中国大学研究与发展成果评价(节录)[J]. 科学学与科学技术管理,18(7):49-72.

肖起清,2008. 大学高层次人才引进政策的发展研究[D]. 武汉:华中科技大学.

徐金花,2019. 高校高层次人才引进及其对学科发展的作用研究:以A大学为例[D]. 上海:华东师范大学.

许新军,2008. H指数在人才评价中的应用:以经济学领域高被引学者为例[J]. 情报杂志,27(10):22-24.

宣勇,2009. 大学变革的逻辑(上):学科组织化及其成长[M]. 北京:人民出版社.

闫广芬,等,2020. 本研贯通人才培养模式的核心要义及发展路向[J]. 研究生教育研究(2):34-39.

闫素兰,等,2013. 基于大数据的H指数及其衍生指数的探索性因子分析研究[J]. 图书情报工作,57(10):110-115.

喻颖,2008. 我国大学排行榜公信力的实证研究:以民间三大排行榜为例[D]. 武汉:中国地质大学.

袁本涛,等,2016. 对我国学科评估发展的调查与分析[J]. 高等教育研究,37(3):28-33.

袁扬,2021. 基于ESI的河南省优势学科与人才评价研究[D]. 郑州:郑州大学.

斯科特,2007. 社会网络分析法[M]. 刘军,译. 重庆:重庆大学出版社.

张继平,等,2018. 学科评估服务"双一流"建设:理念、目的与机制[J]. 研究生教育研究(2):67-71.

张小钢,等,2020. 大连理工大学力学学科发展规律探析[J]. 高教发展与评估,36(2):51-58.

张燕华,等,2013. 论大学排名体系的公信度问题[J]. 国家教育行政学院学报(2):48-53.

章晓莉,2014.中国大学排行公信力之困境与反思[J].宁夏大学学报(人文社会科学版)(3):185-188.

赵慧辉,等,2015.以学科评估促进学科的可持续发展:基于北京中医药大学中西医结合学科参评教育部第三轮学科评估的数据分析[J].中国中西医结合杂志,35(3):362-365.

赵乃瑄,等,2017.跨系统区域图书馆联盟网络影响力评价研究[J].图书情报工作,61(7):28-33.

赵艳,2008.我国地方普通高校人才引进问题的研究[D].天津:天津工业大学.

赵瑜,等,1997.一级学科选优评估及其分析[J].高等教育研究,18(6):30-36.

周乐平,等,2011.基于AHP的高校高层次人才引进评价体系研究[J].科技管理研究,31(18):88-91.

周丽,2018."双一流"建设背景下的地方高校特色学科建设研究:以临沂大学化学学科为例[D].桂林:广西师范大学.

周沫,2020.基于多源数据的大学排行榜公信度测评指标体系研究[J].上海教育评估研究,9(6):32-37.

周学军,等,2003.全国一级学科整体水平评估及思考[J].中国软科学(3):127-130.

朱东华,1990.学科评估理论及方法[J].科学学研究,8(3):19-23.

朱普章,1987.重点学科评估指标体系的研究与应用[J].湖南师范大学自然科学学报,10(2):111-116.

邹燕,2015.ESI全球学科排名与江苏高校学科建设[J].江苏高教(3):53-55.